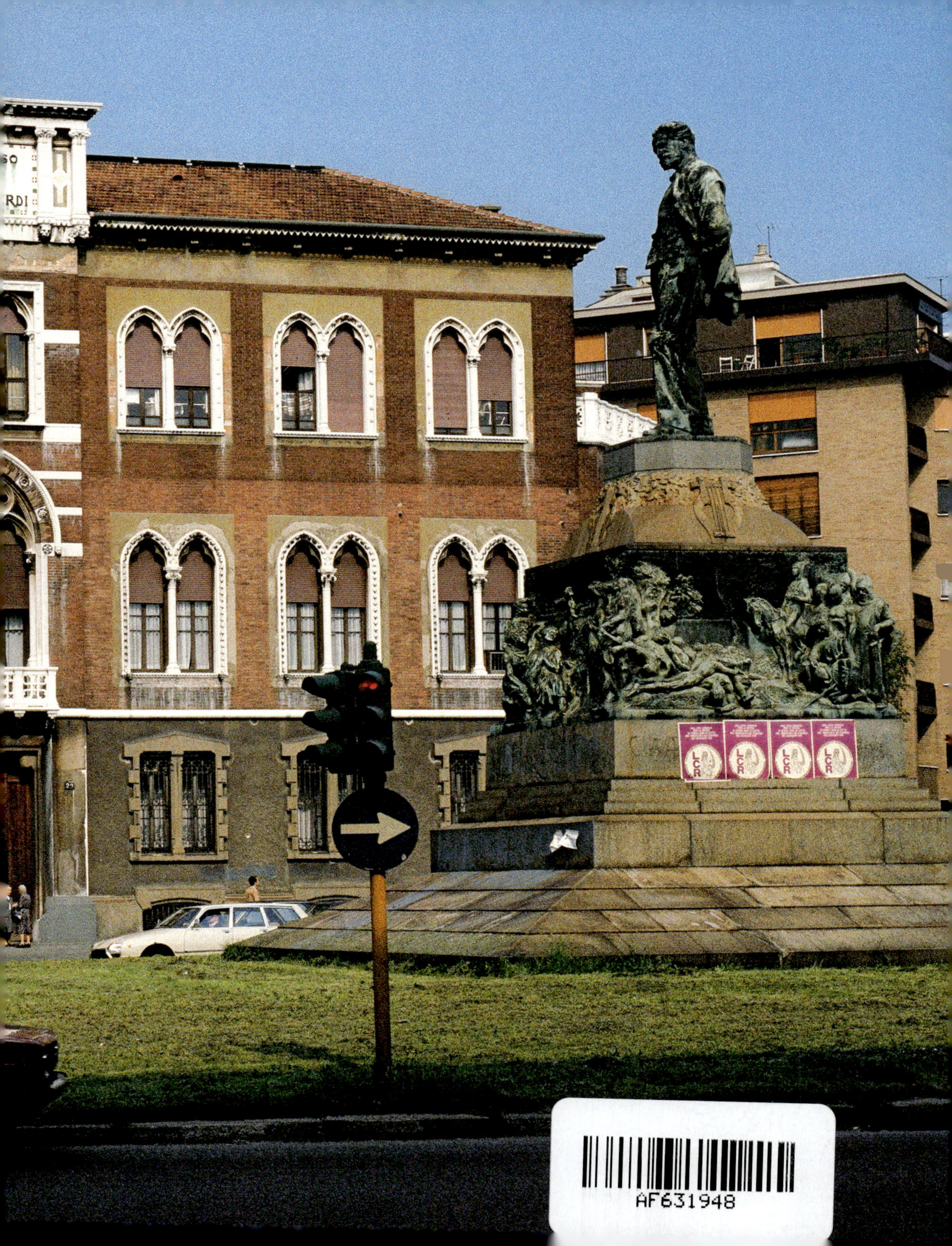
LCR
LCR
LCR
LCR

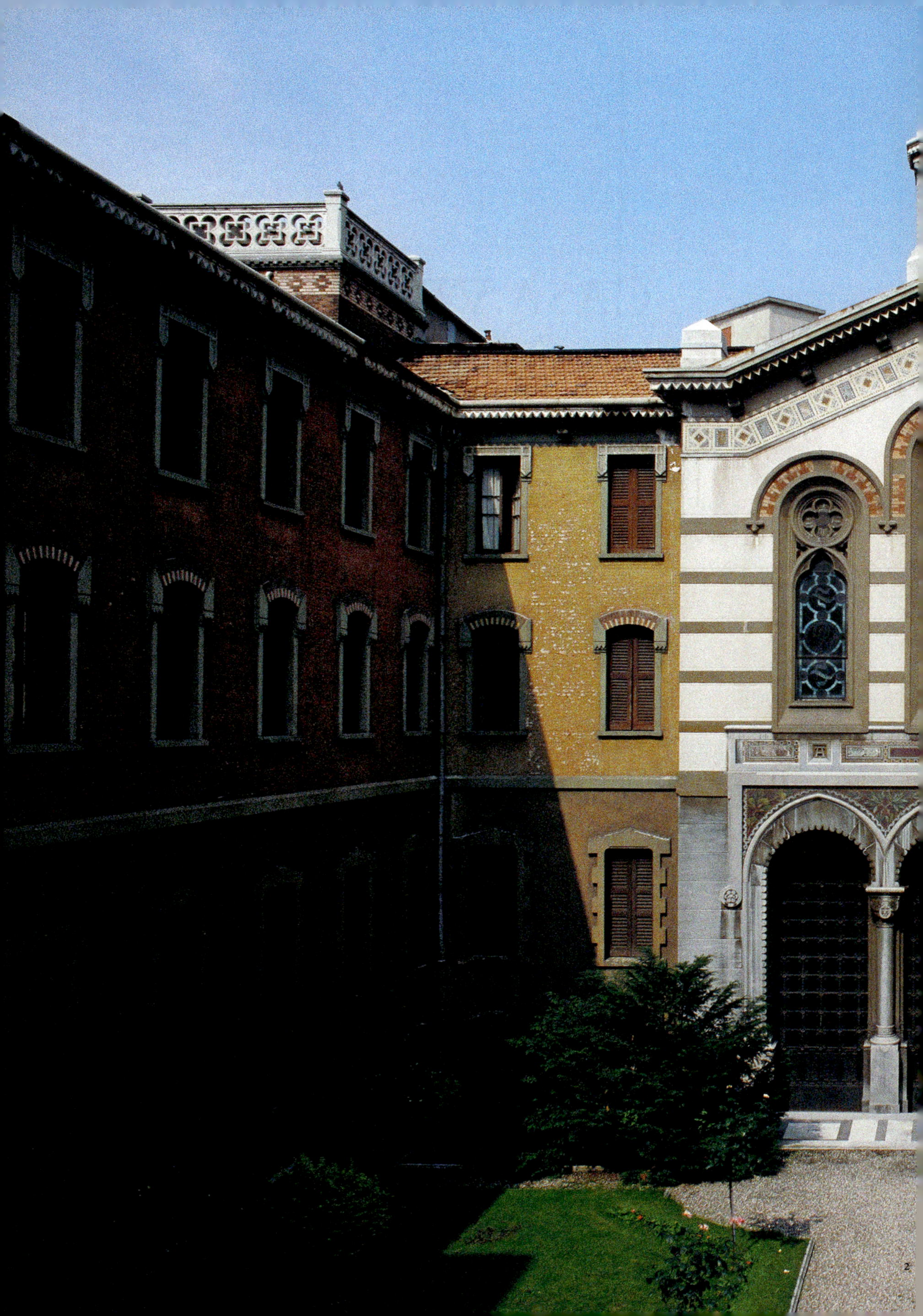

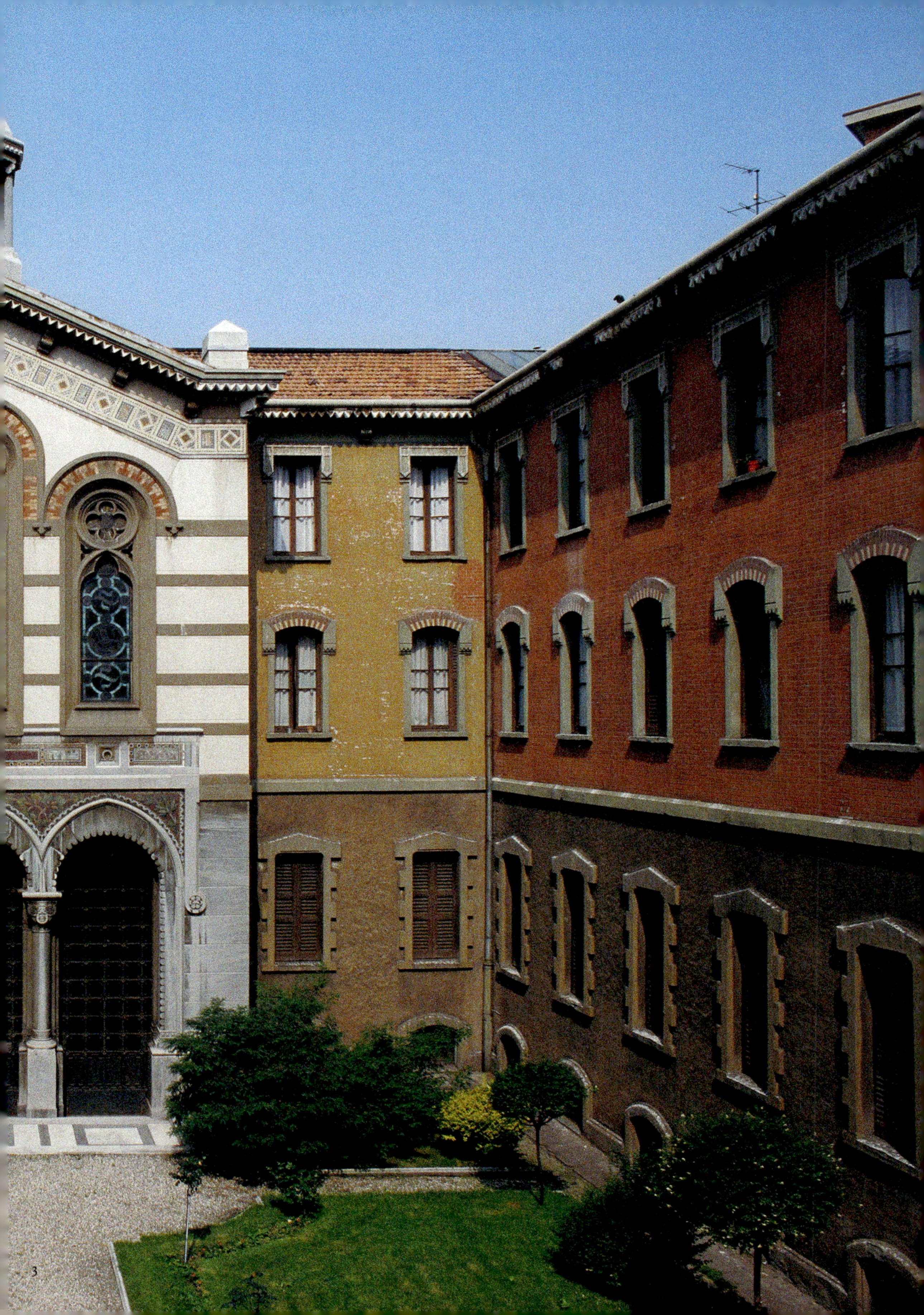

3

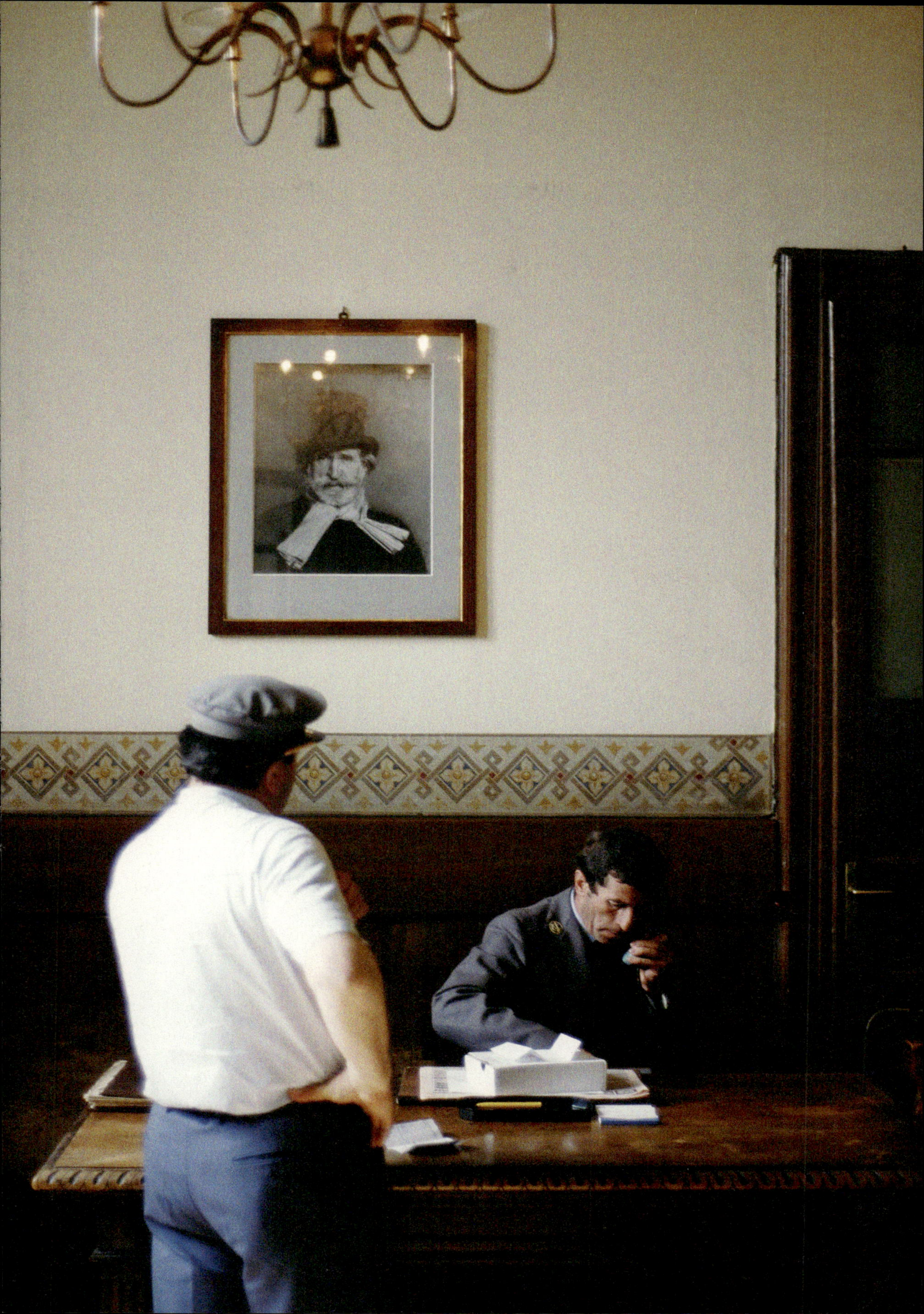

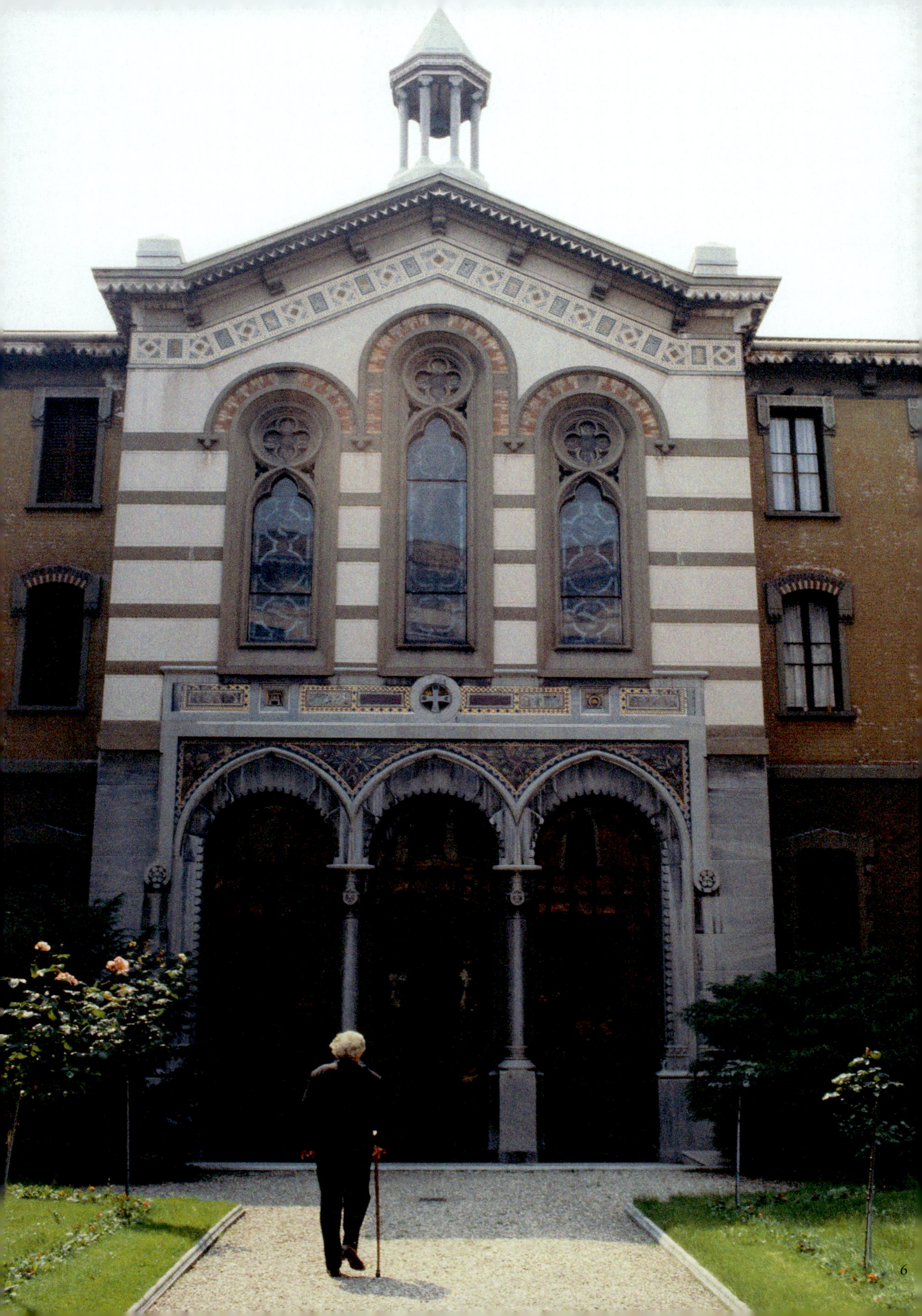

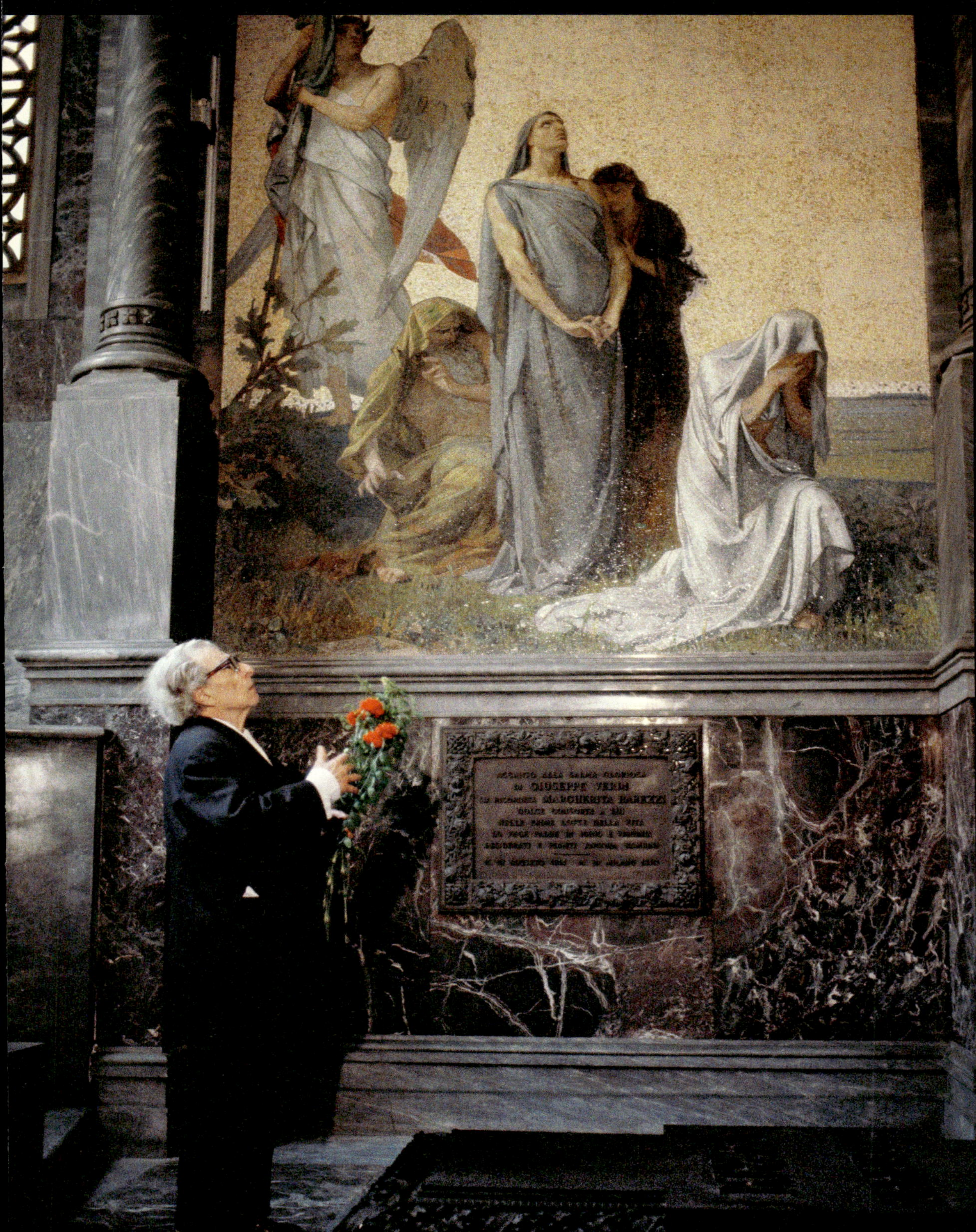

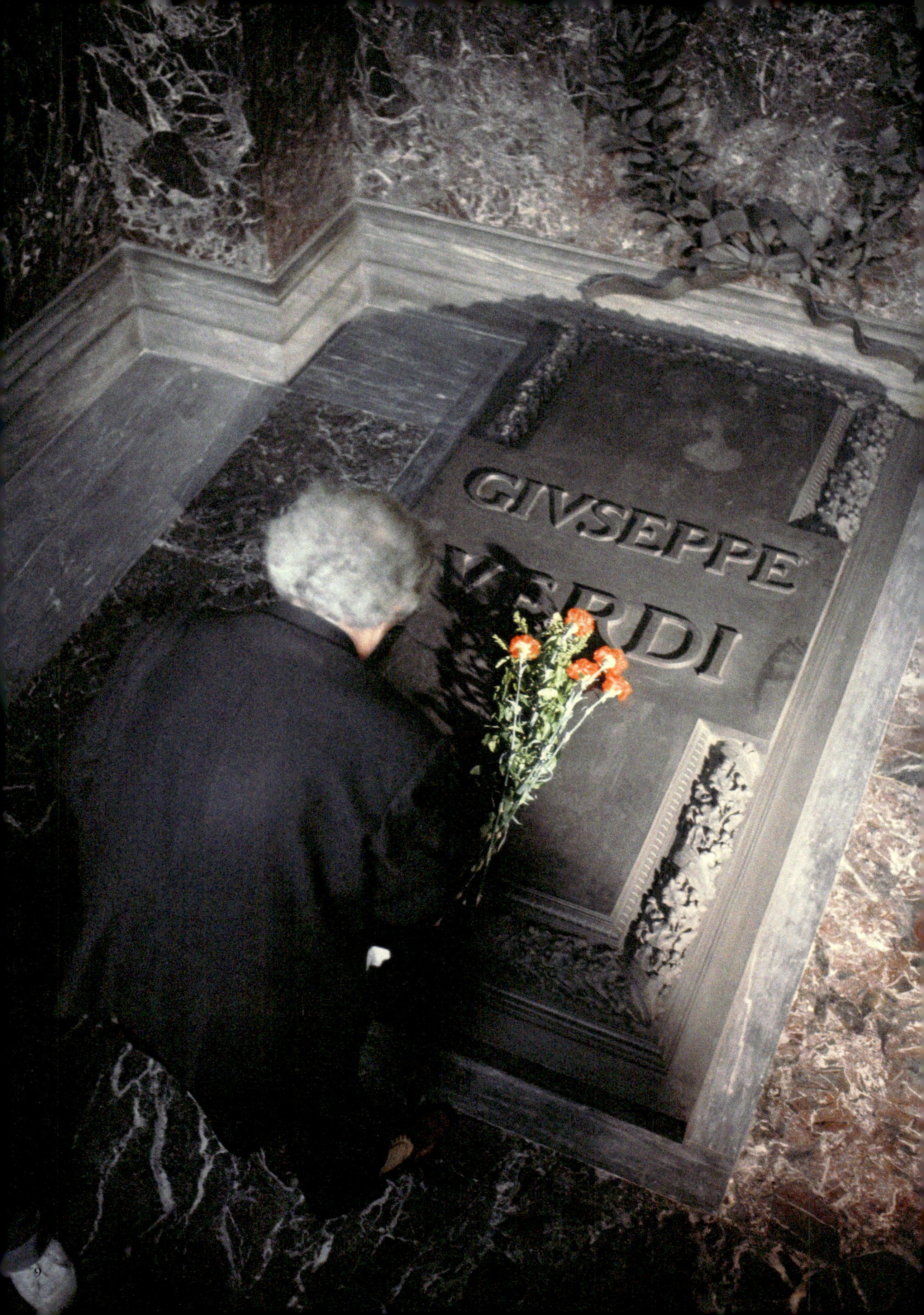
GIVSEPPE

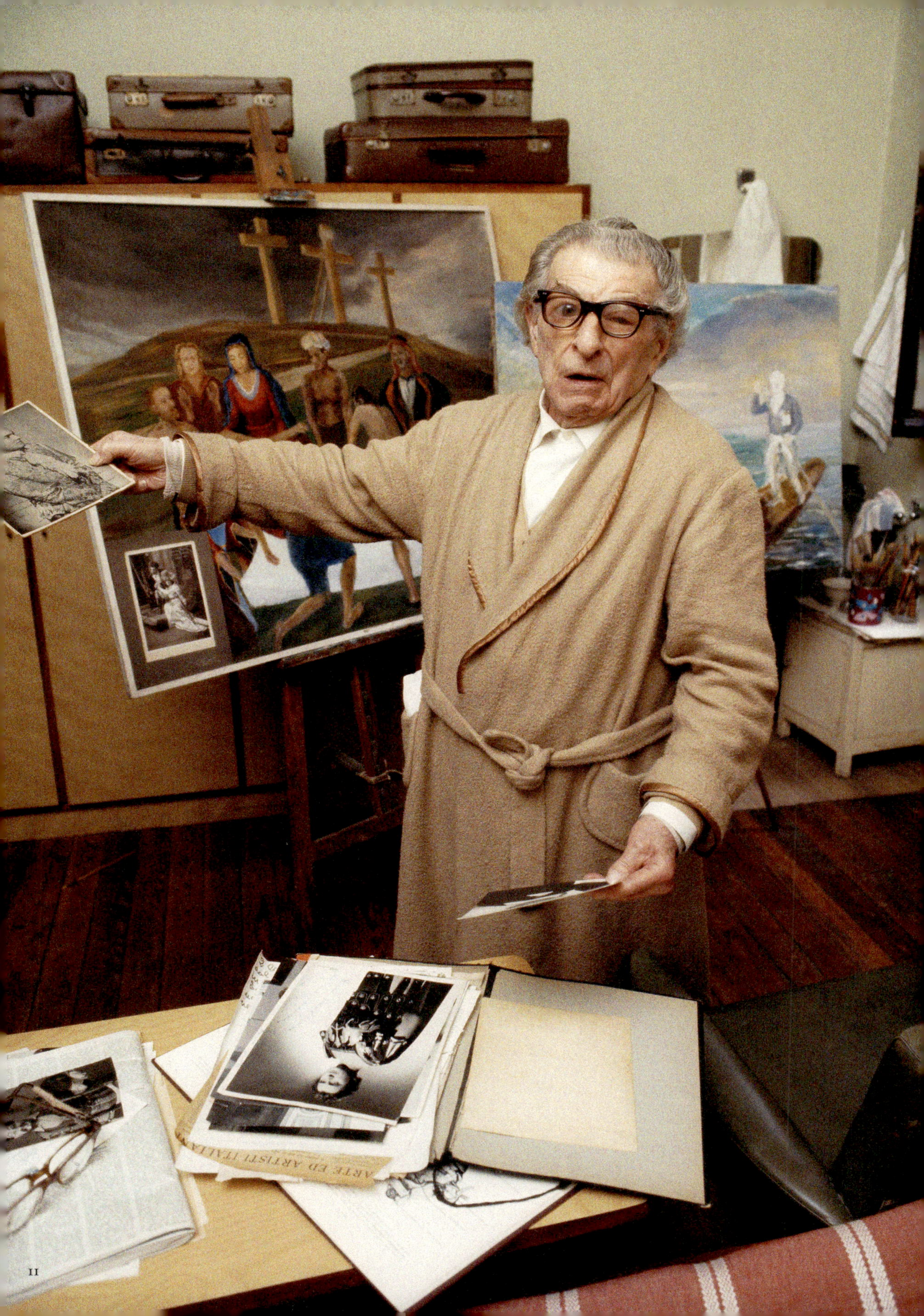

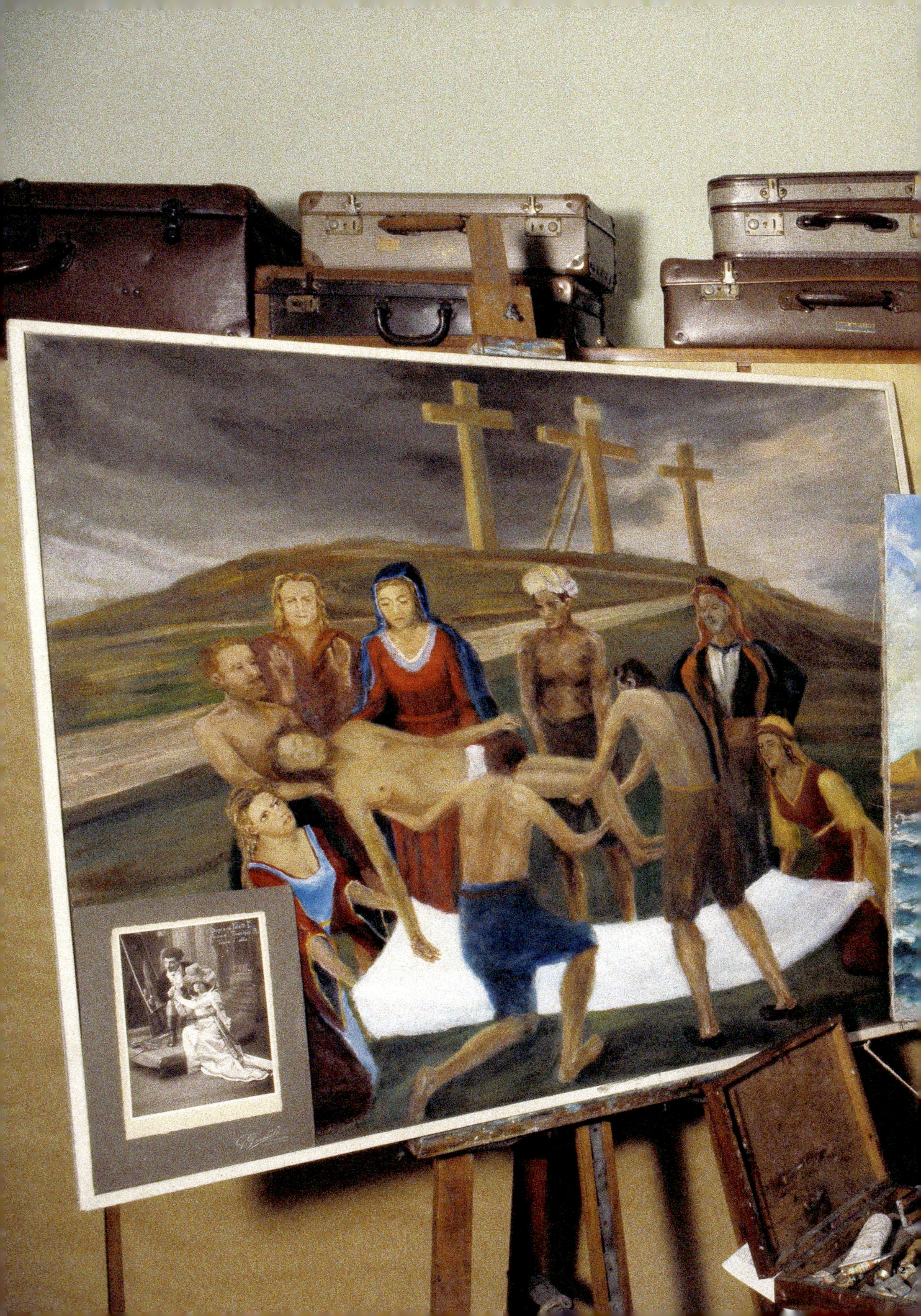

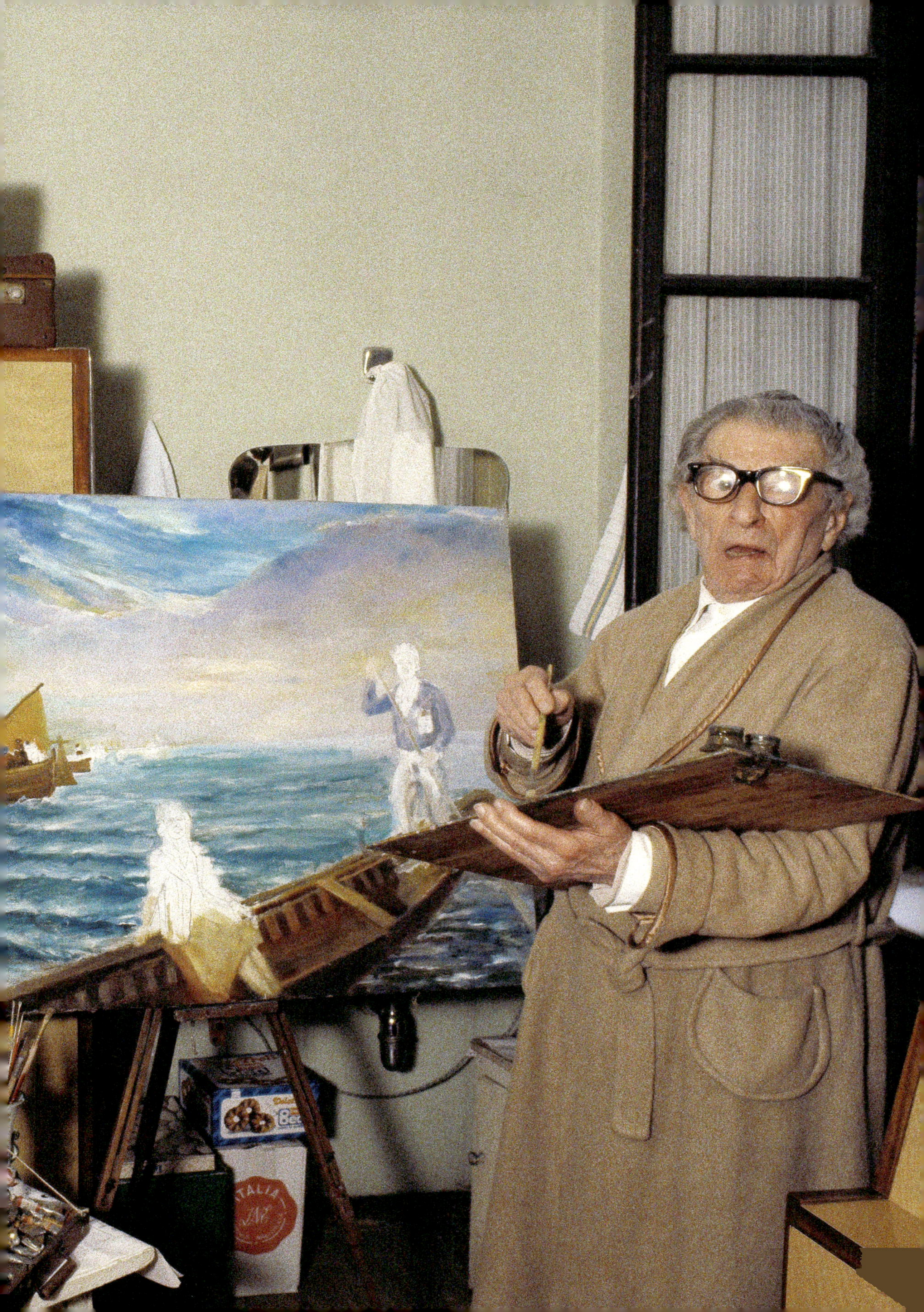

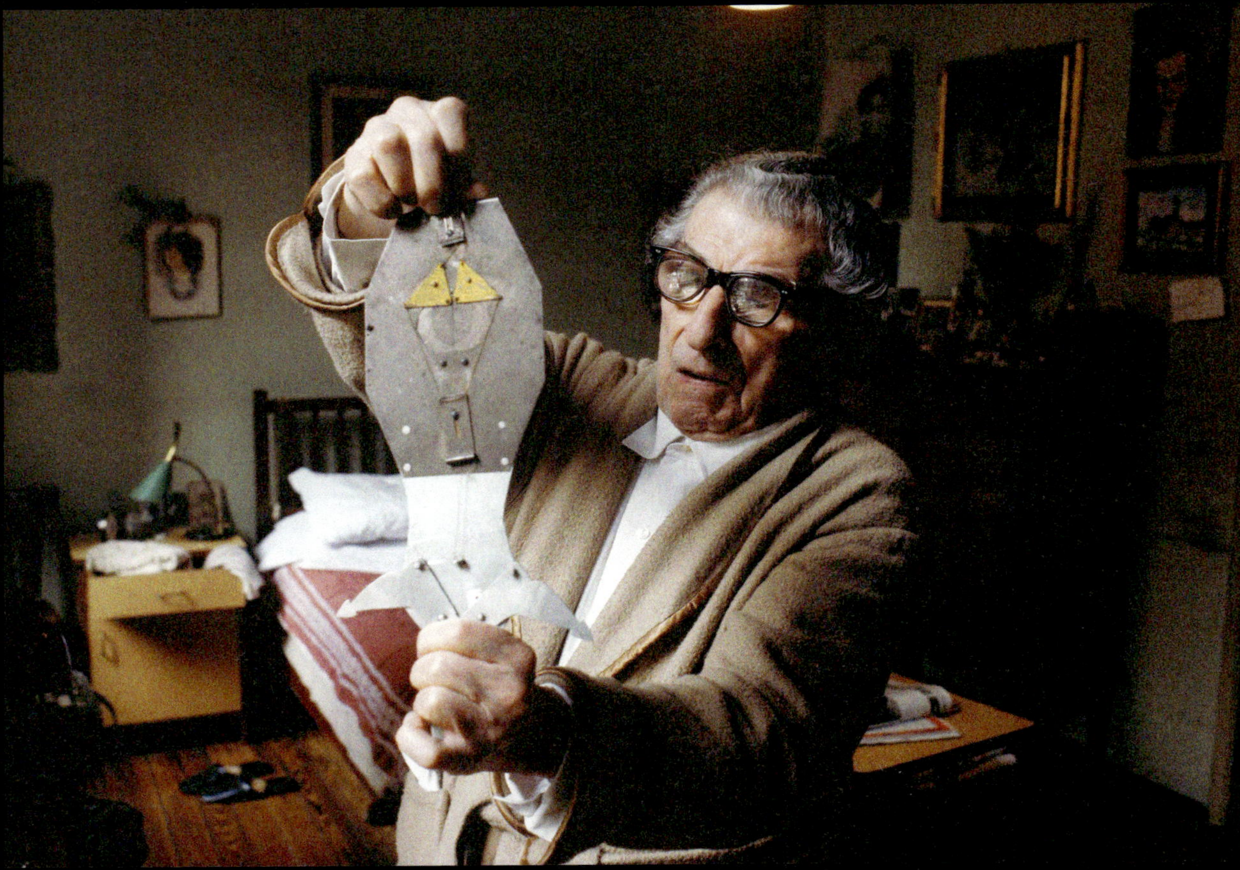

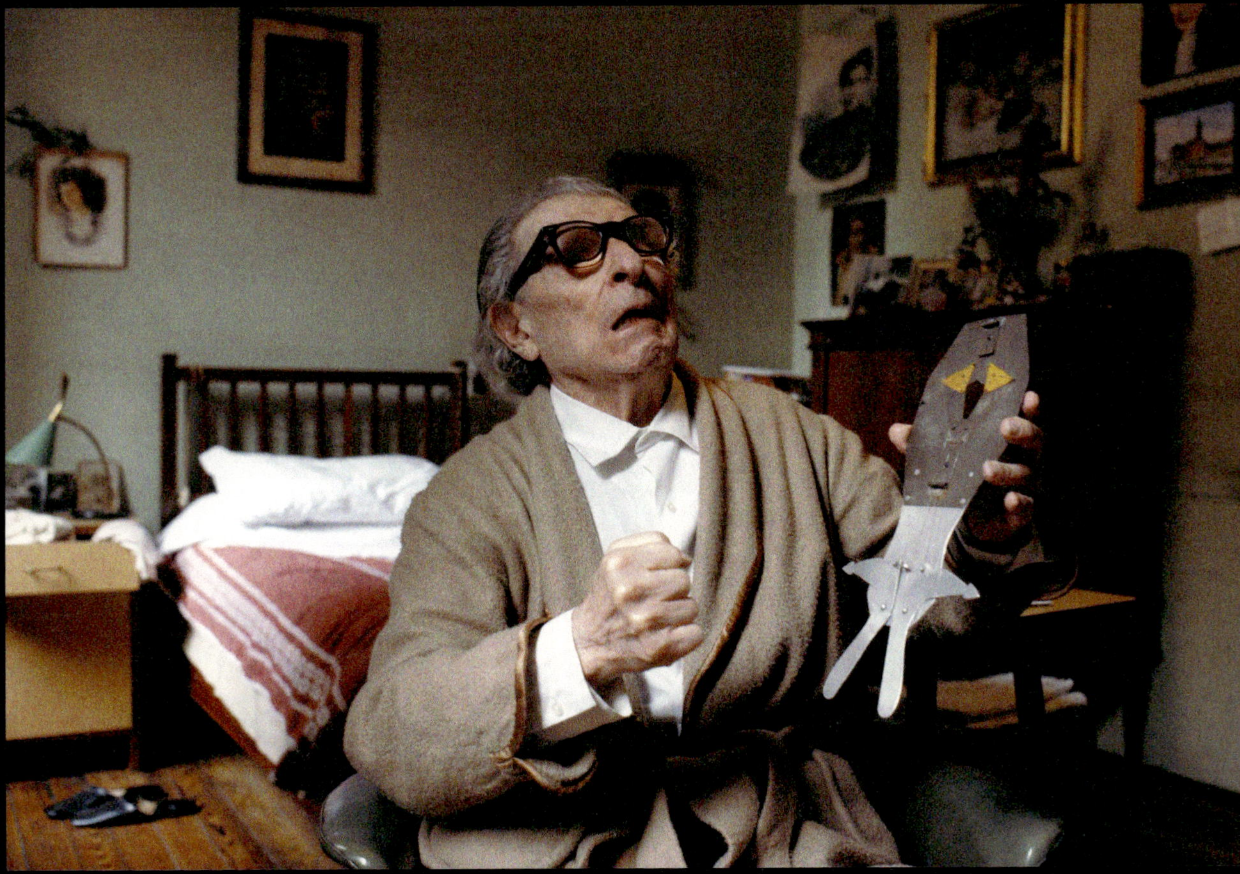

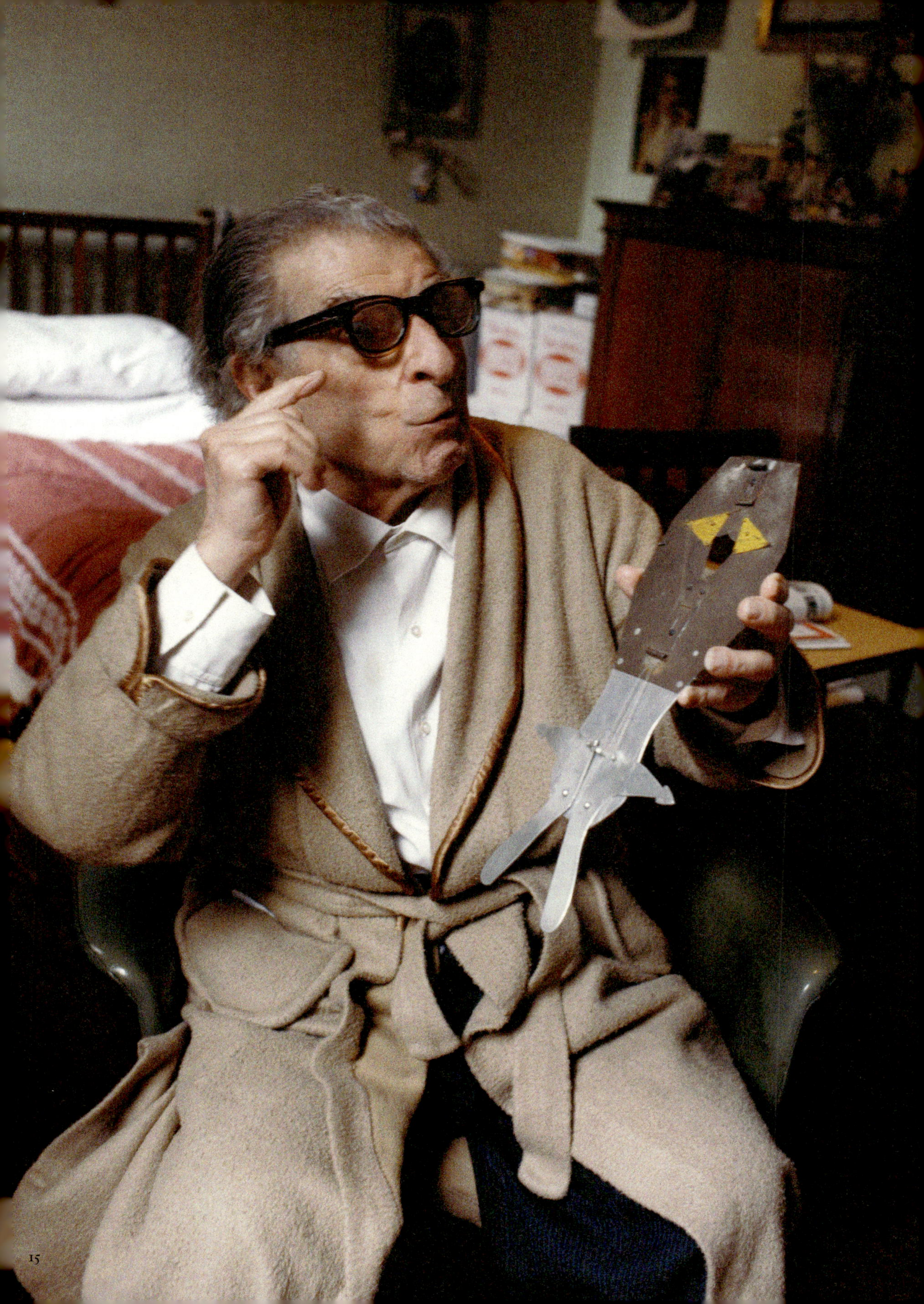

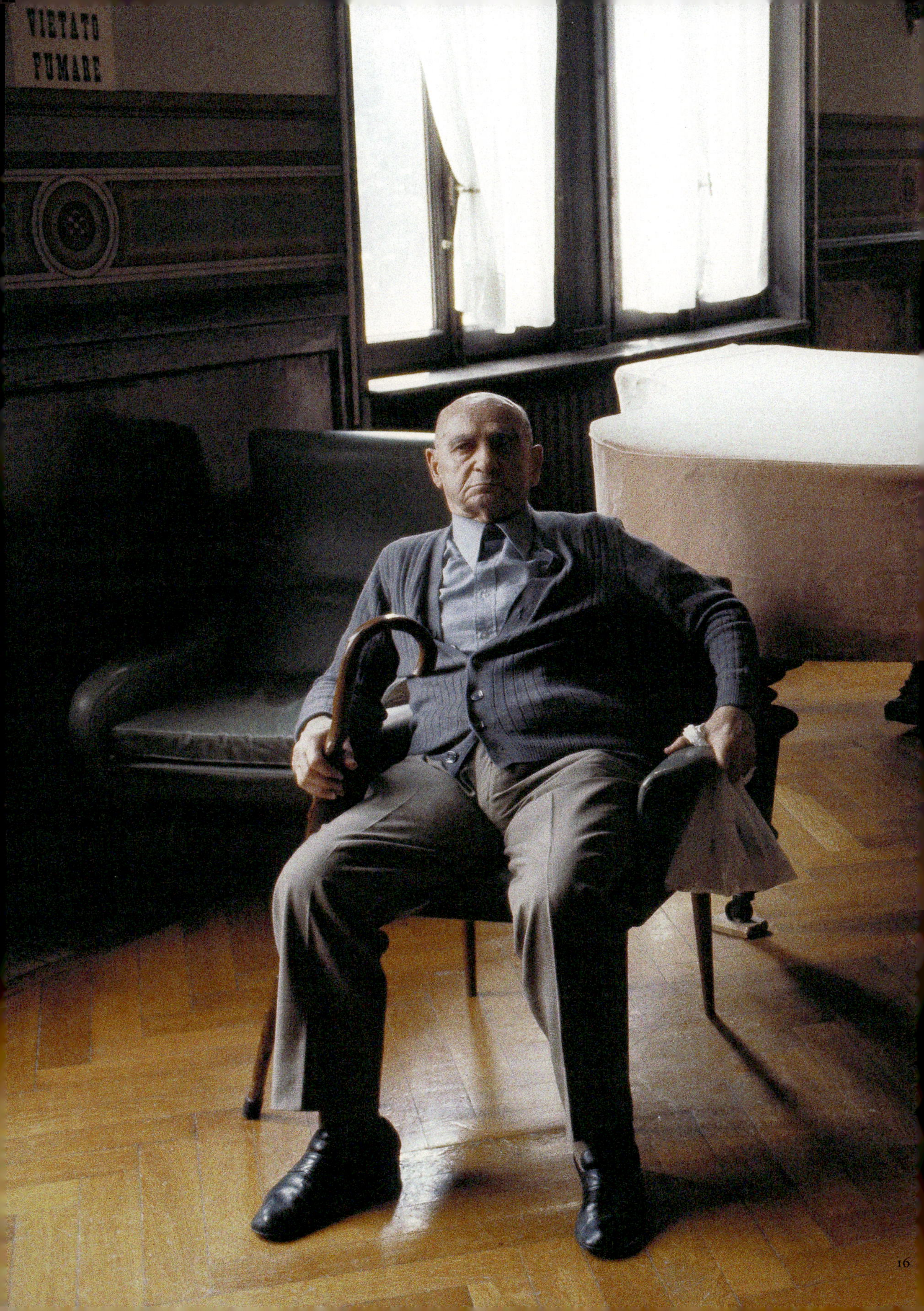
VIETATO
FUMARE

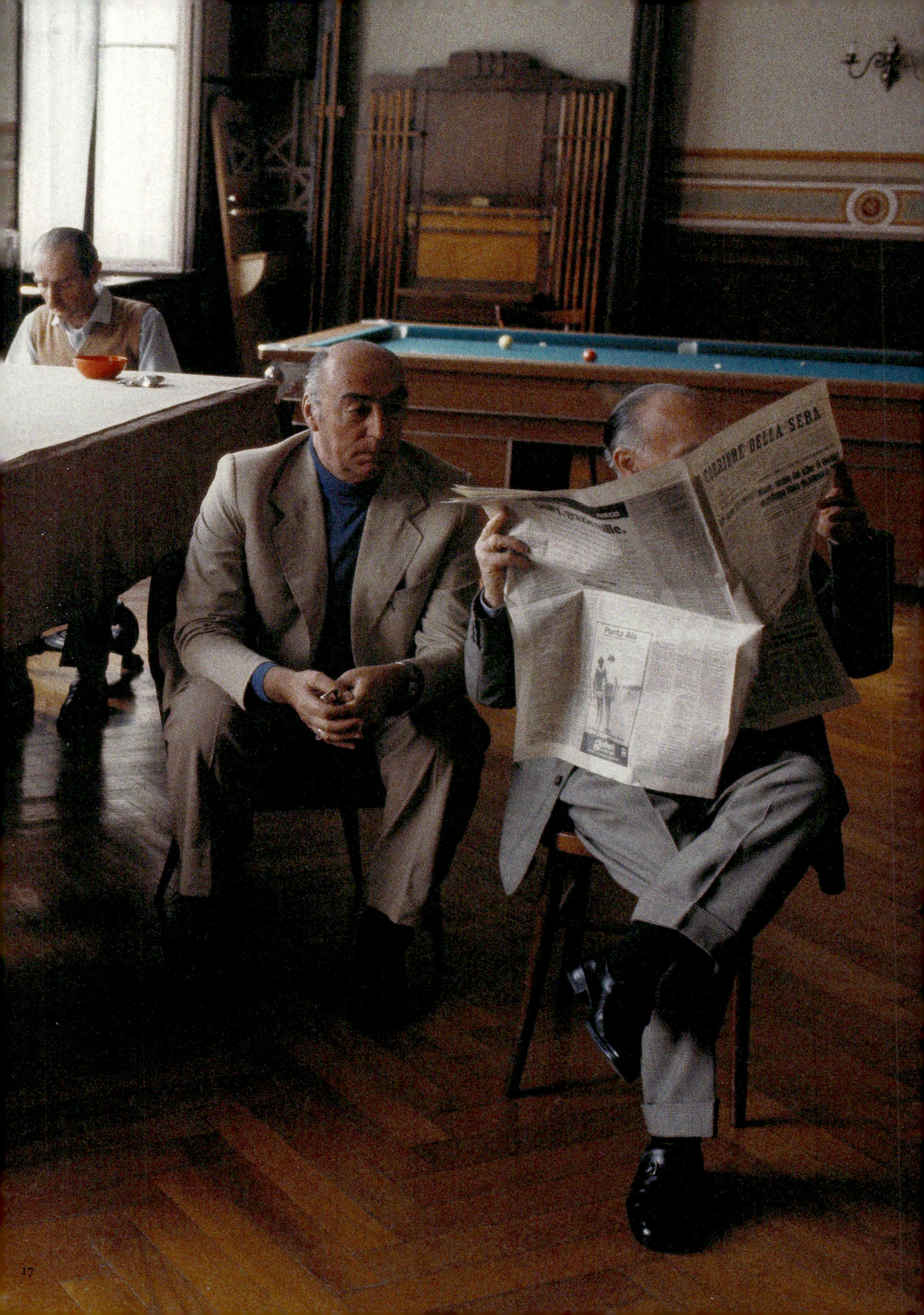
CORRIERE DELLA SERA
Punta Ala

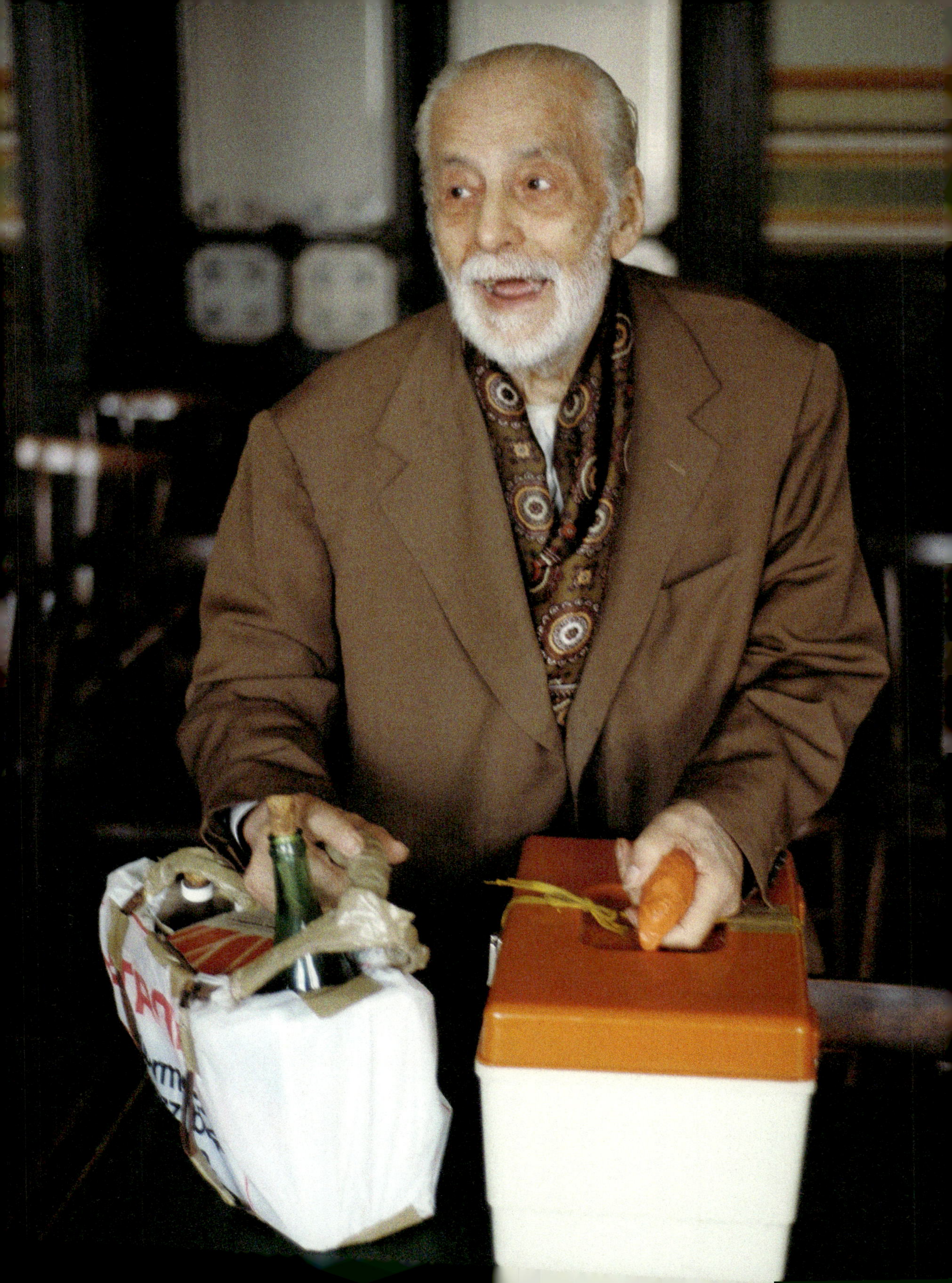

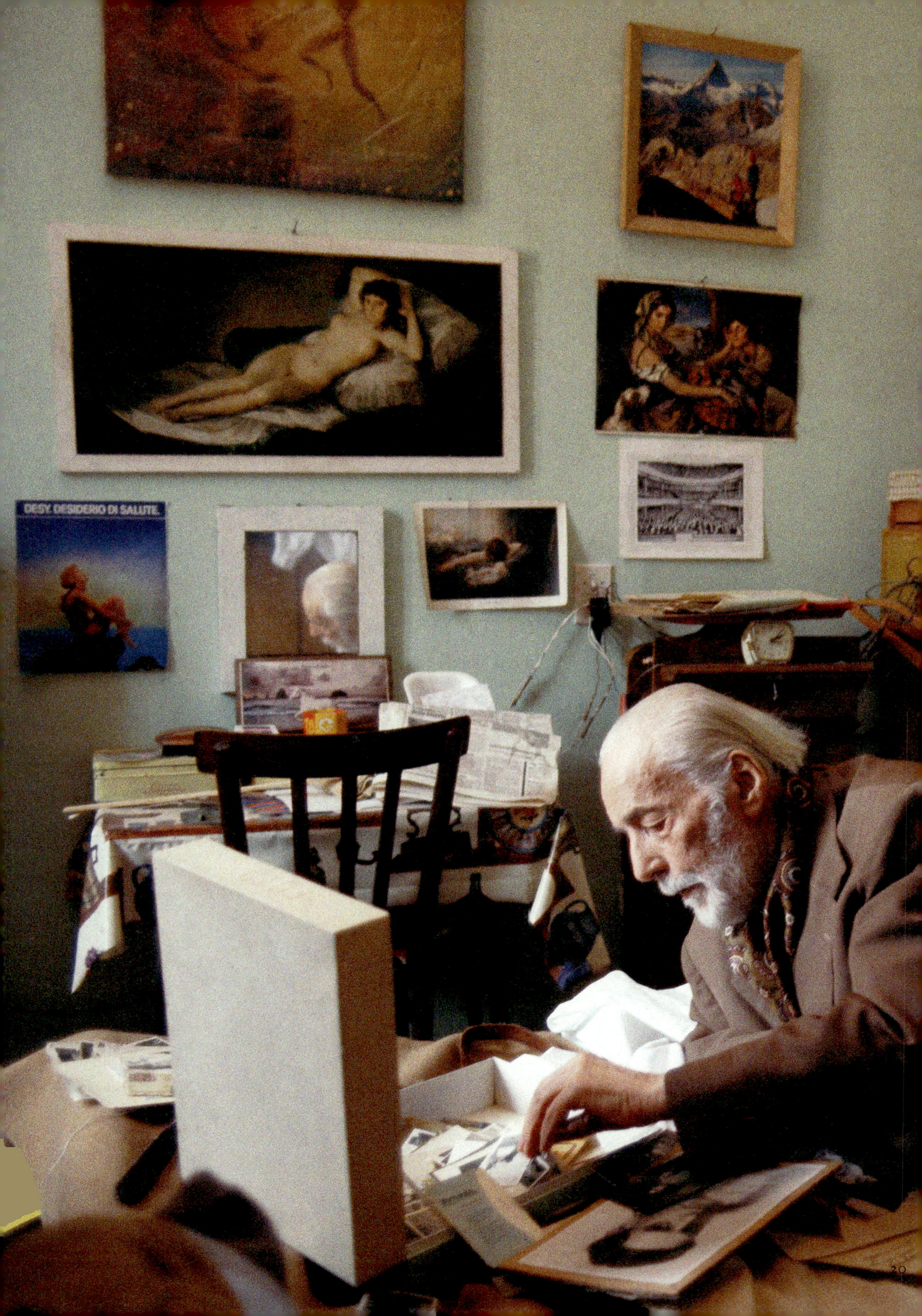
DESY. DESIDERIO DI SALUTE.

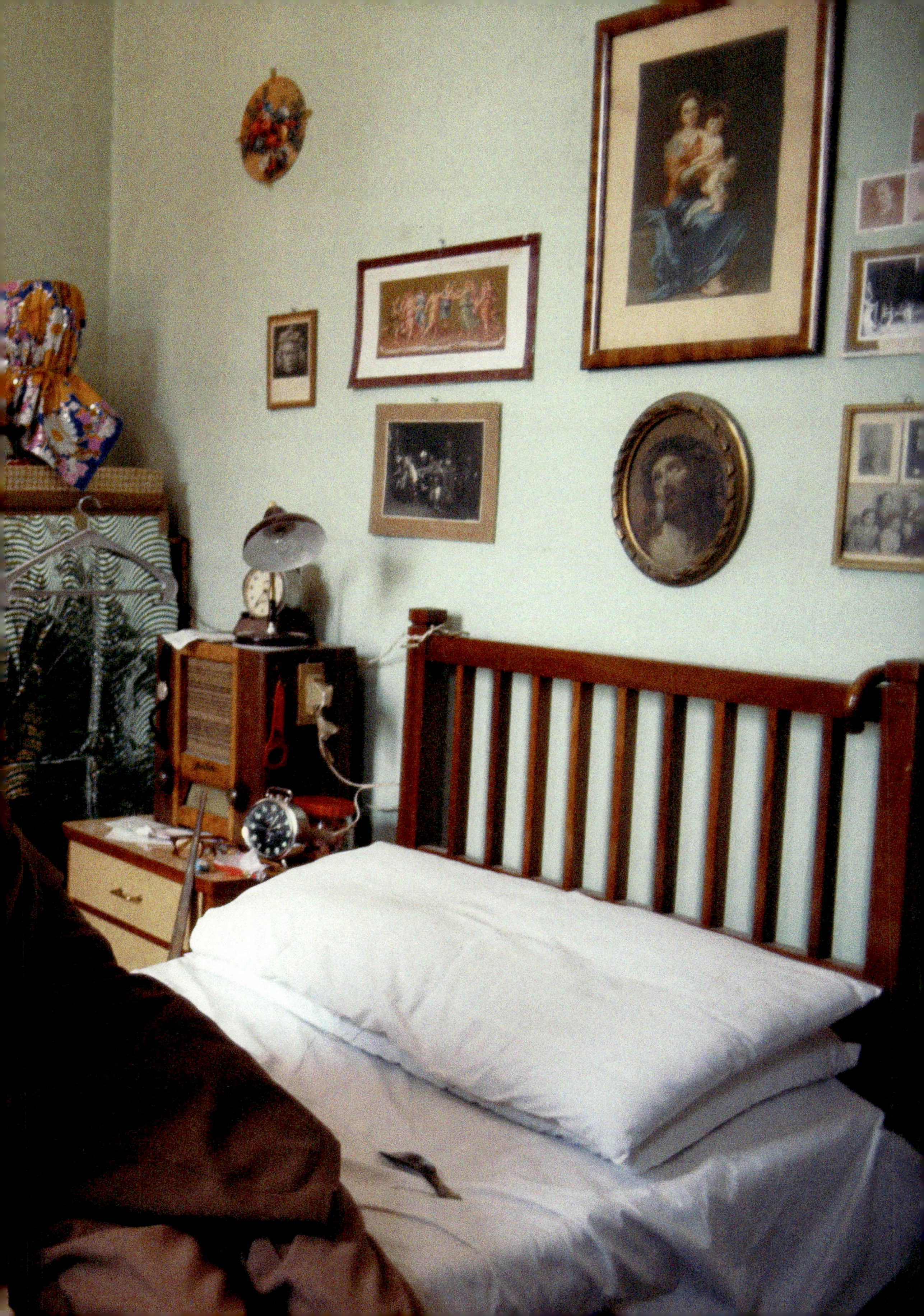

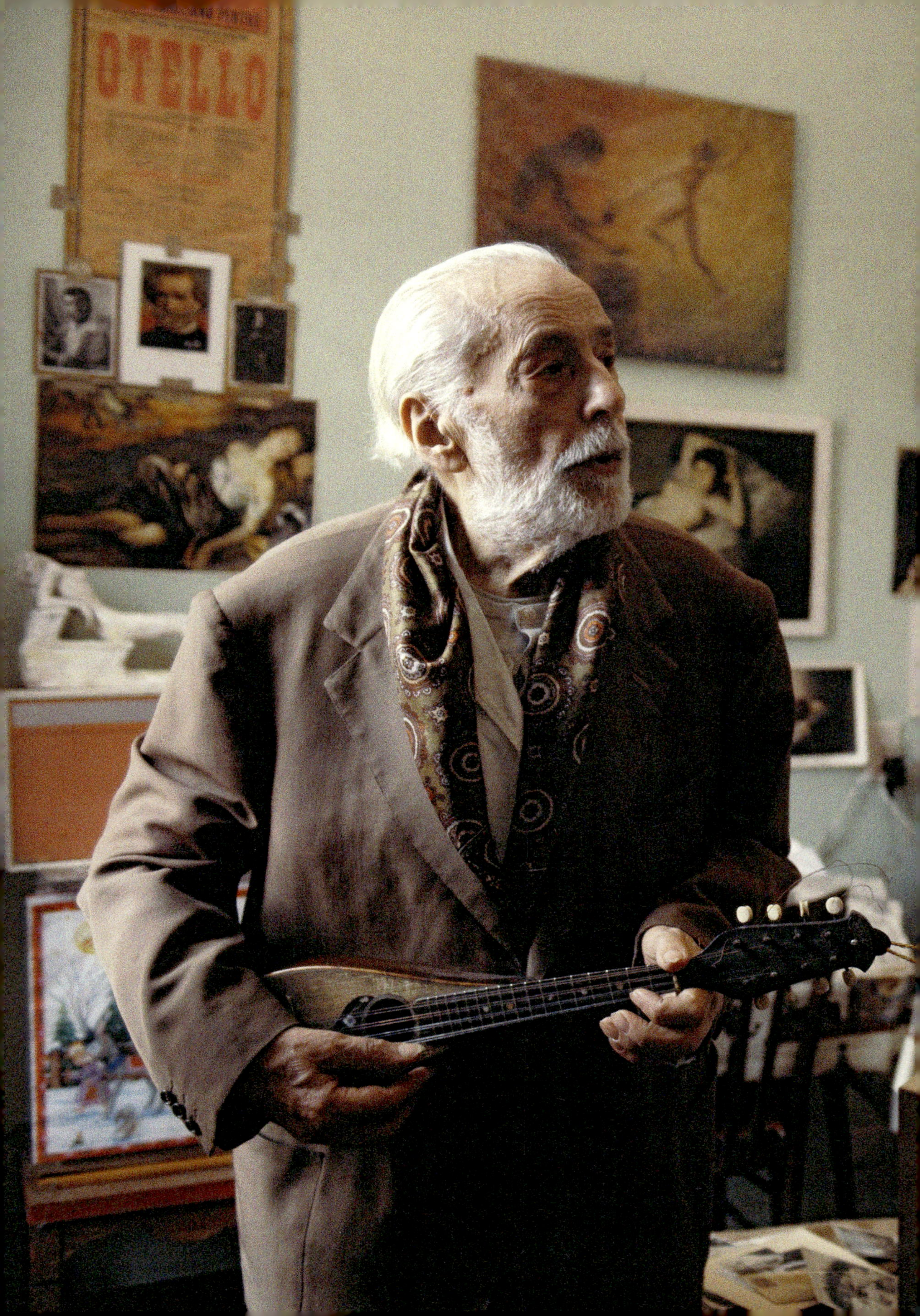
OTELLO

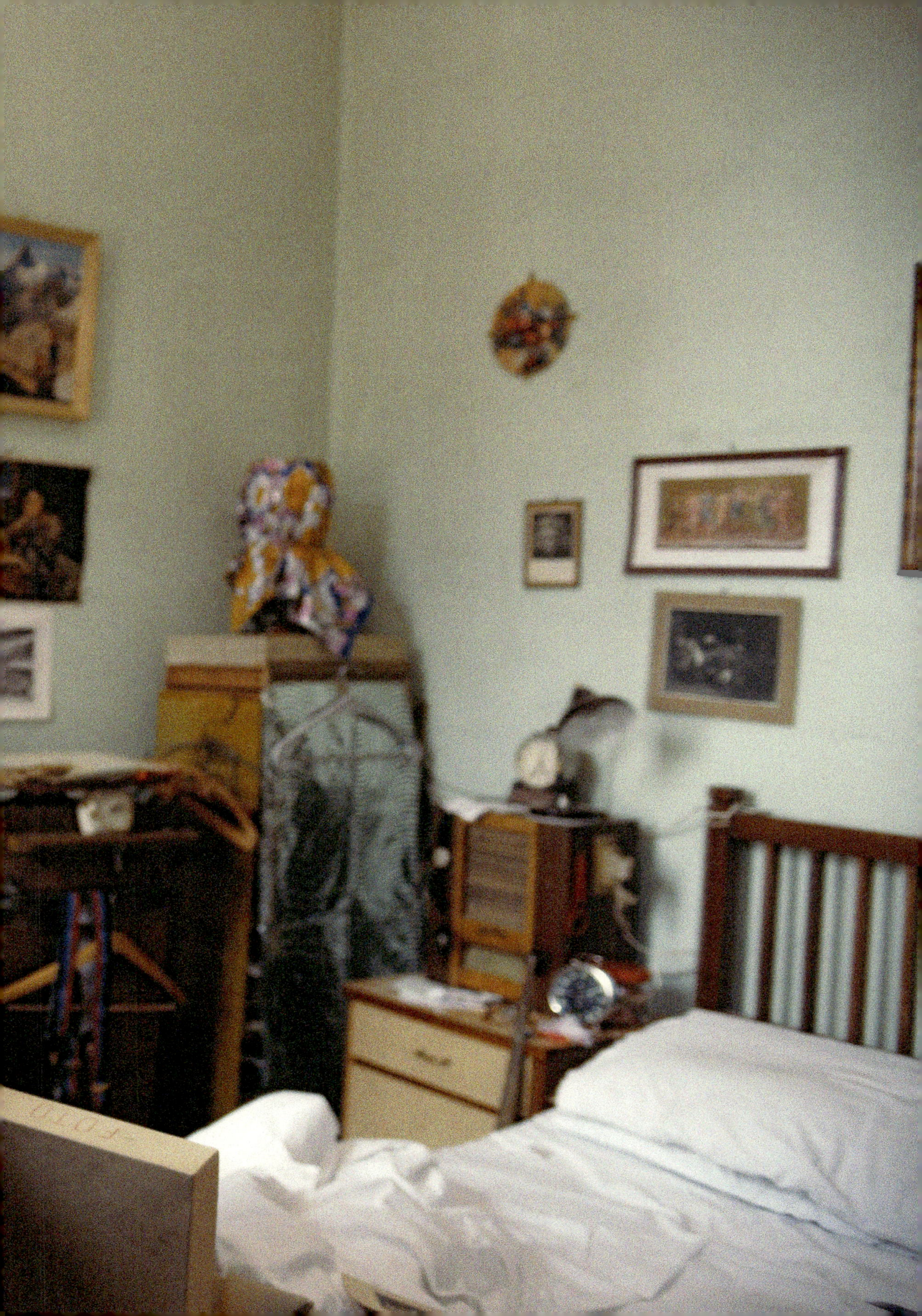

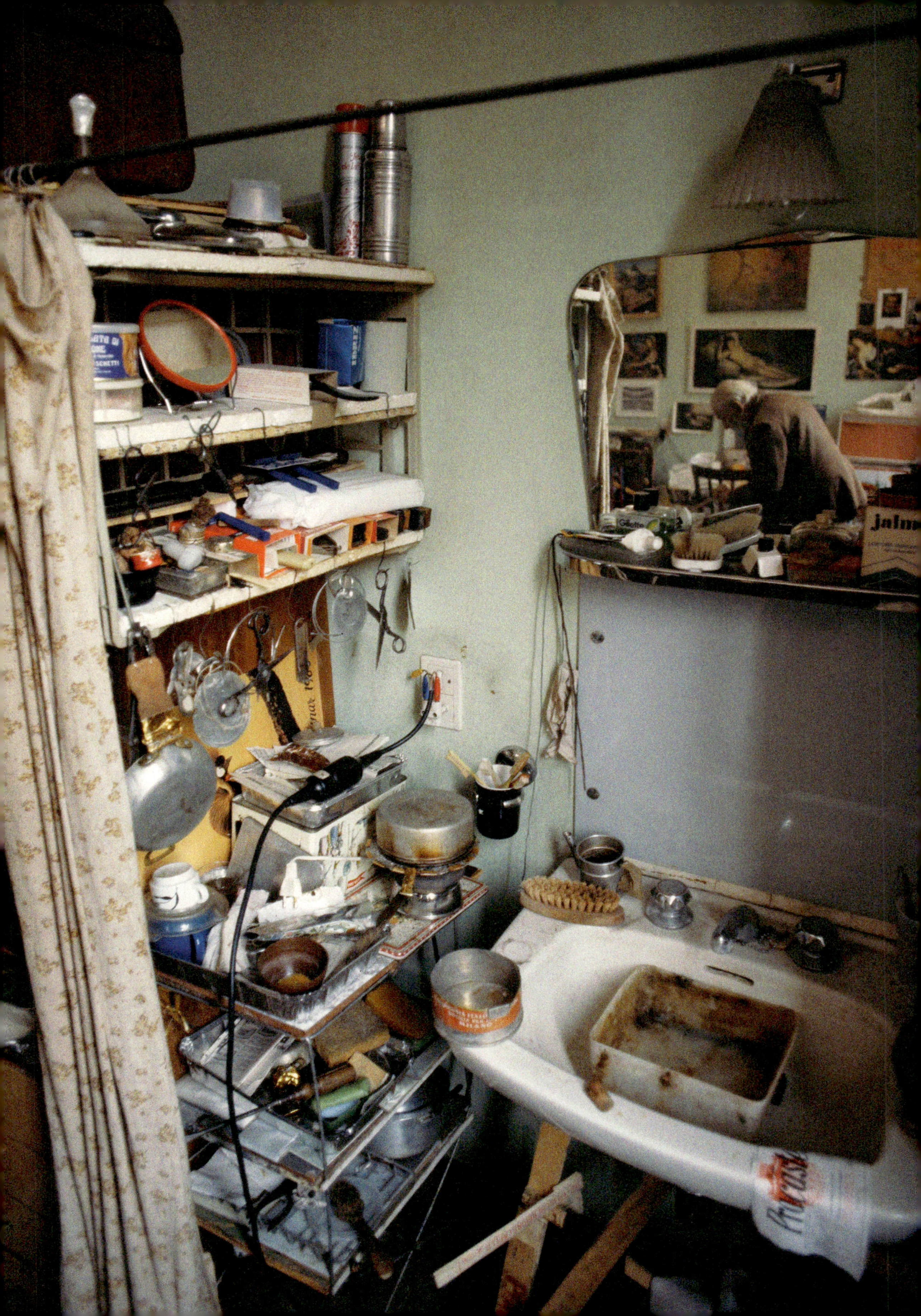

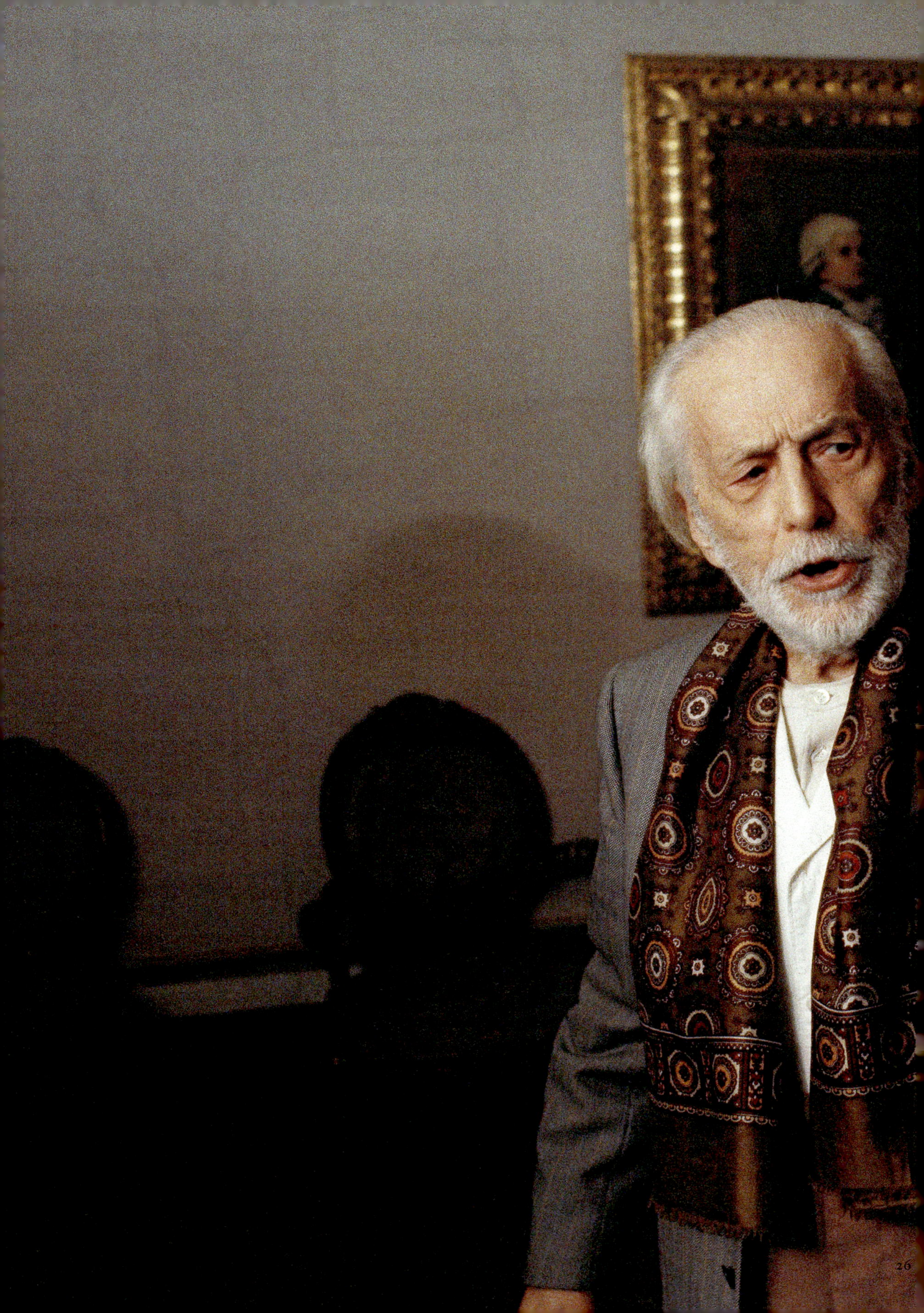

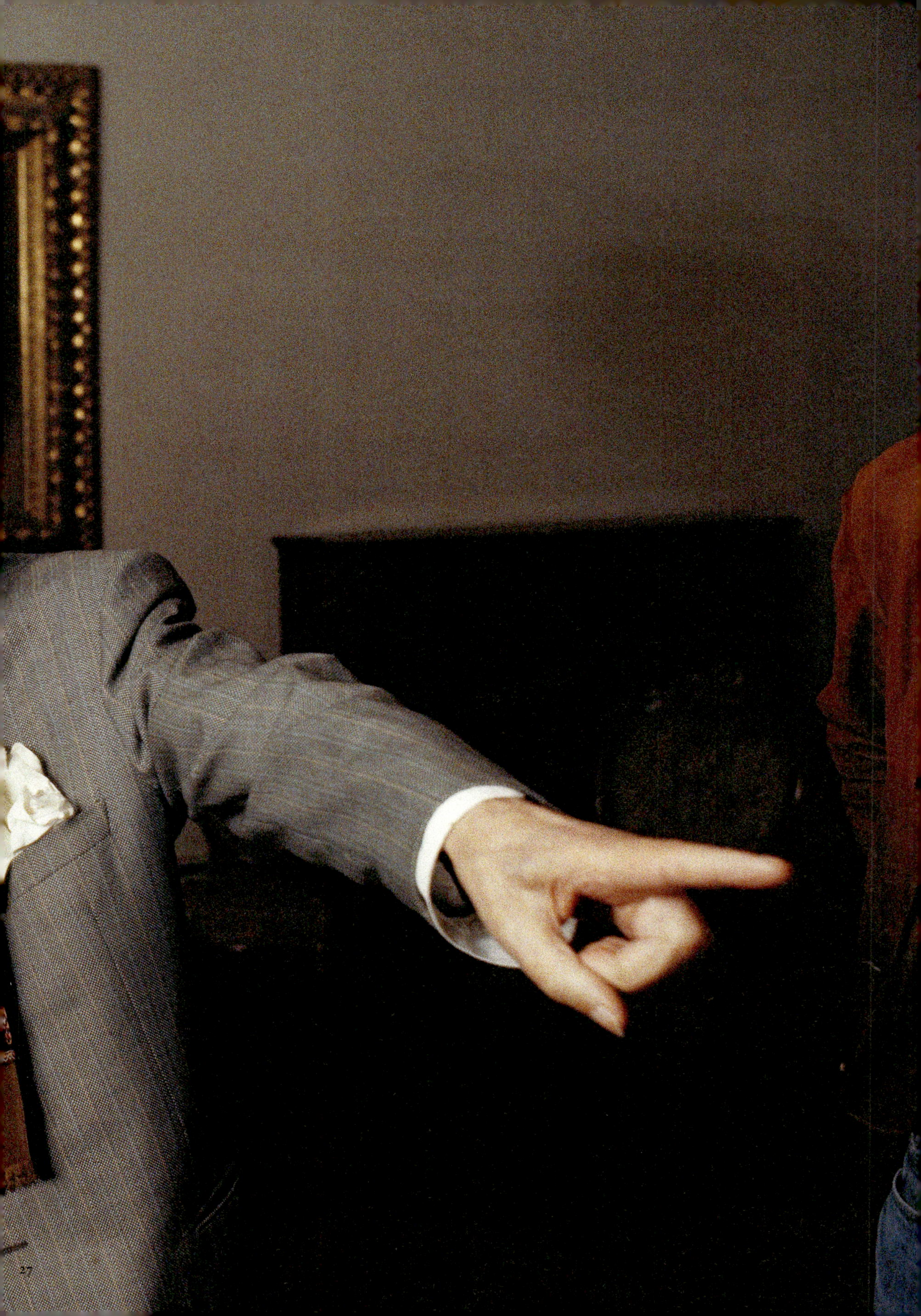

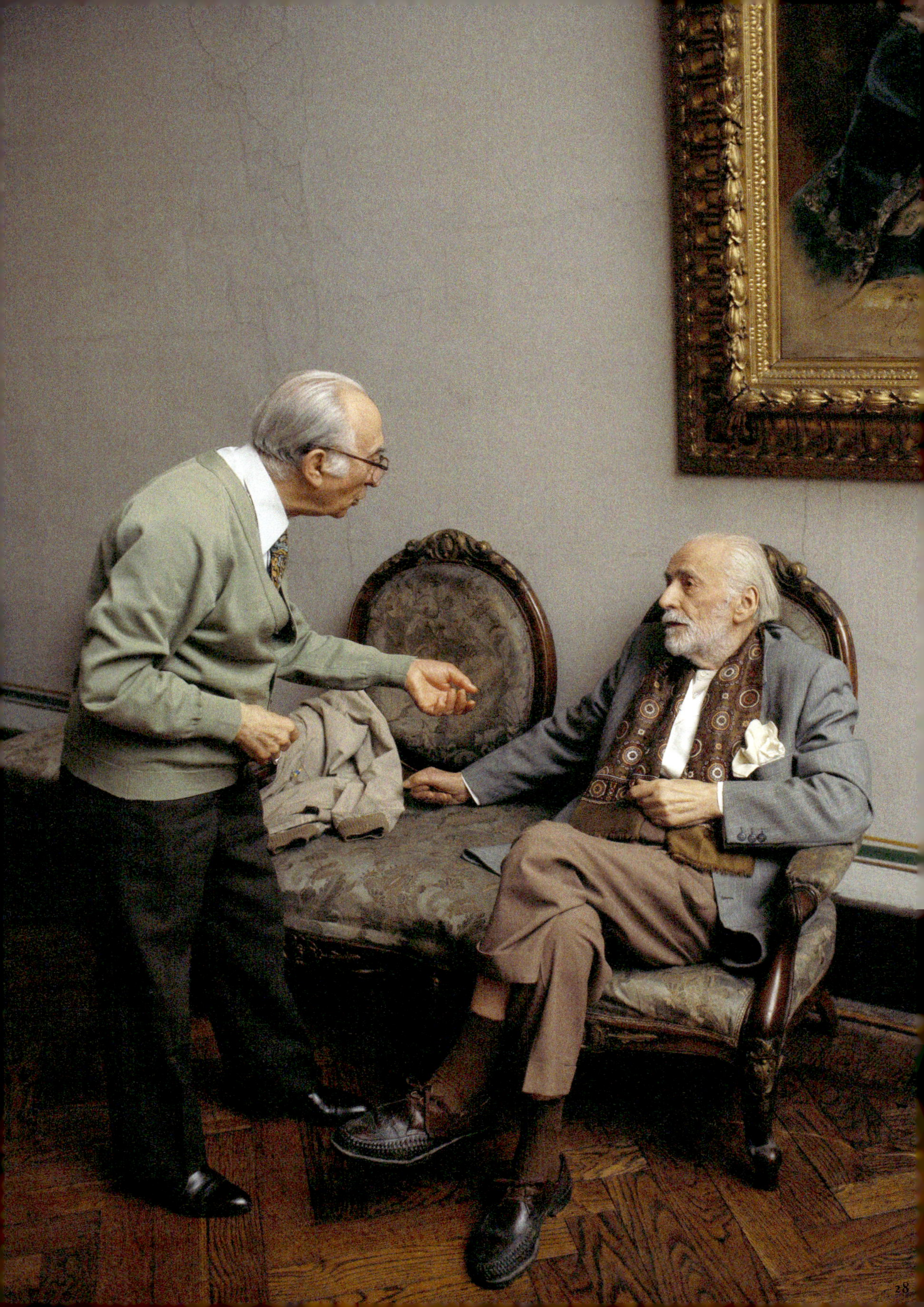

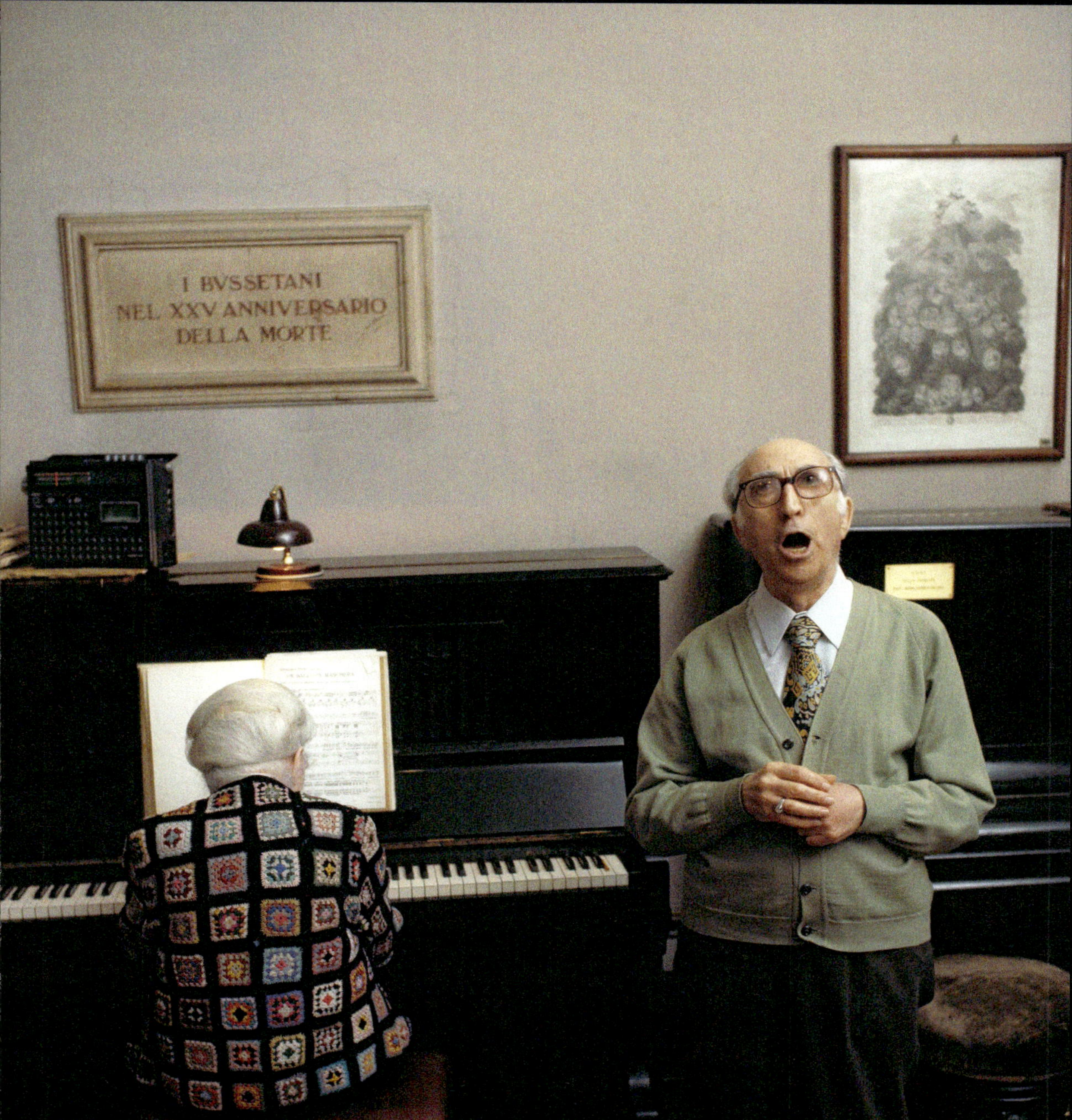
I BVSSETANI
NEL XXV ANNIVERSARIO
DELLA MORTE

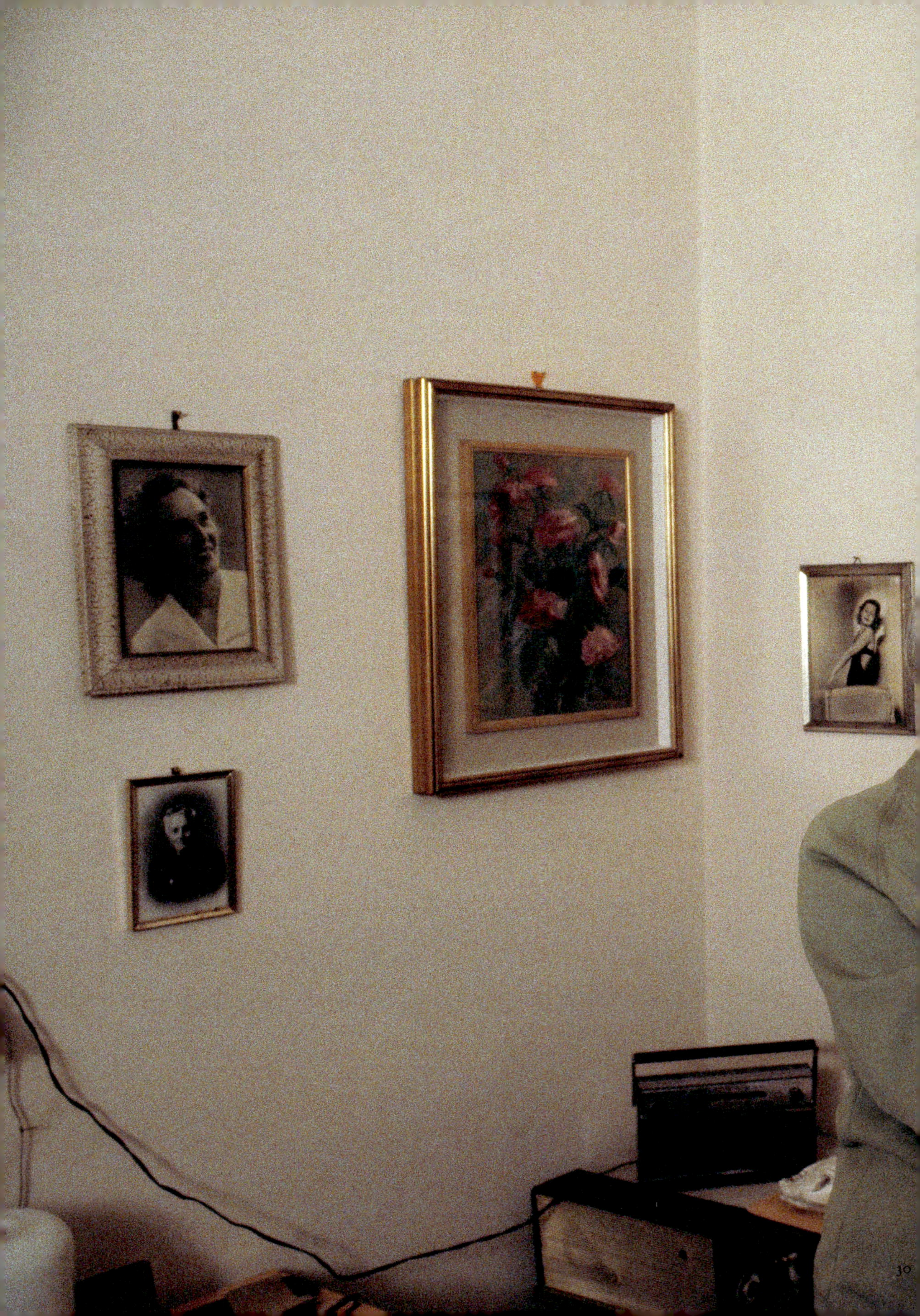

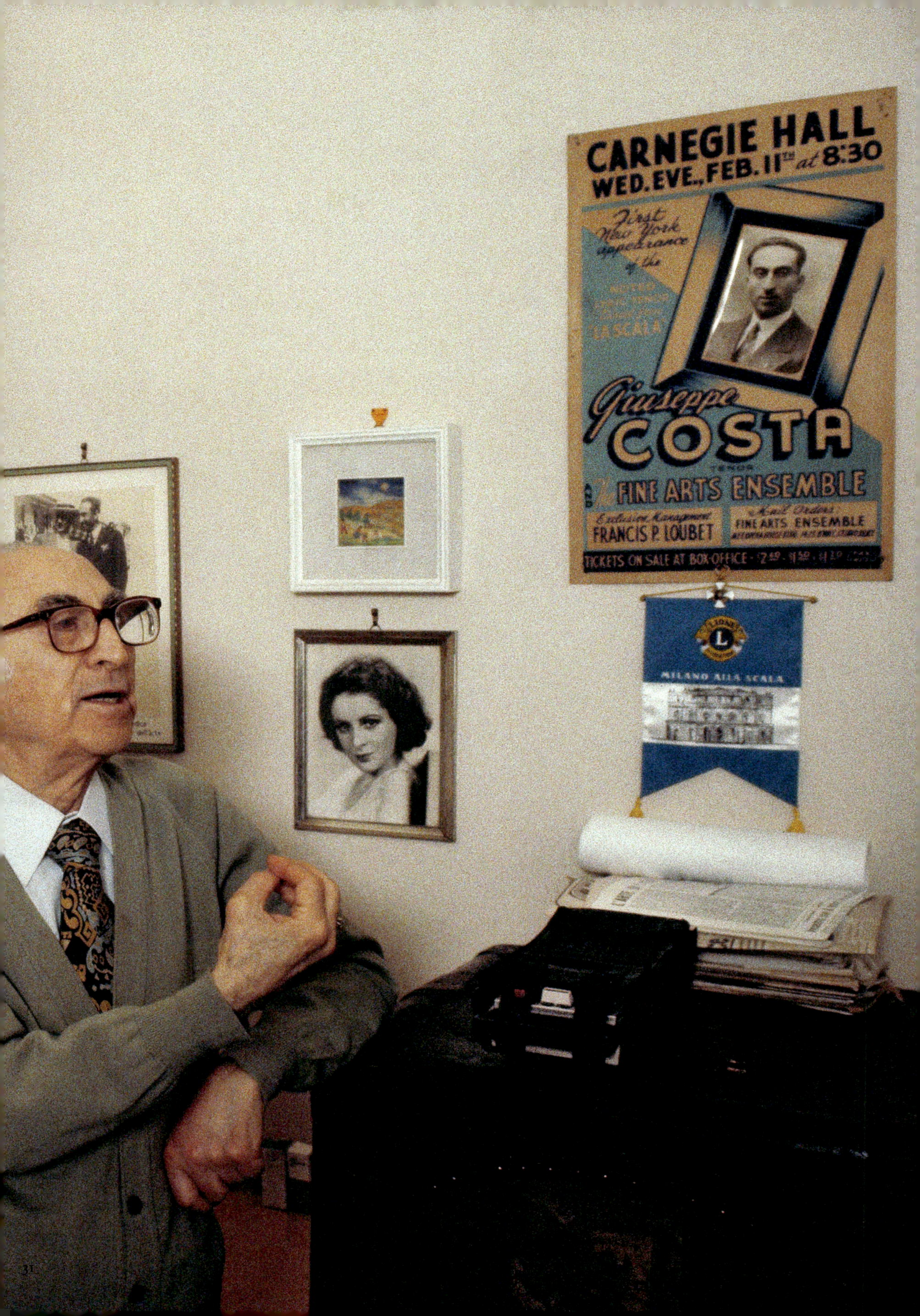
CARNEGIE HALL
WED. EVE., FEB. 11TH at 8:30
First New York appearance of the
LA SCALA
Giuseppe
COSTA
FINE ARTS ENSEMBLE
Exclusive Management
FRANCIS P. LOUBET
Mail Orders
FINE ARTS ENSEMBLE
TICKETS ON SALE AT BOX-OFFICE
MILANO ALLA SCALA

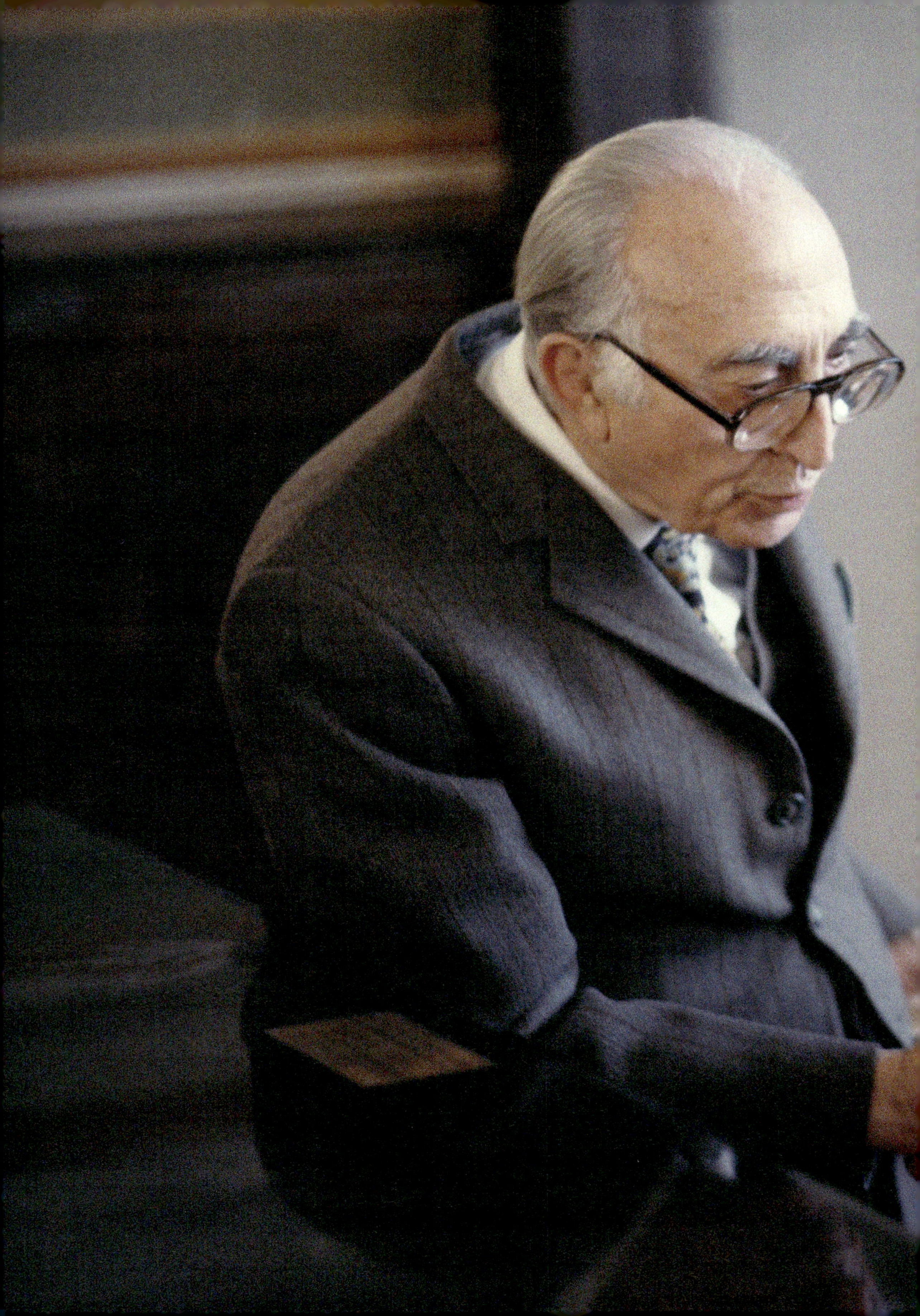

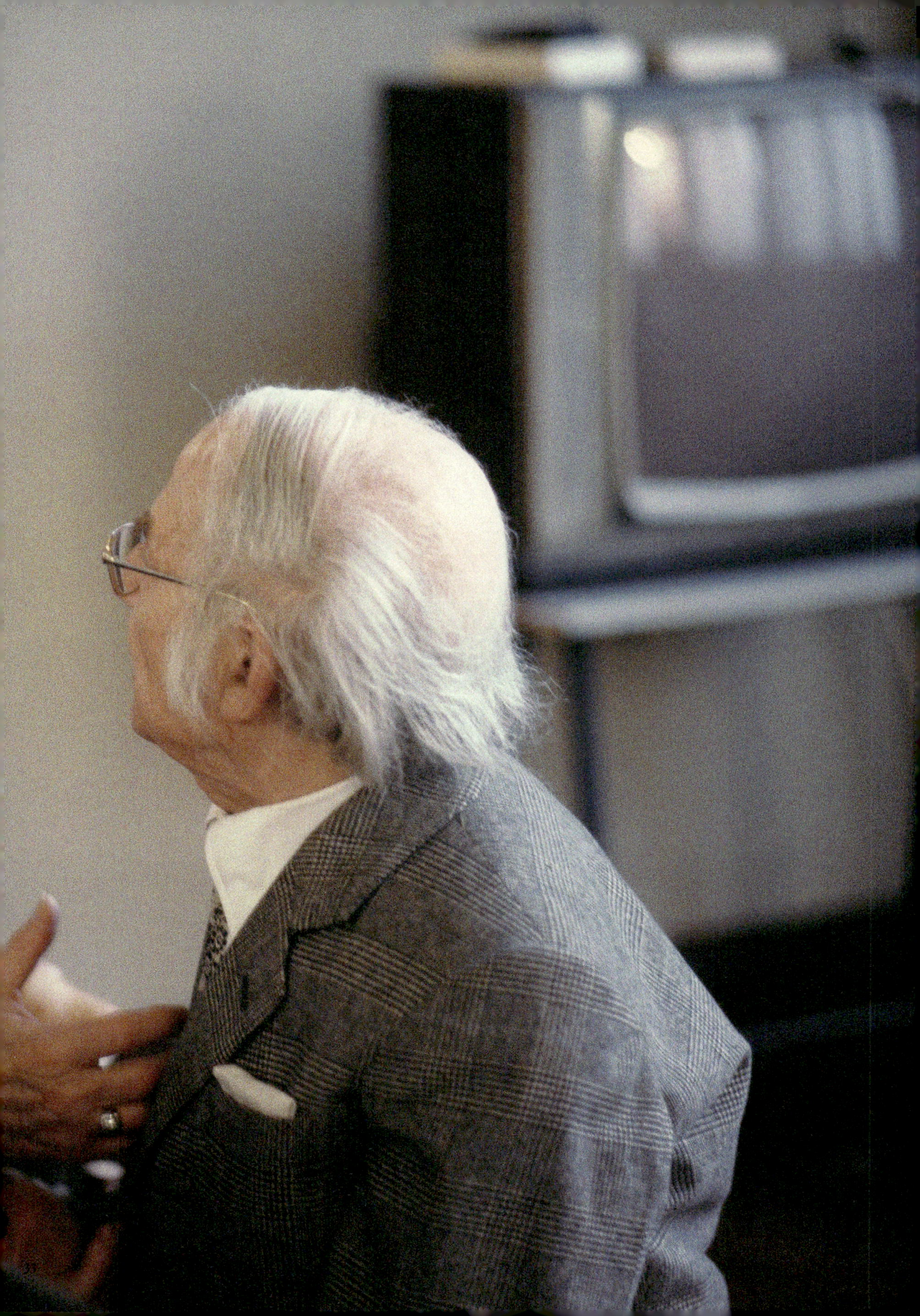

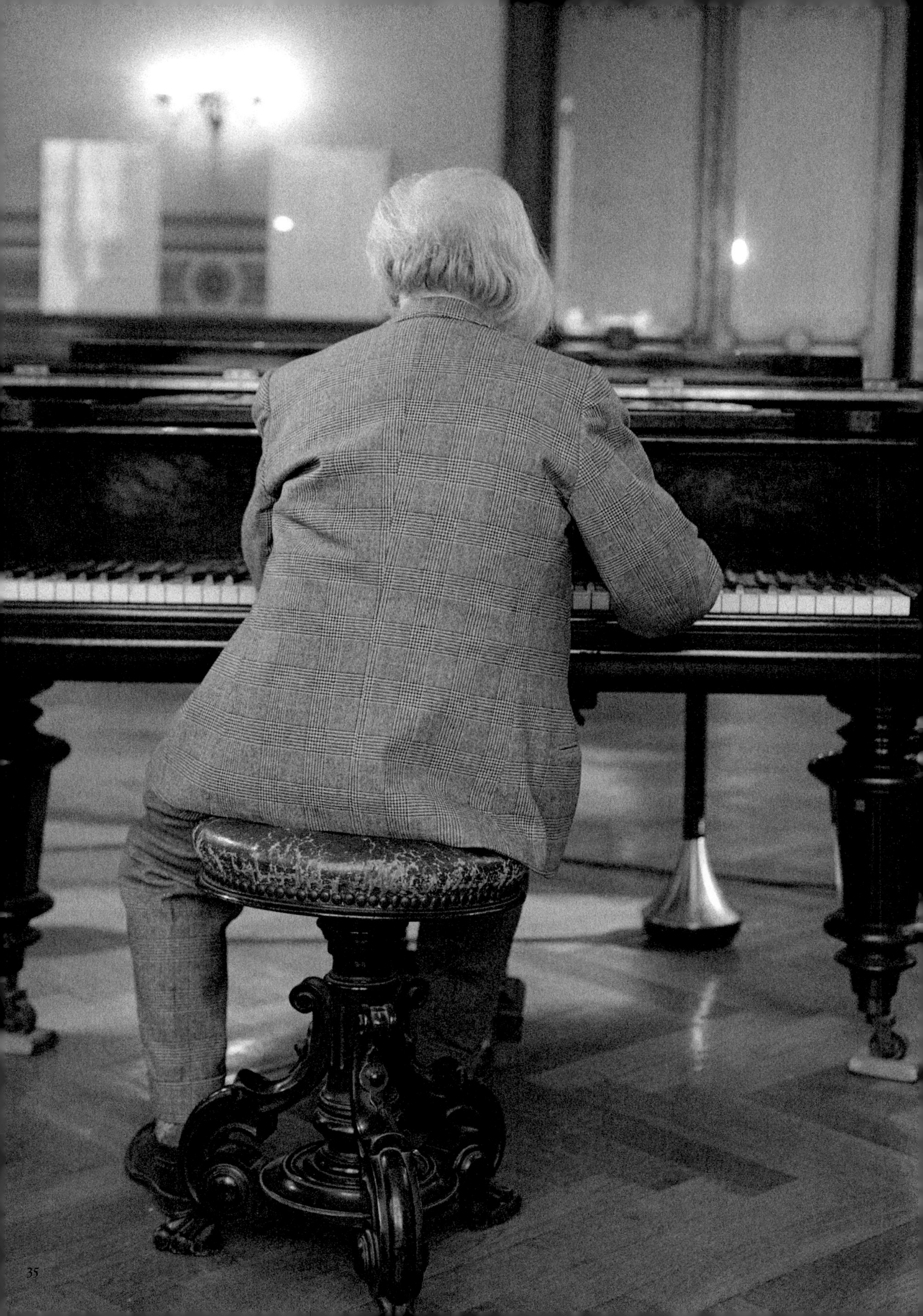

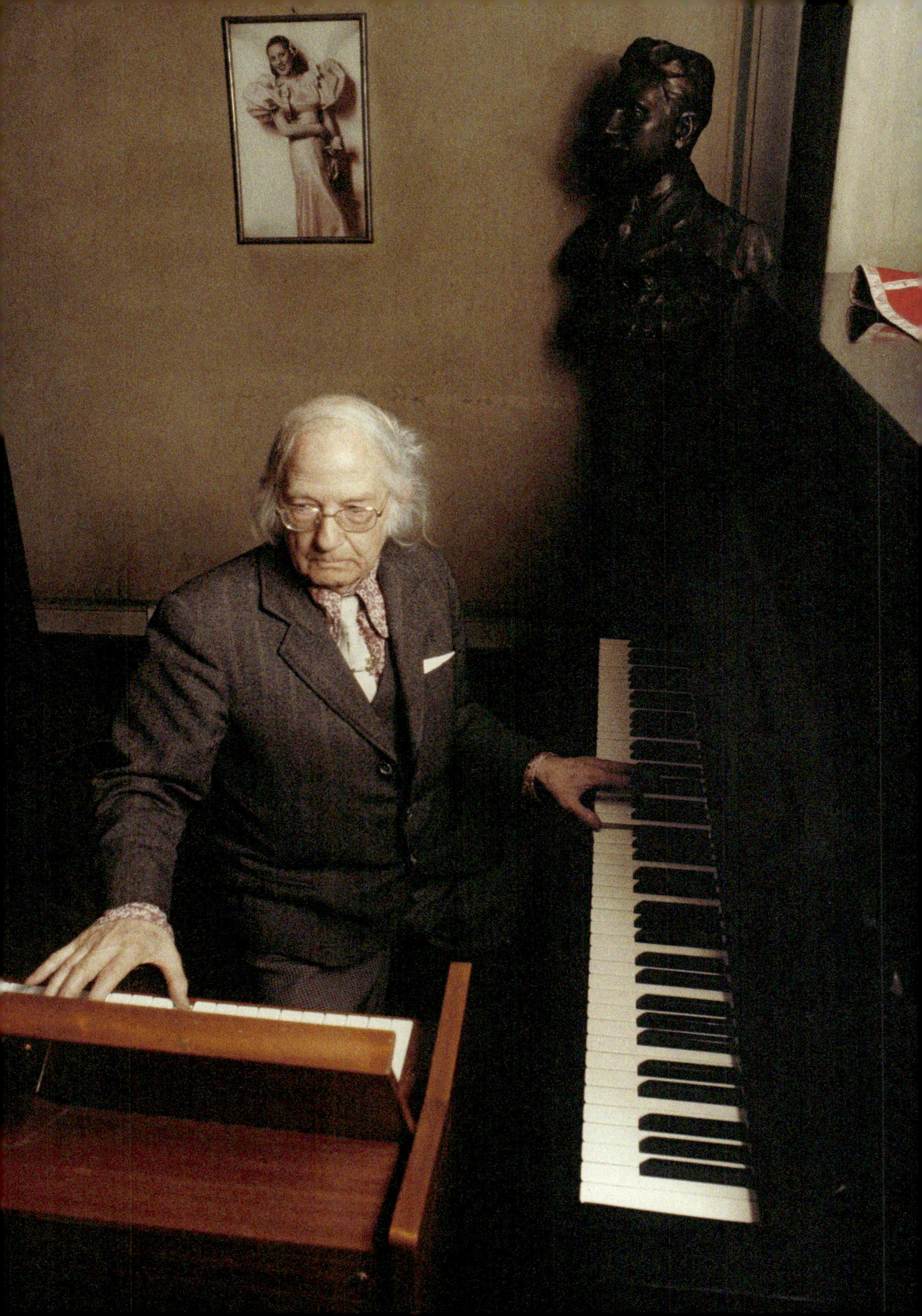

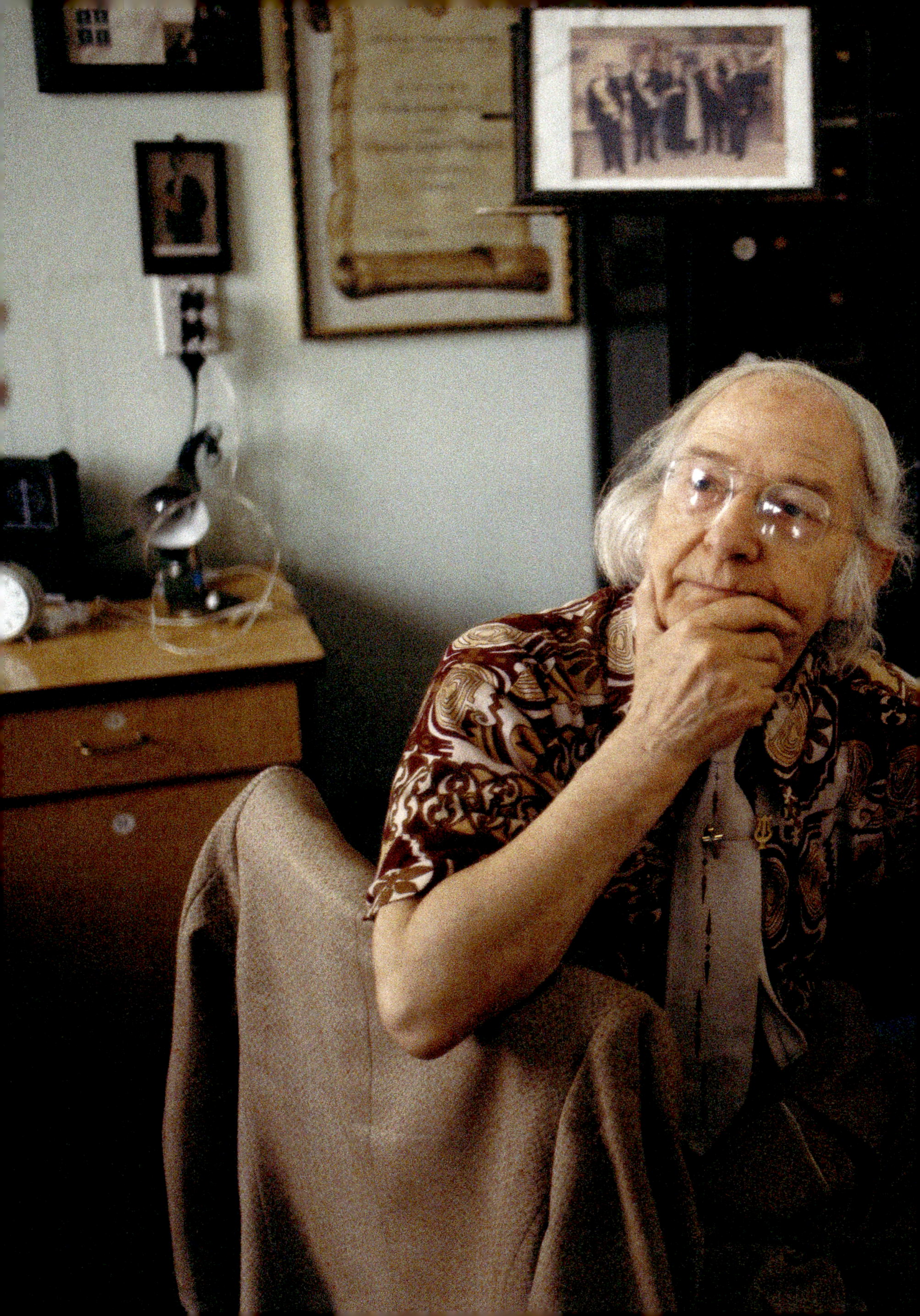

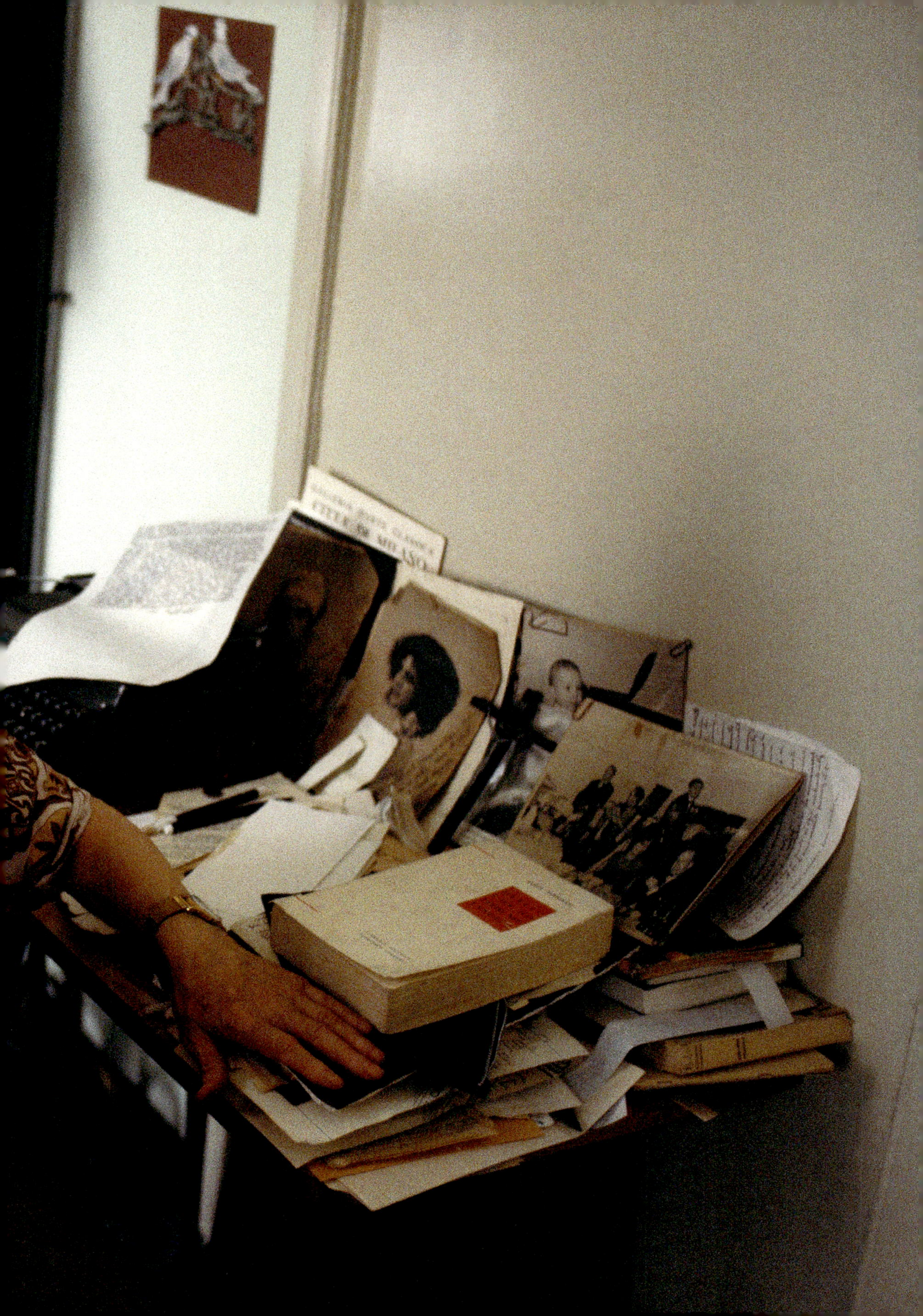

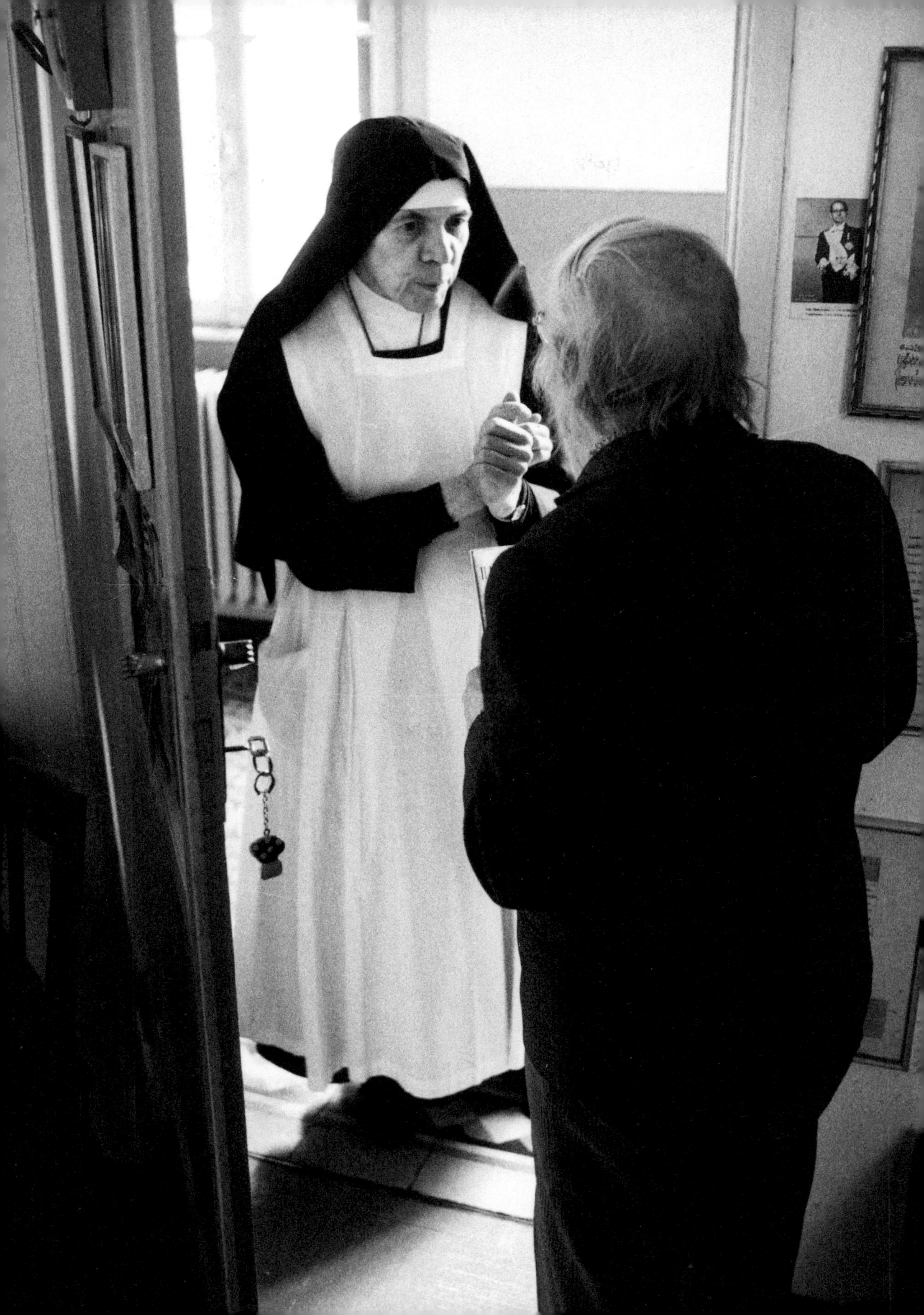

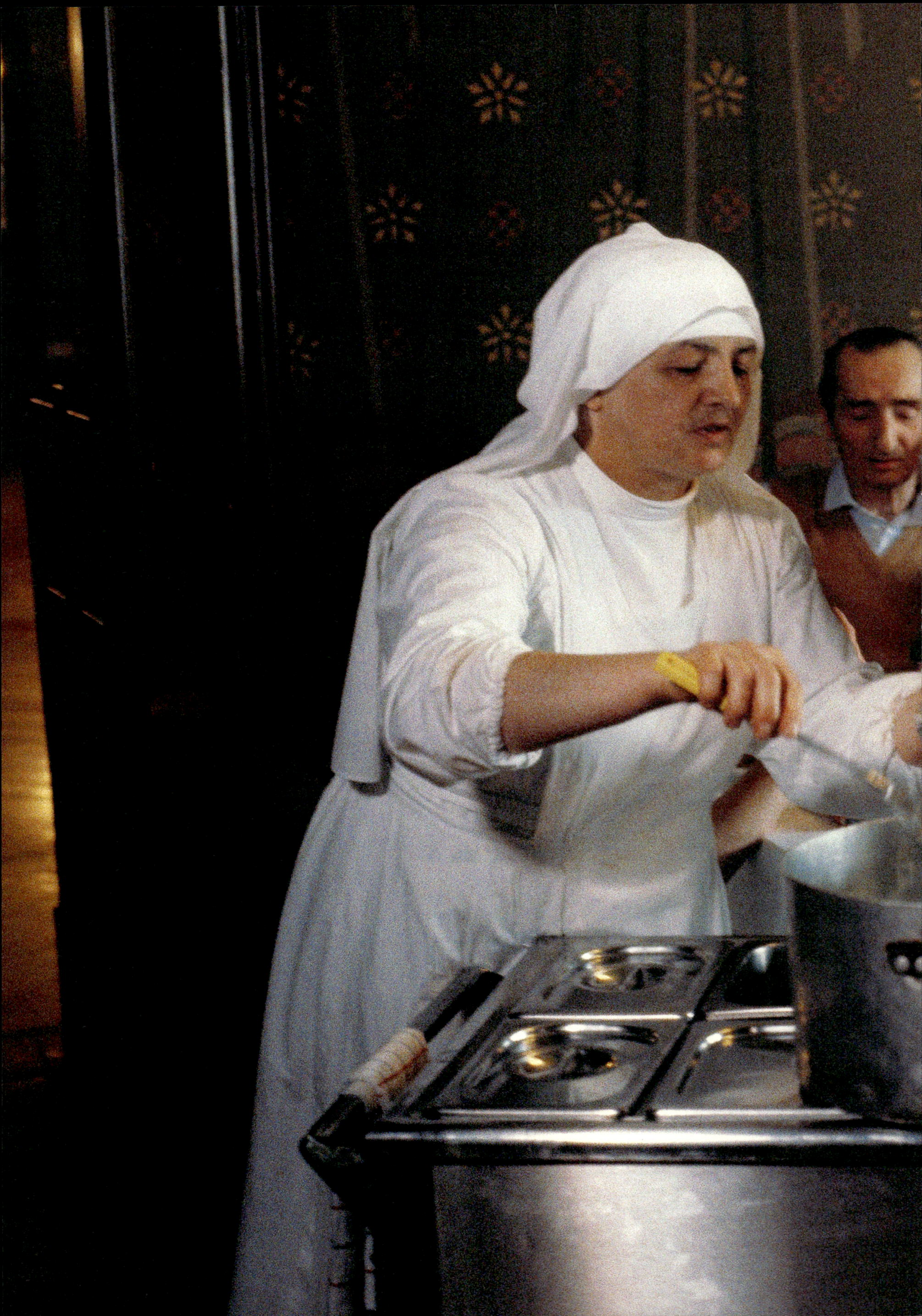

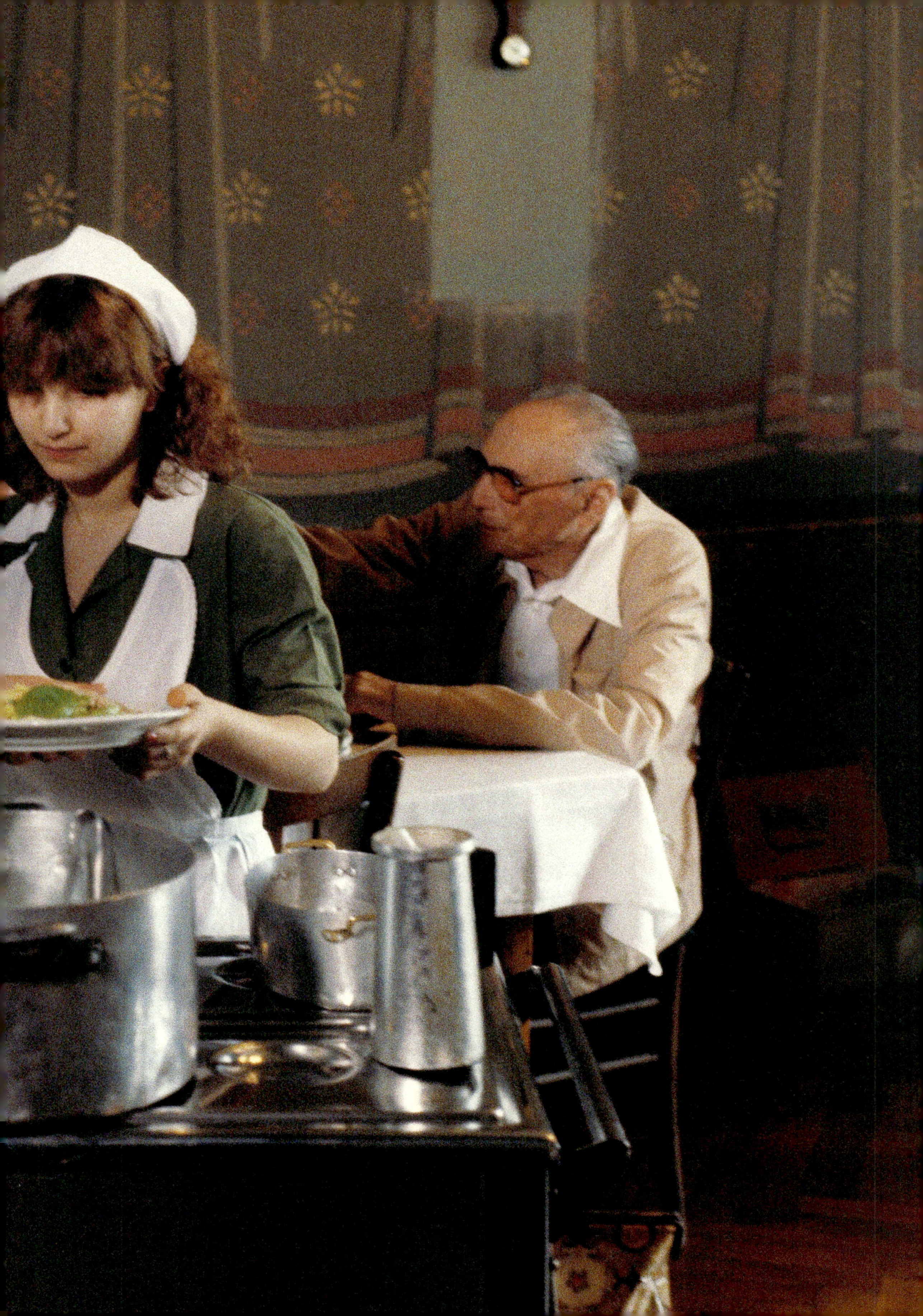

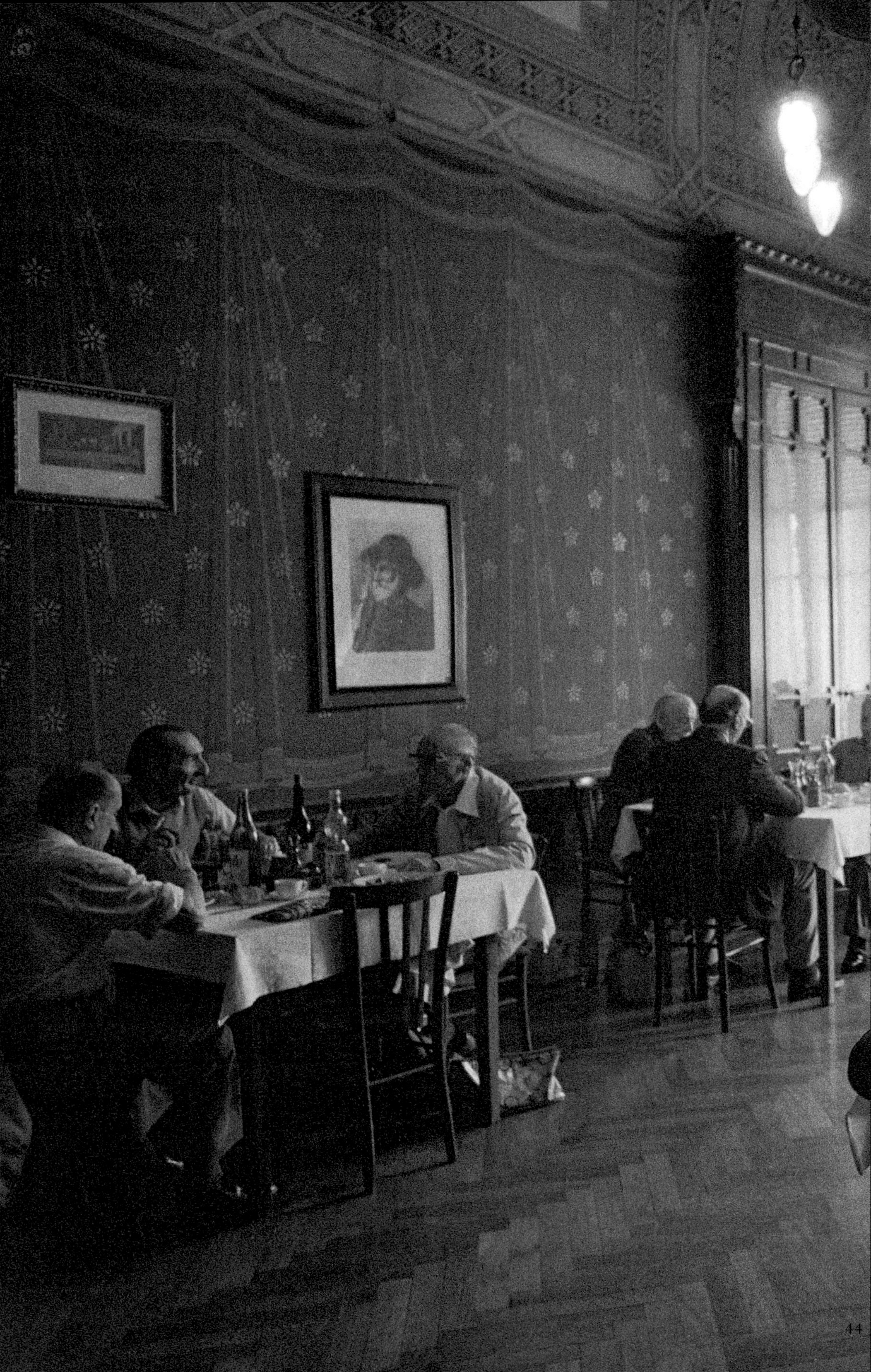

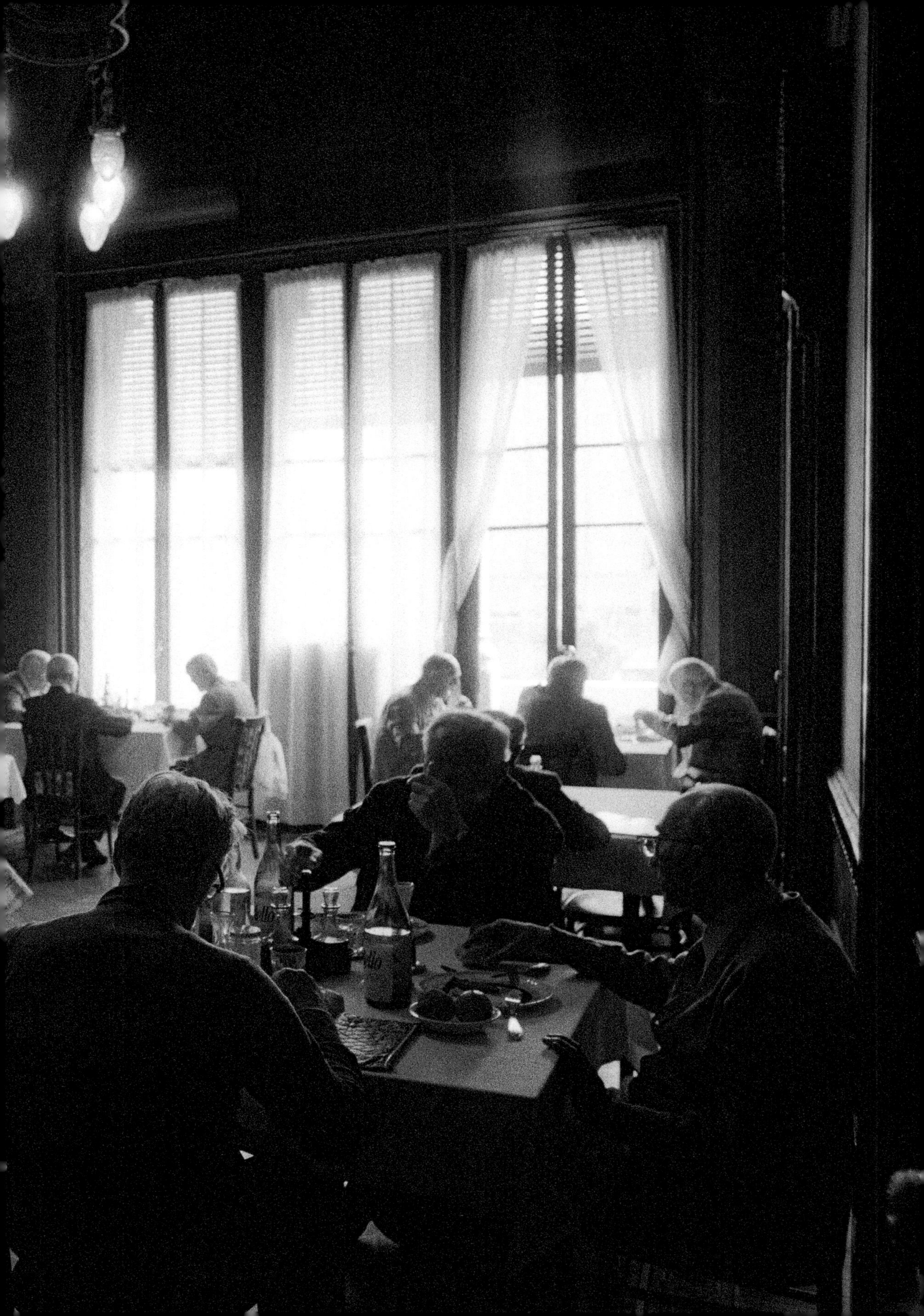

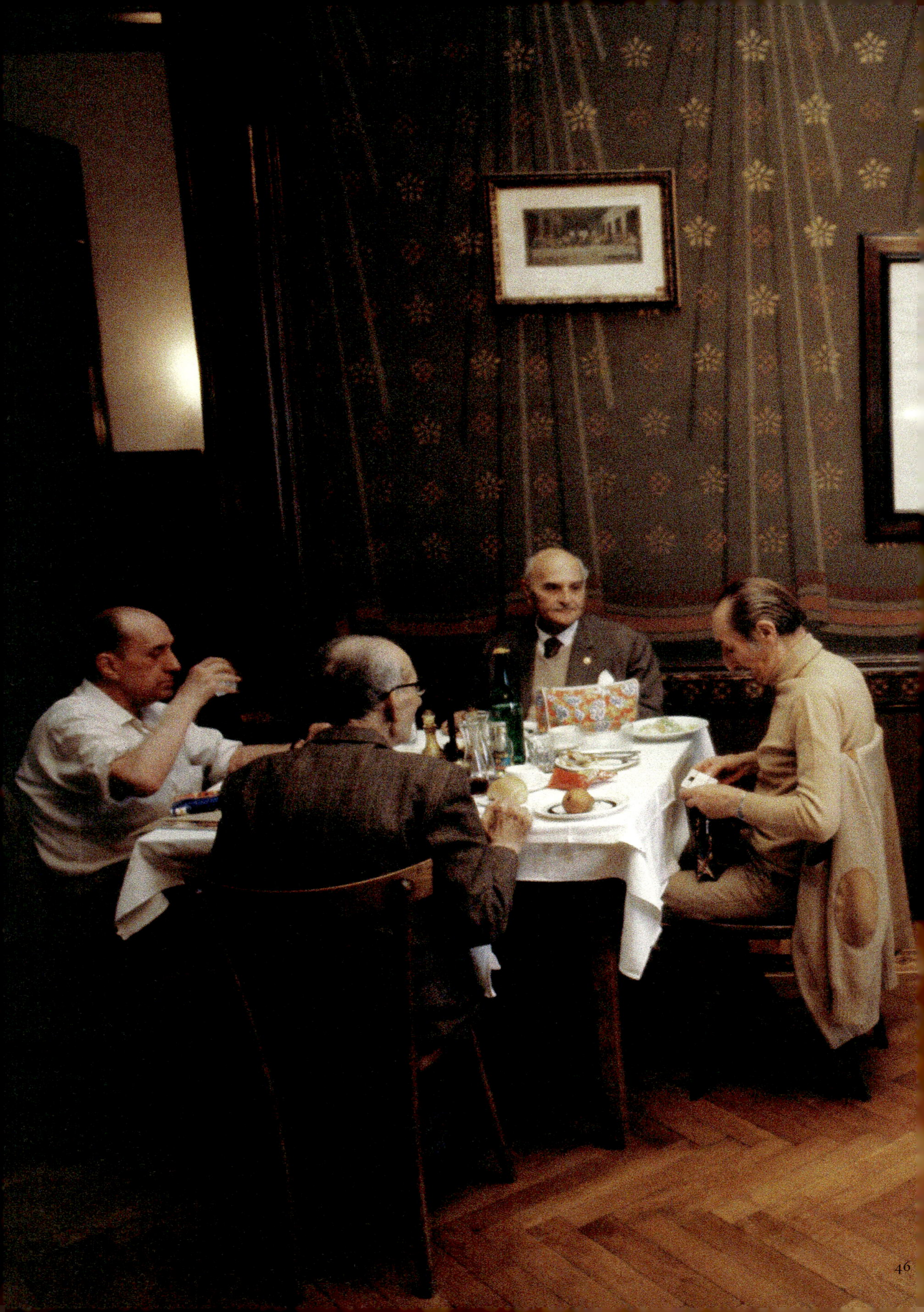

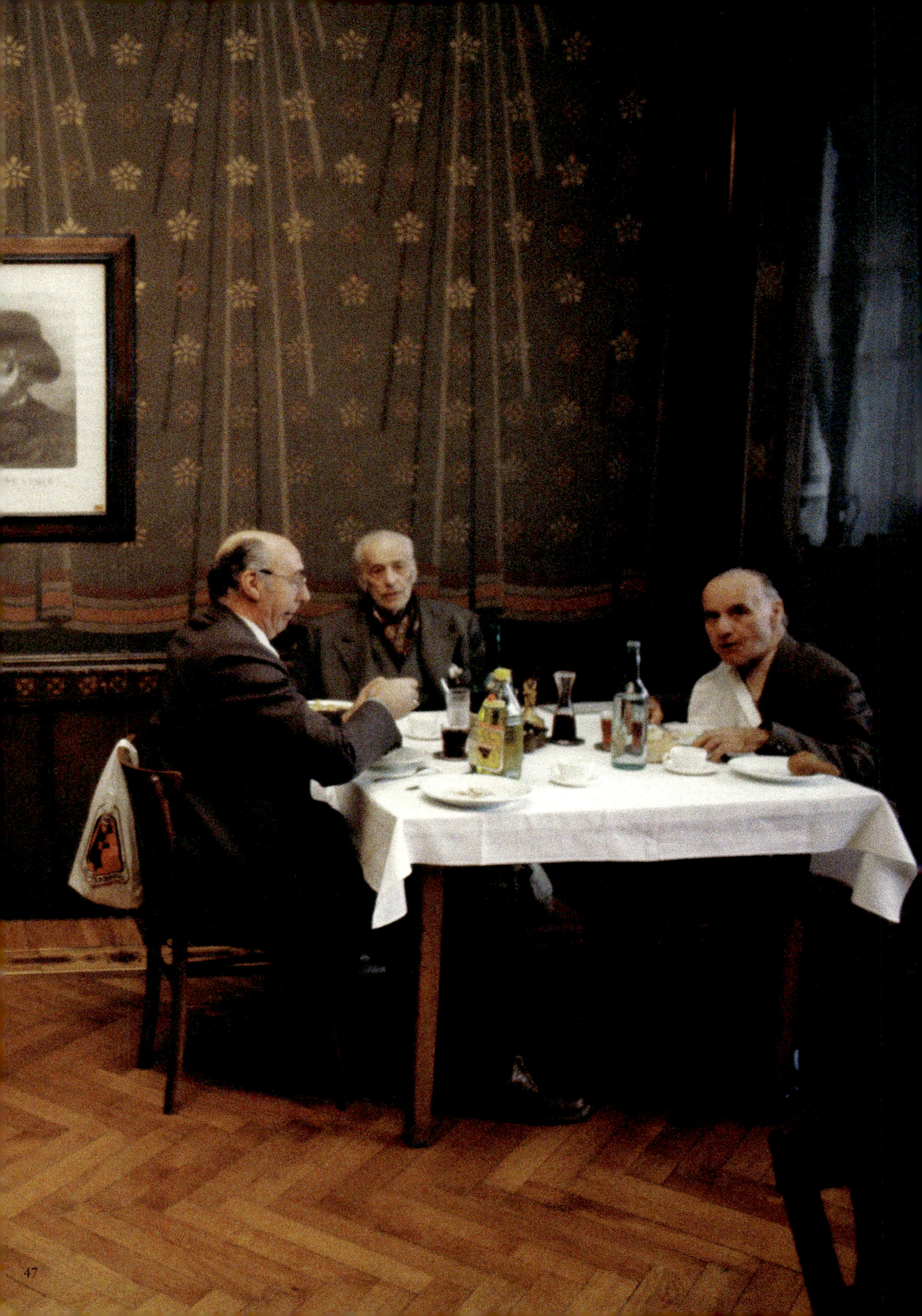

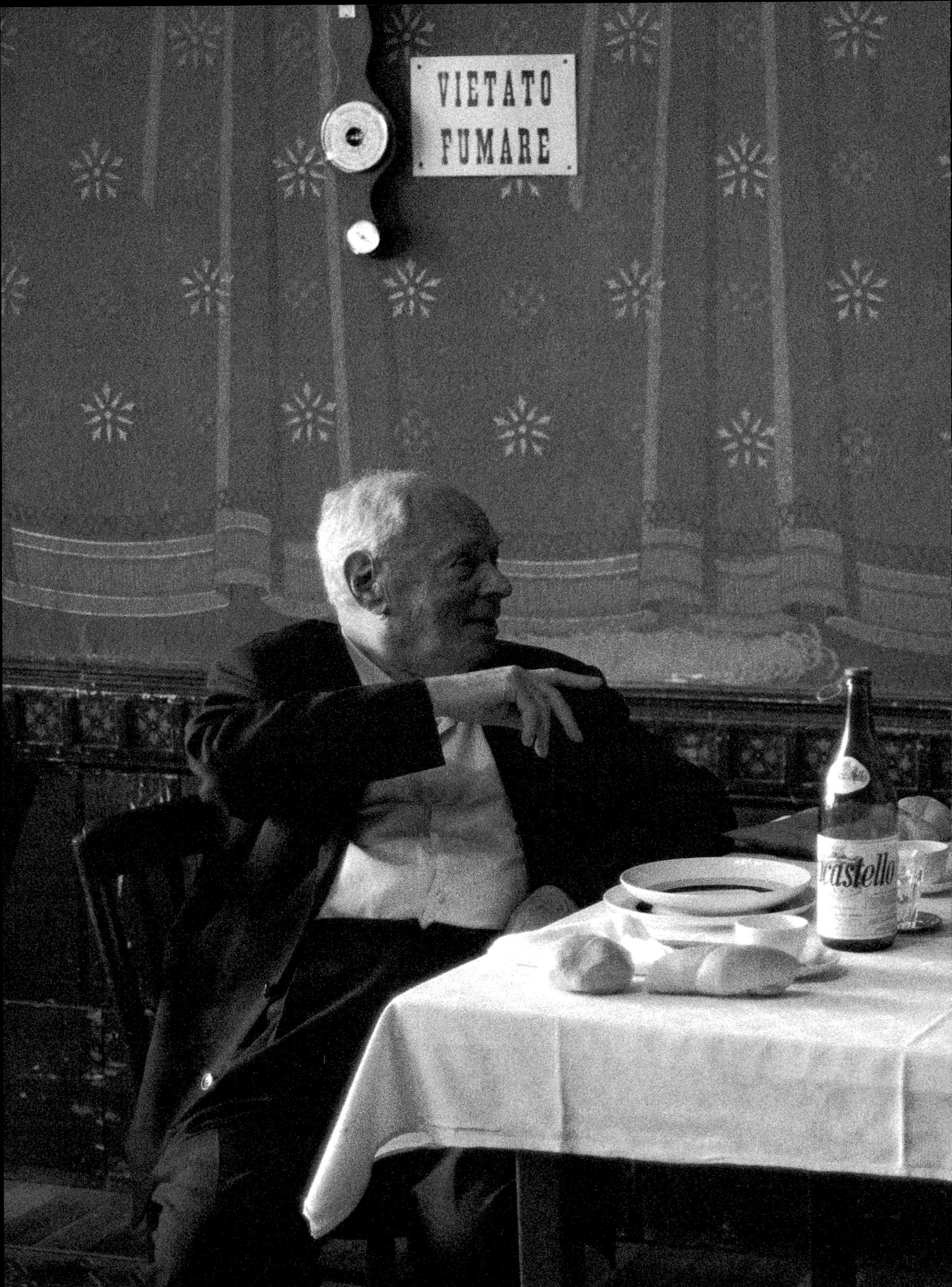
VIETATO
FUMARE

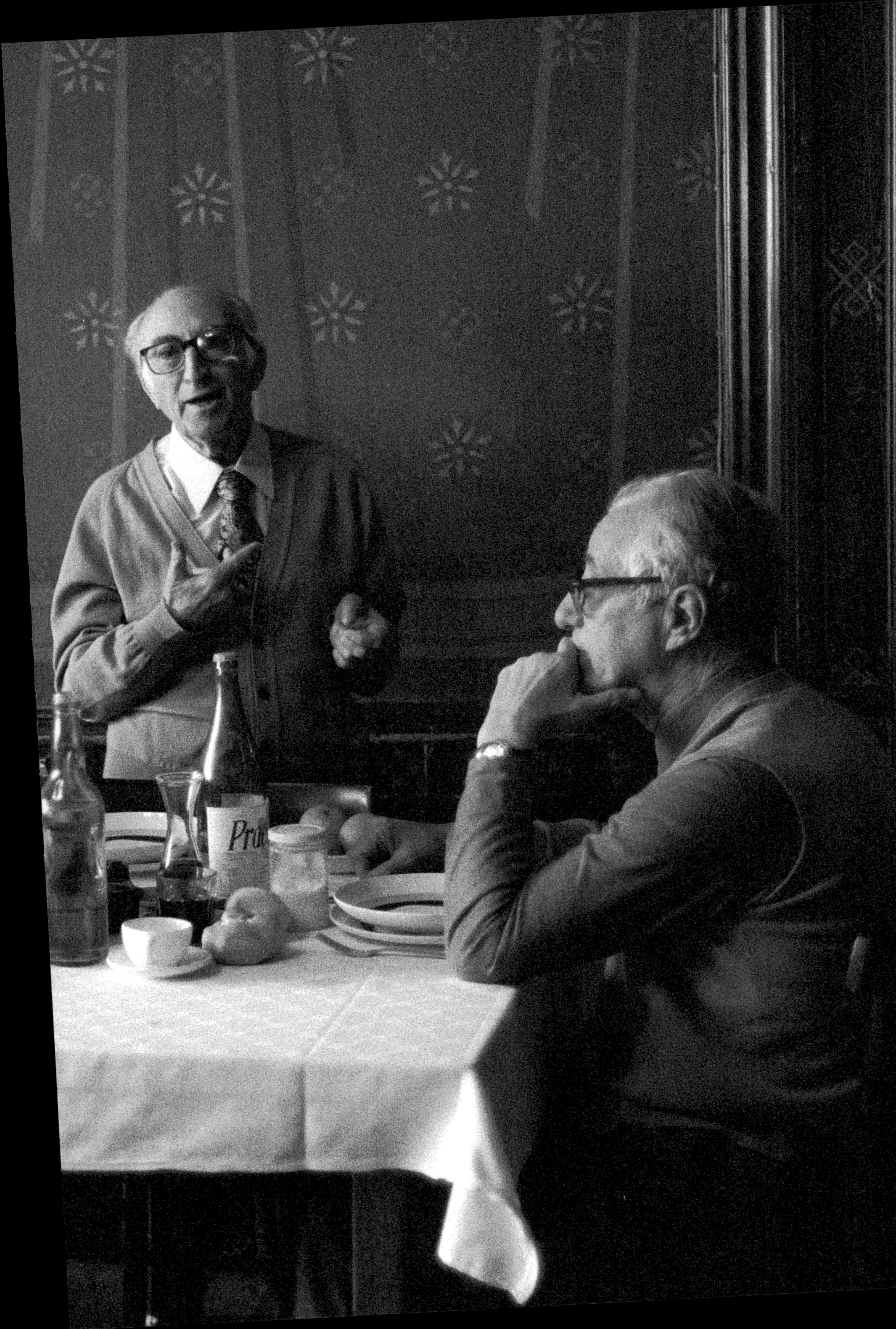

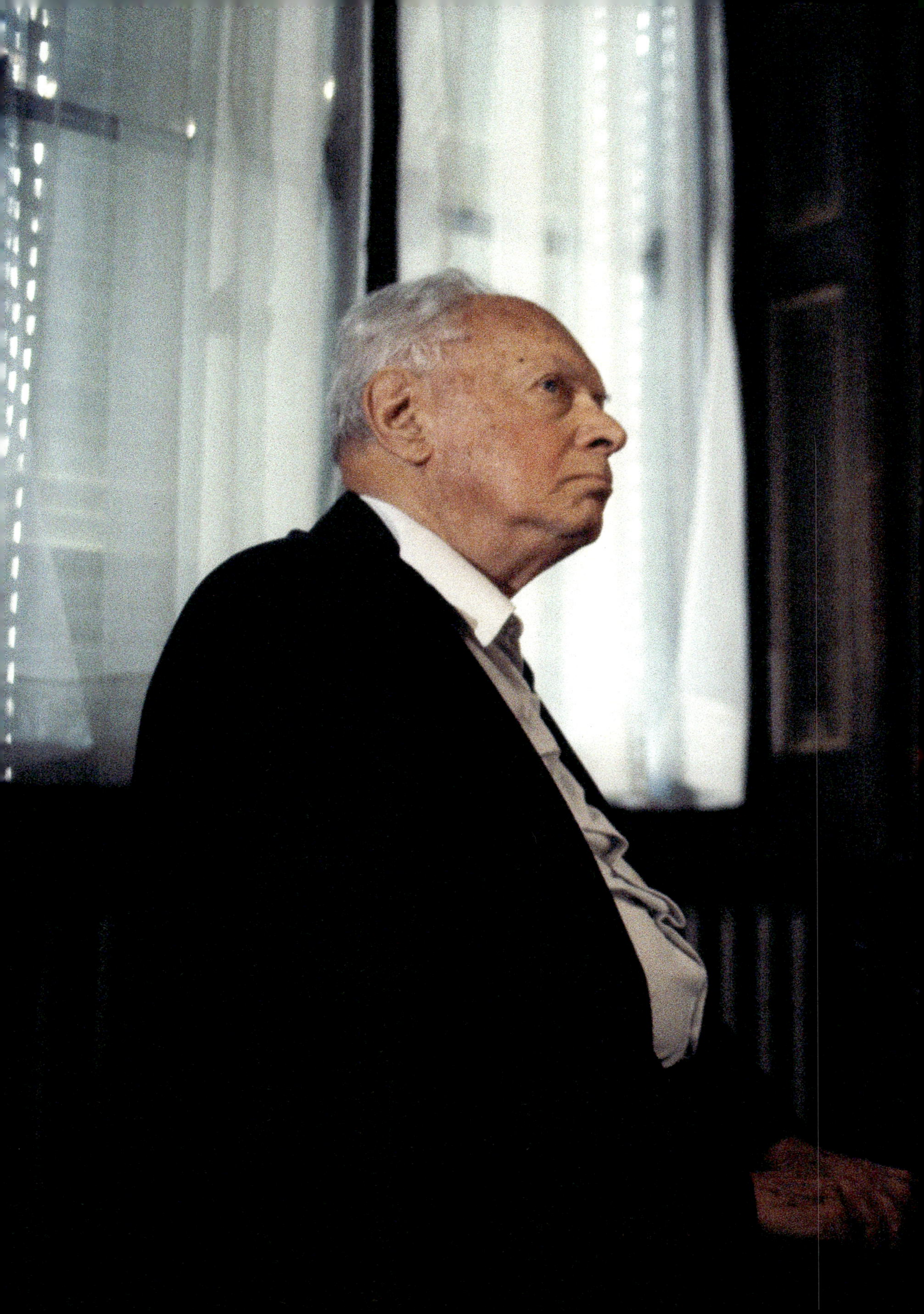

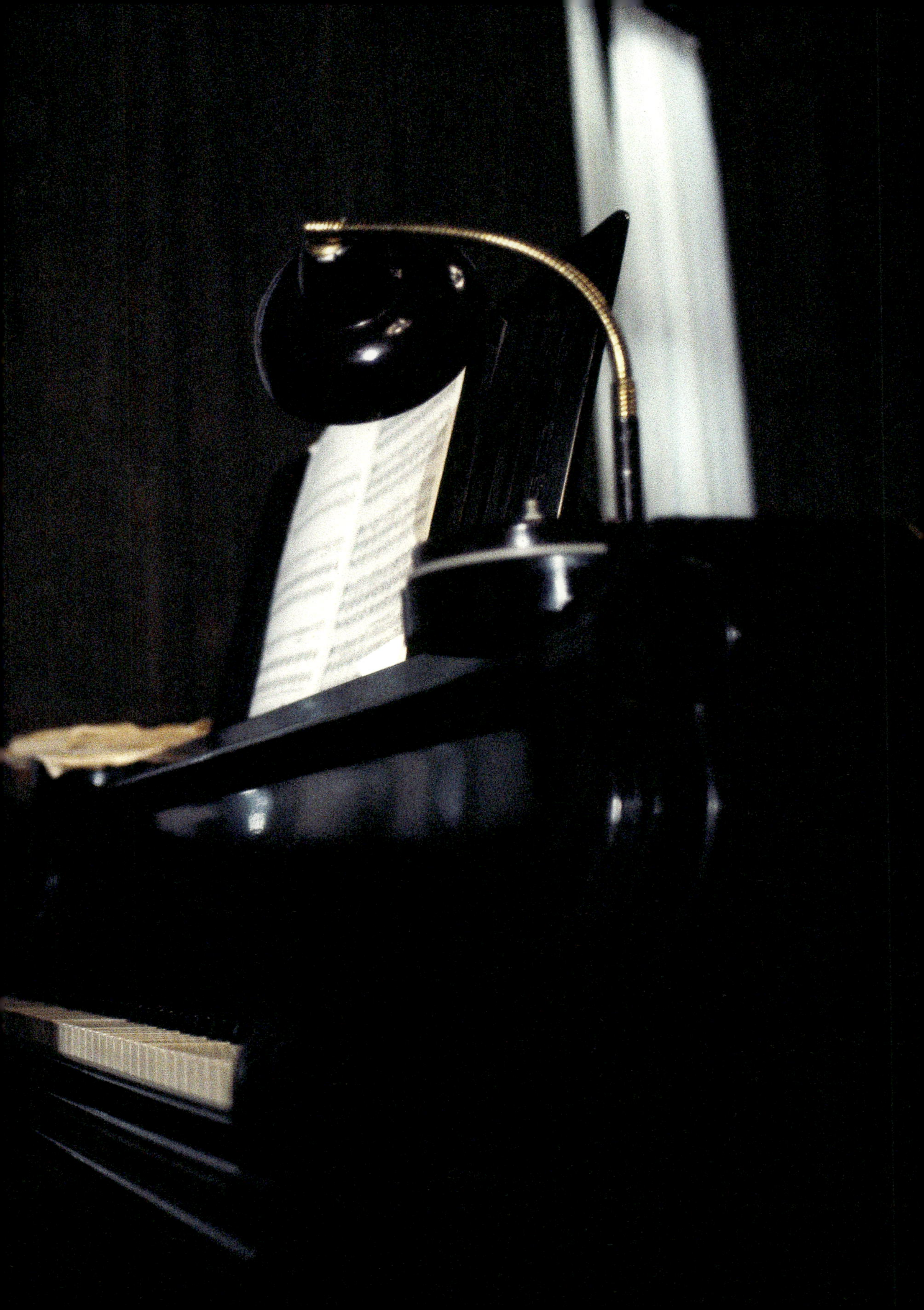

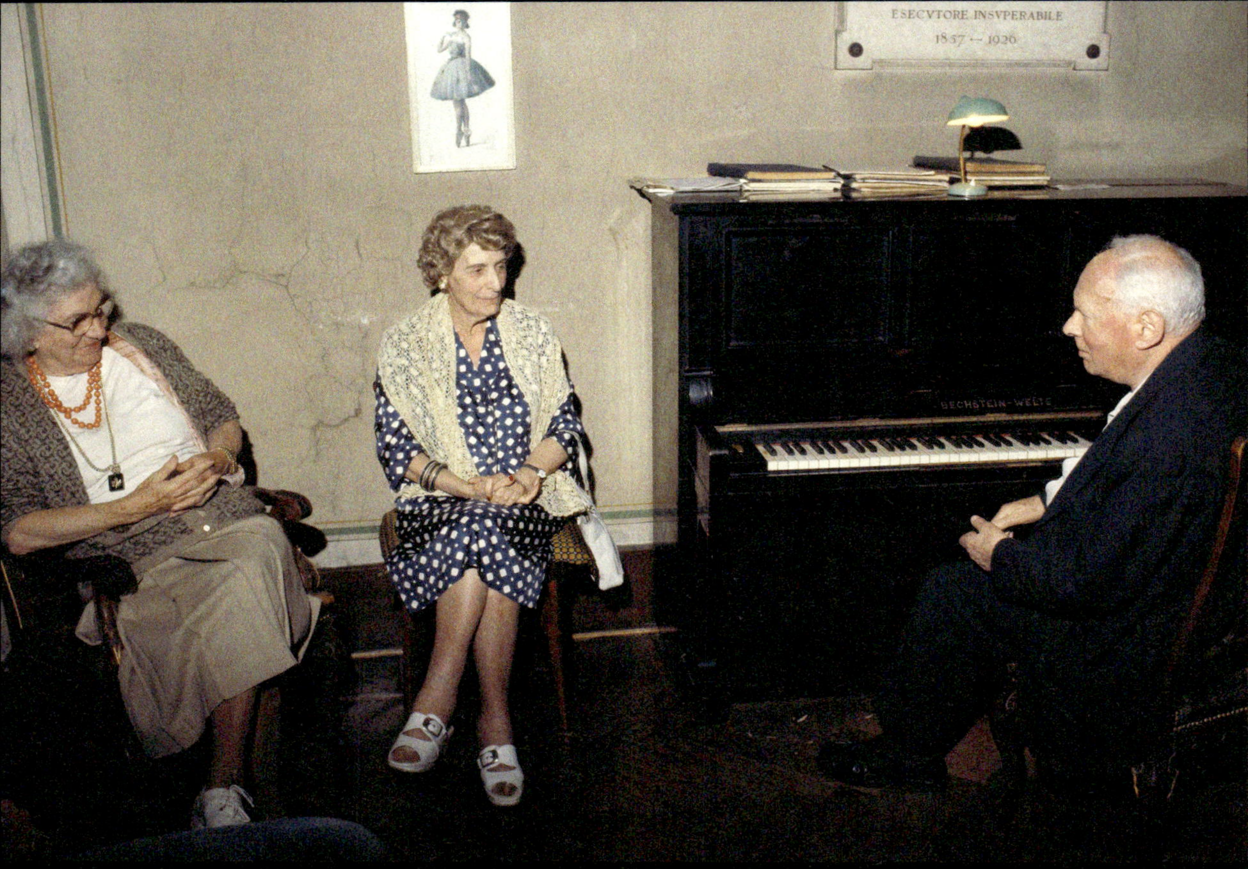
ESECVTORE INSVPERABILE
1857 — 1926
BECHSTEIN-WELTE

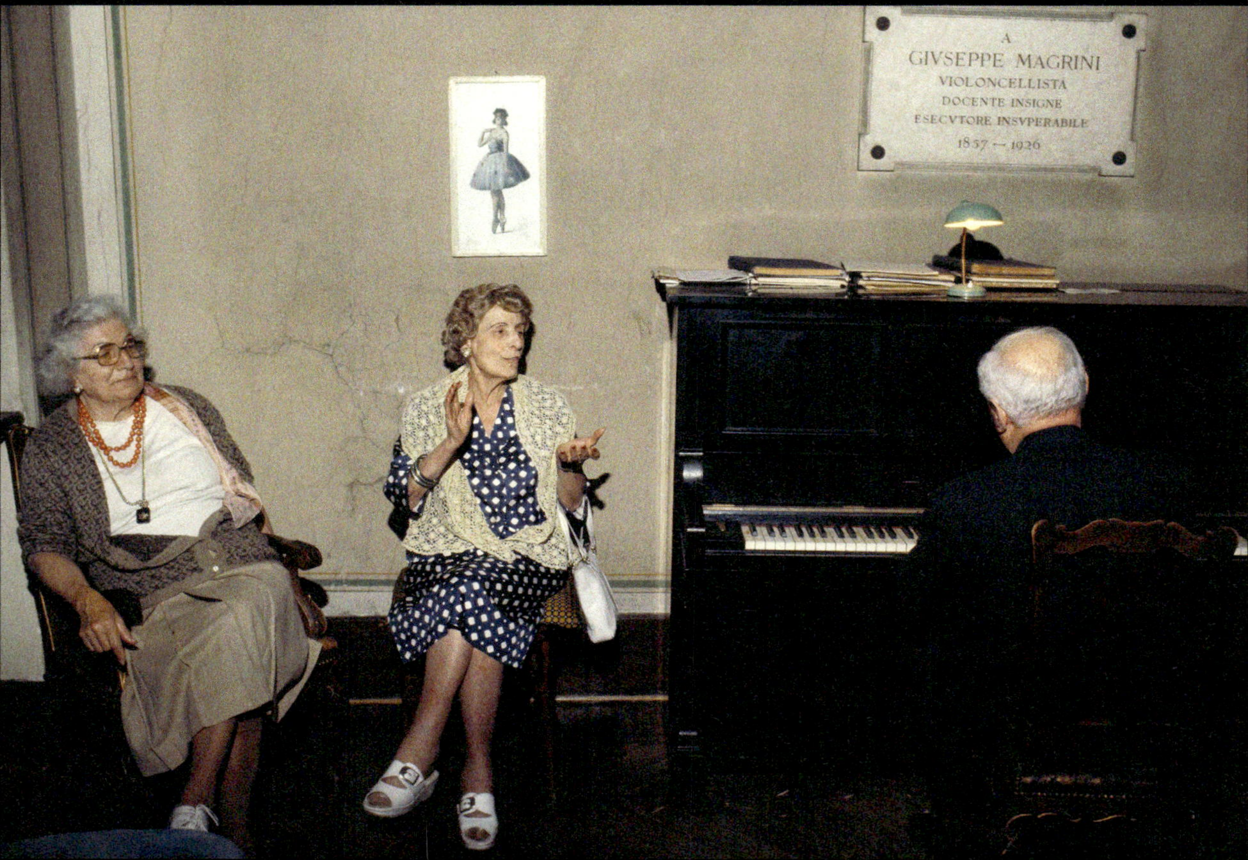
A
GIVSEPPE MAGRINI
VIOLONCELLISTA
DOCENTE INSIGNE
ESECVTORE INSVPERABILE
1857 — 1926

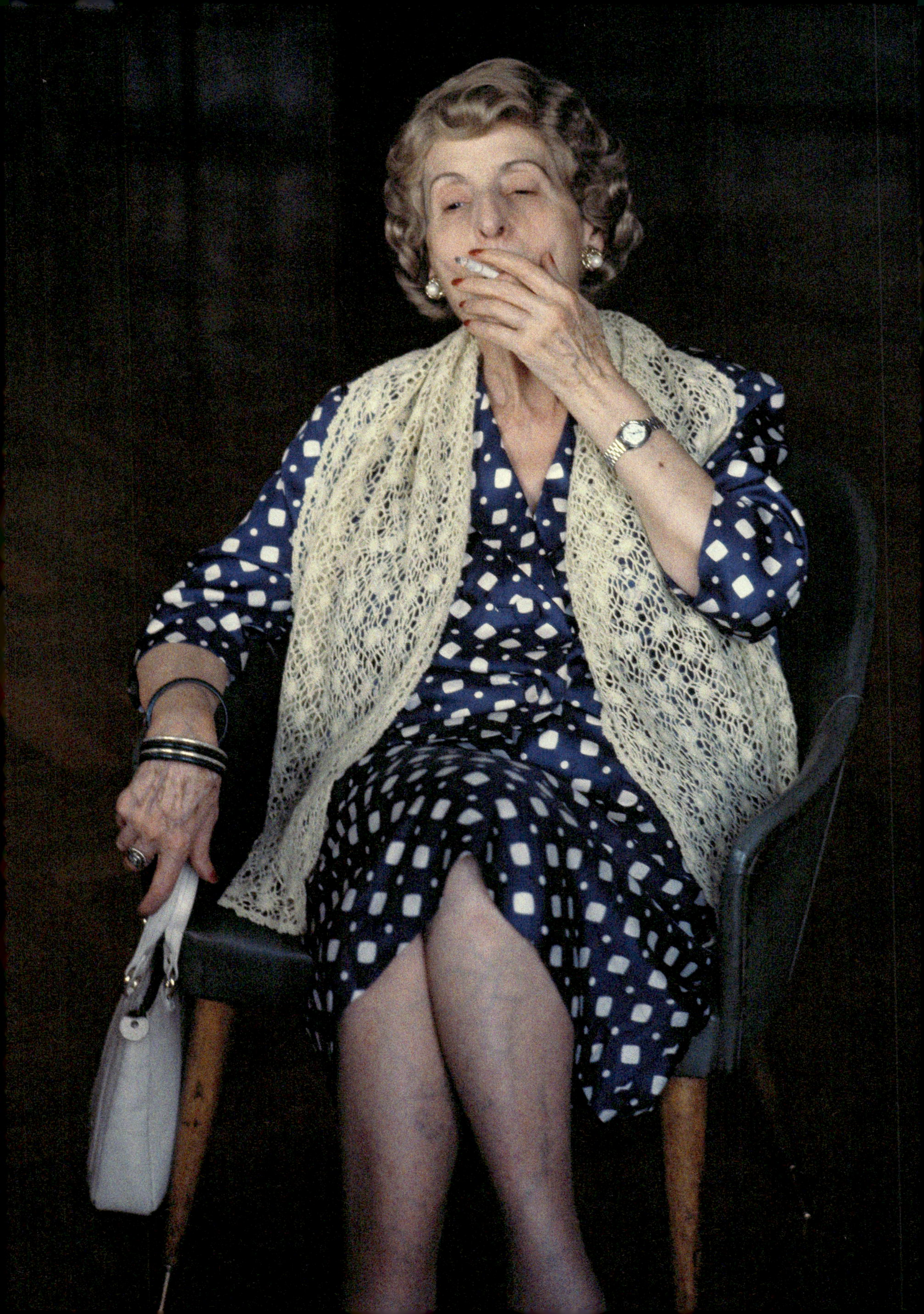

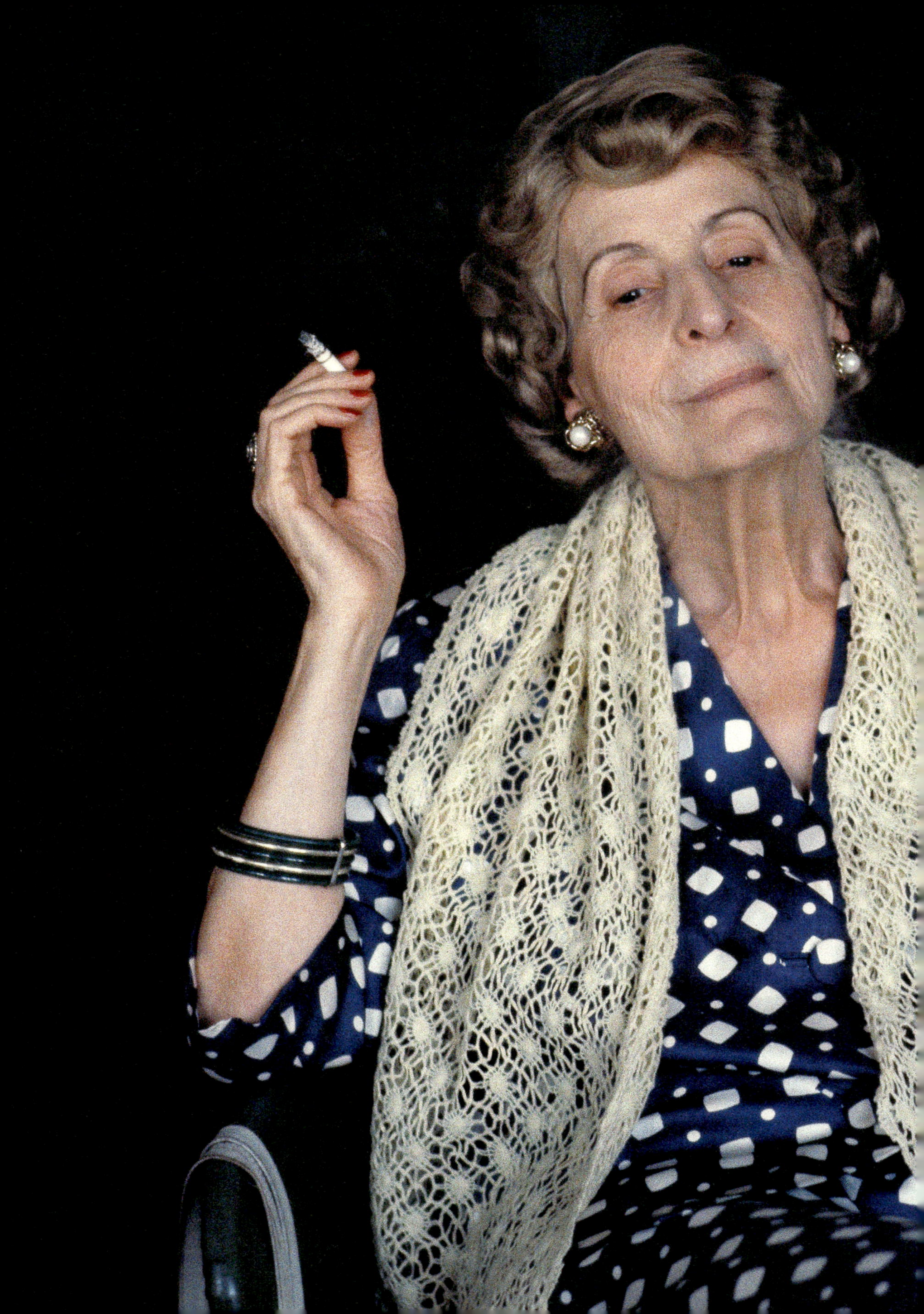

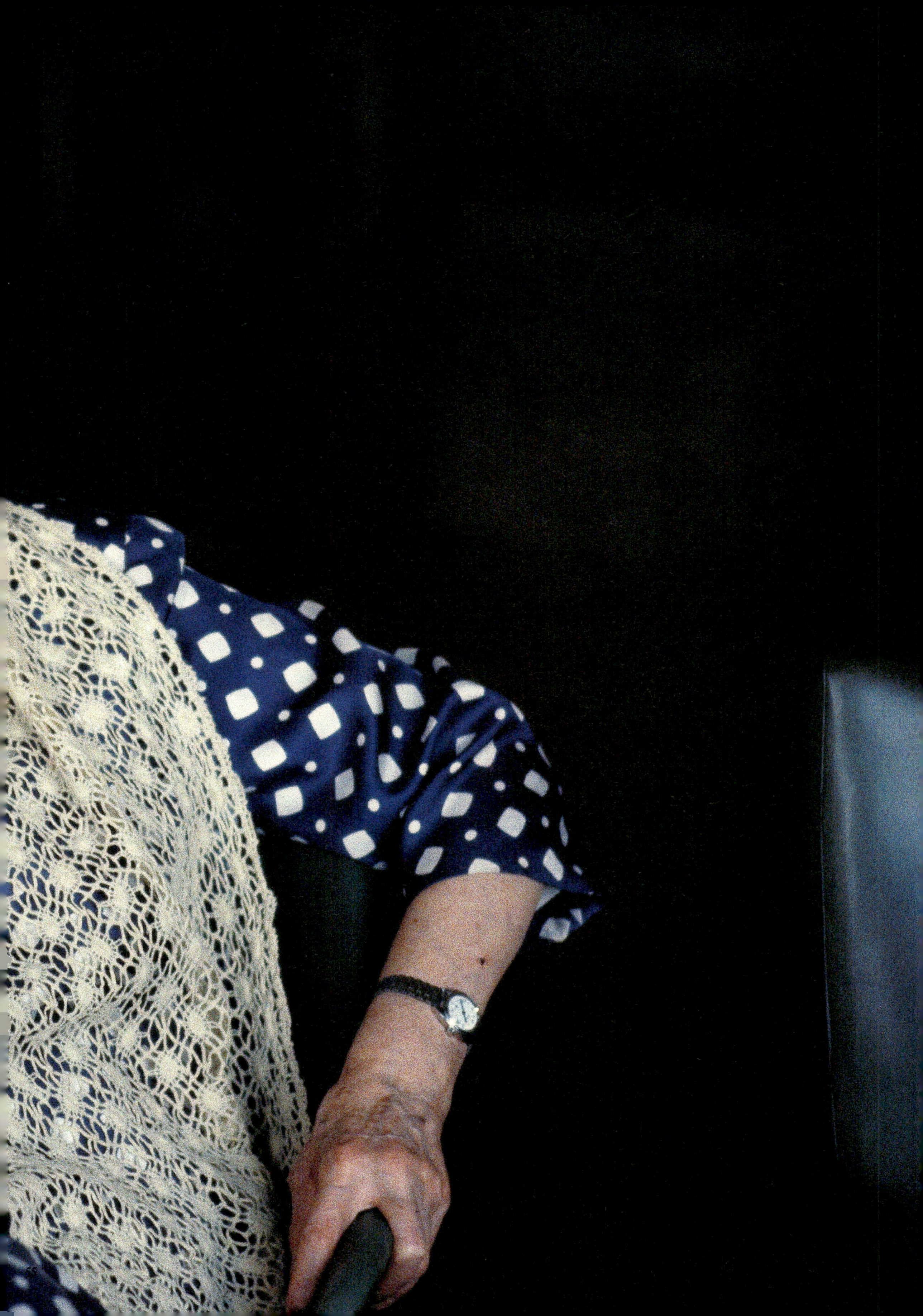

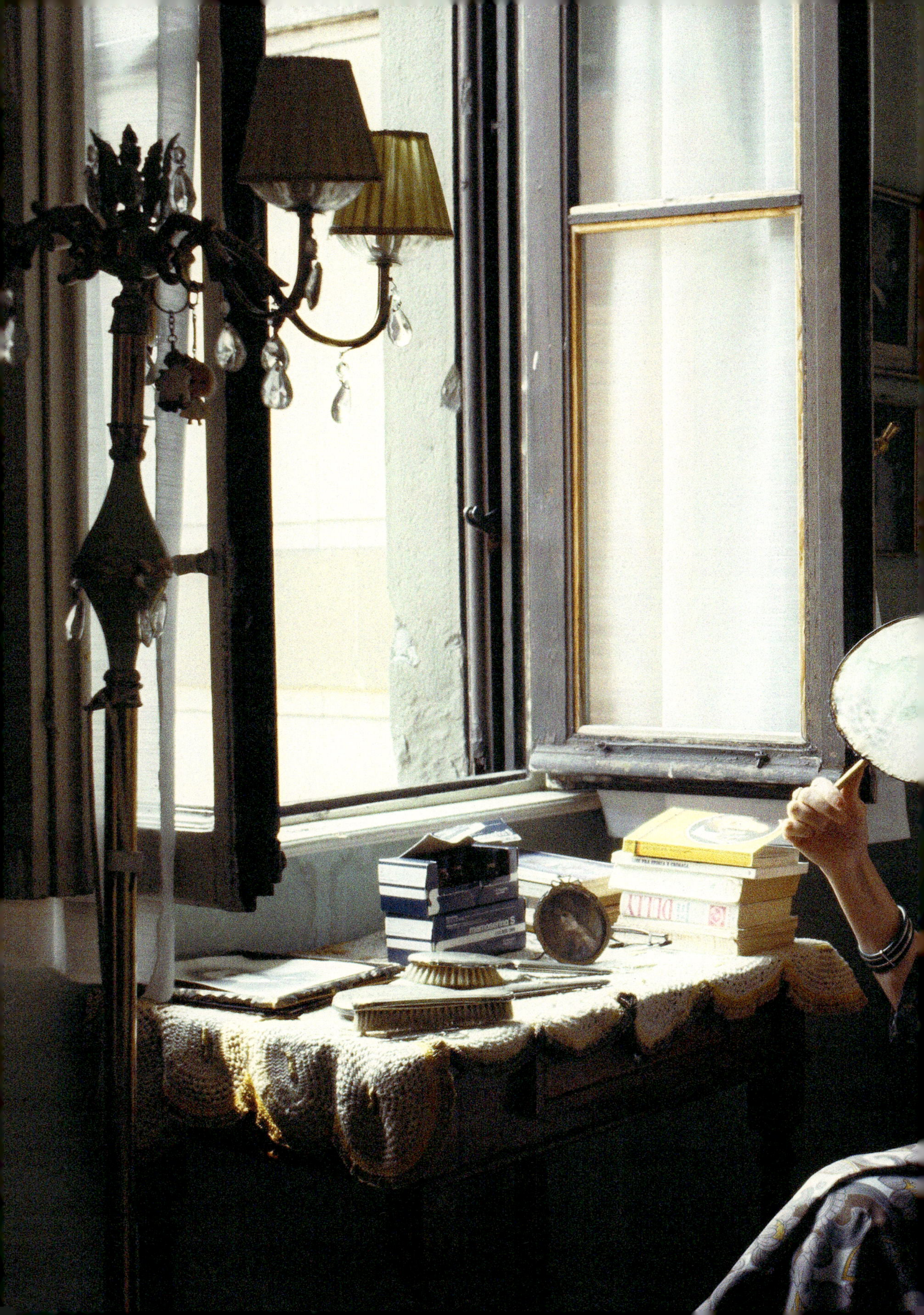
DELLY

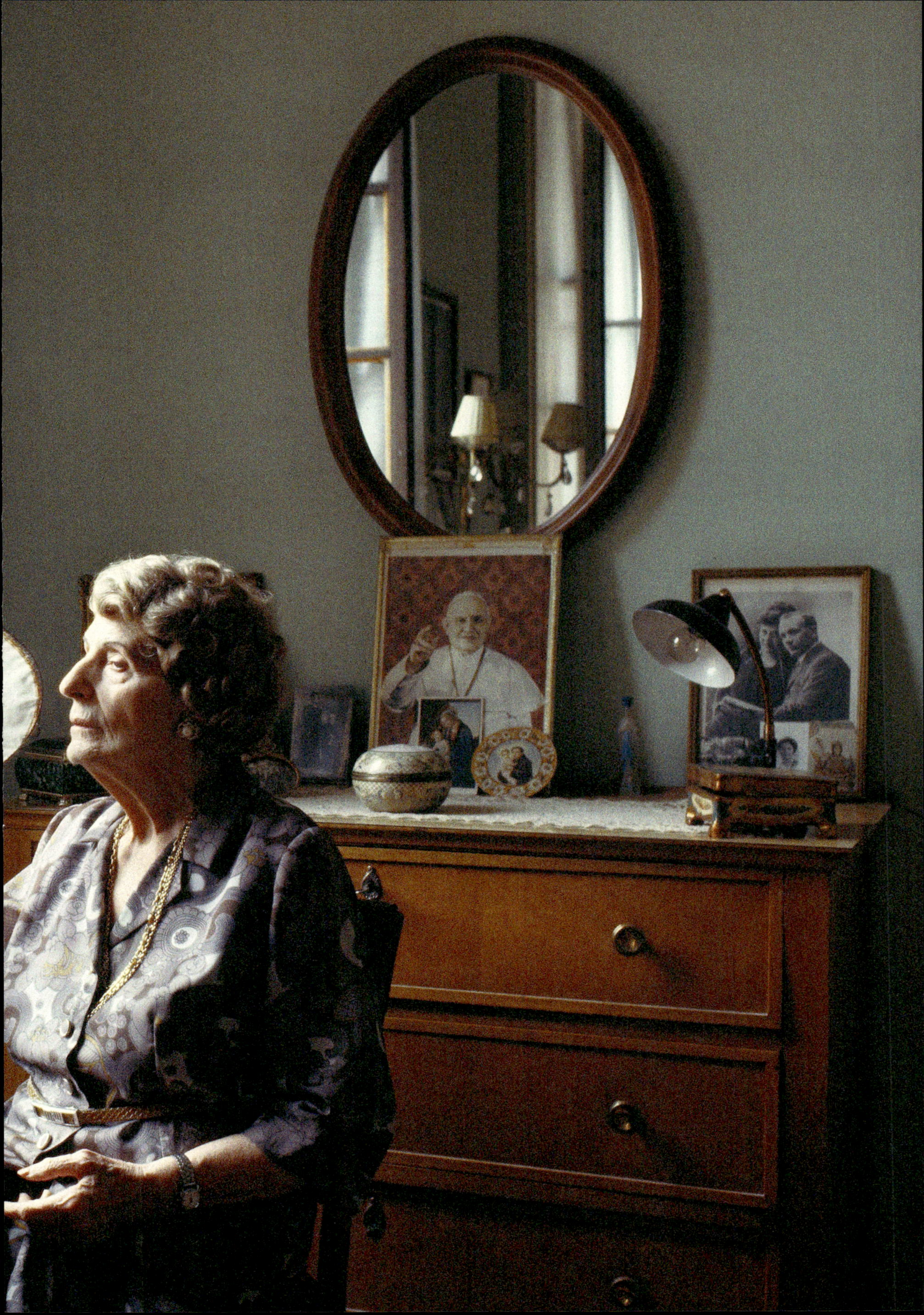

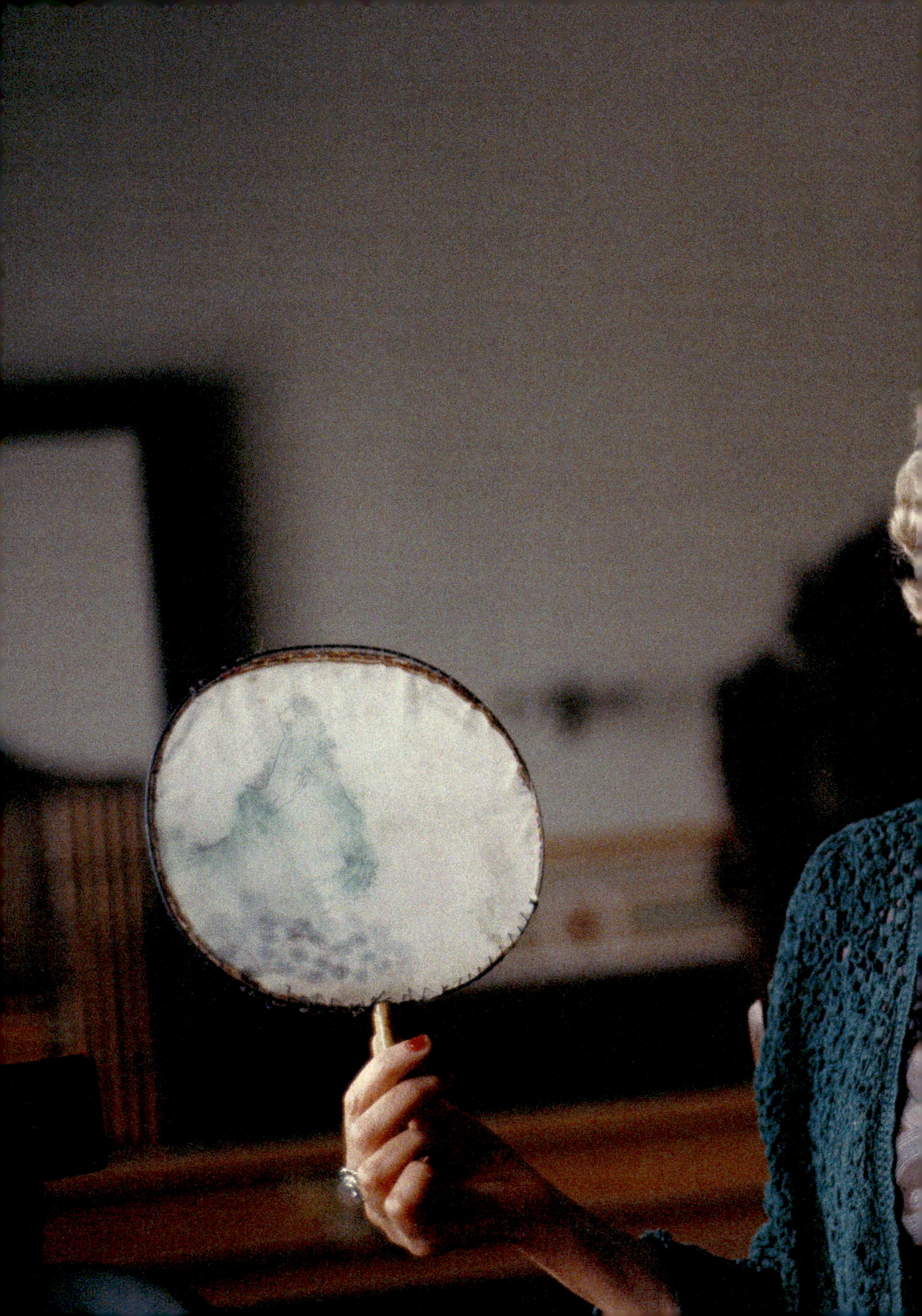

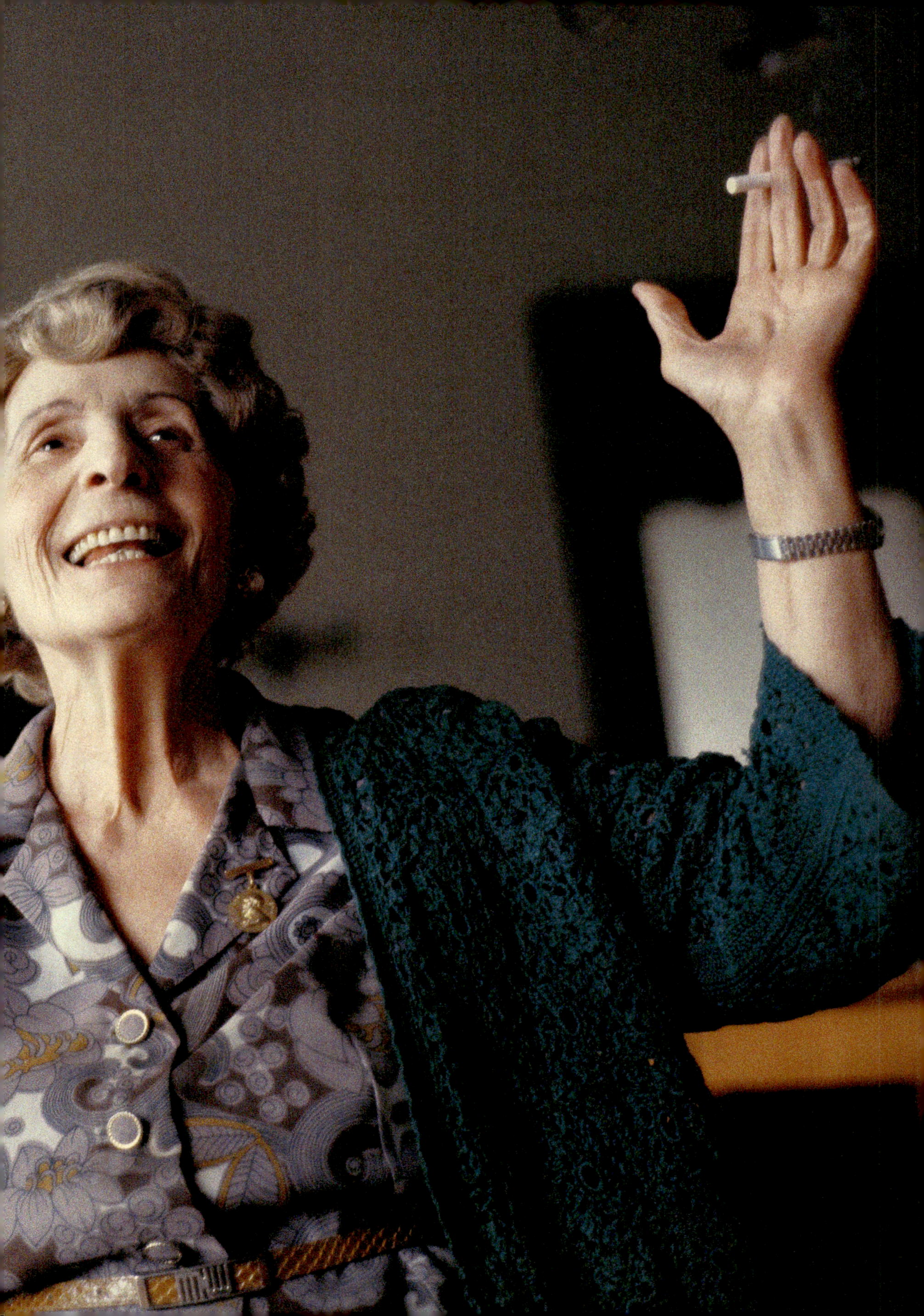

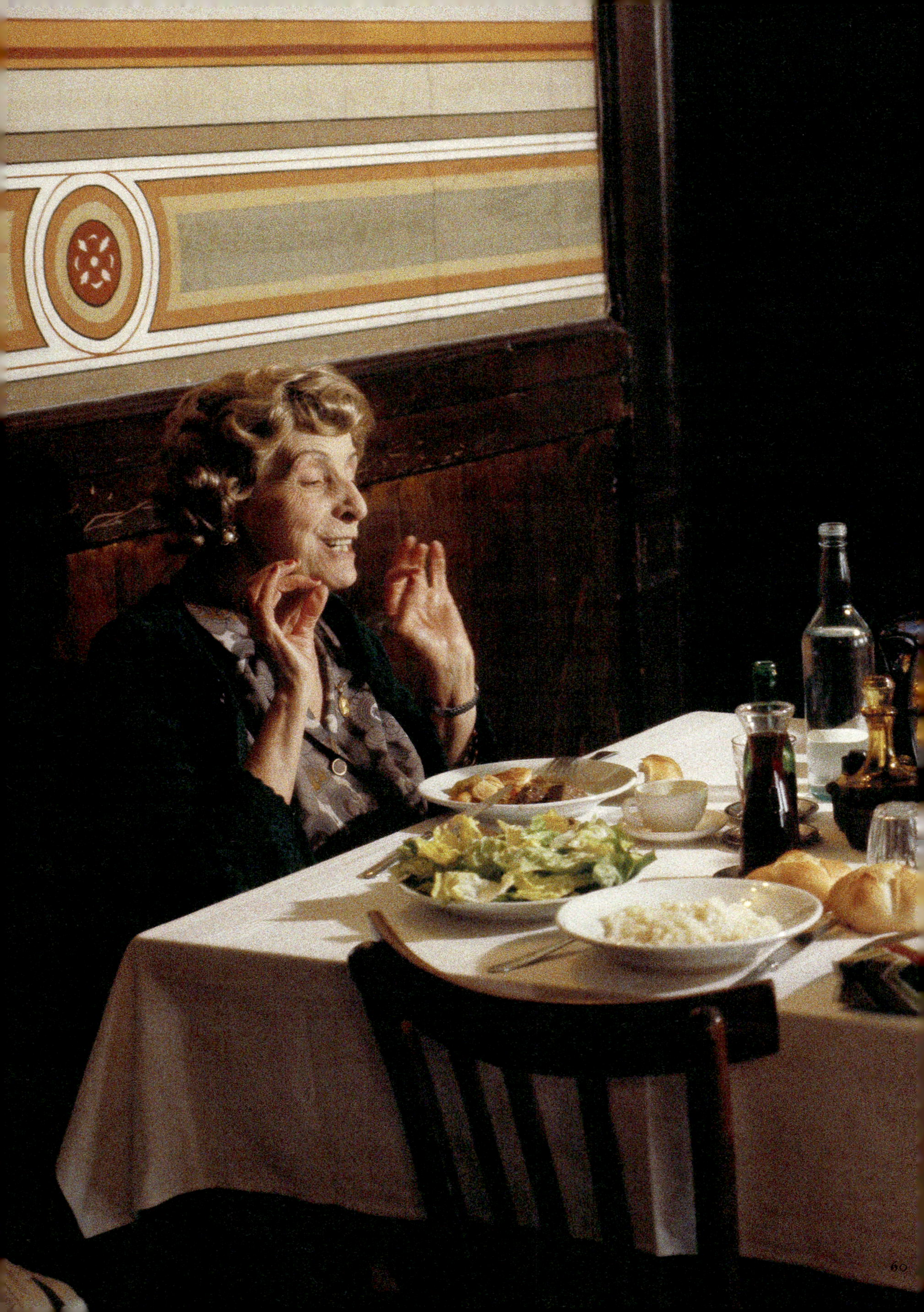

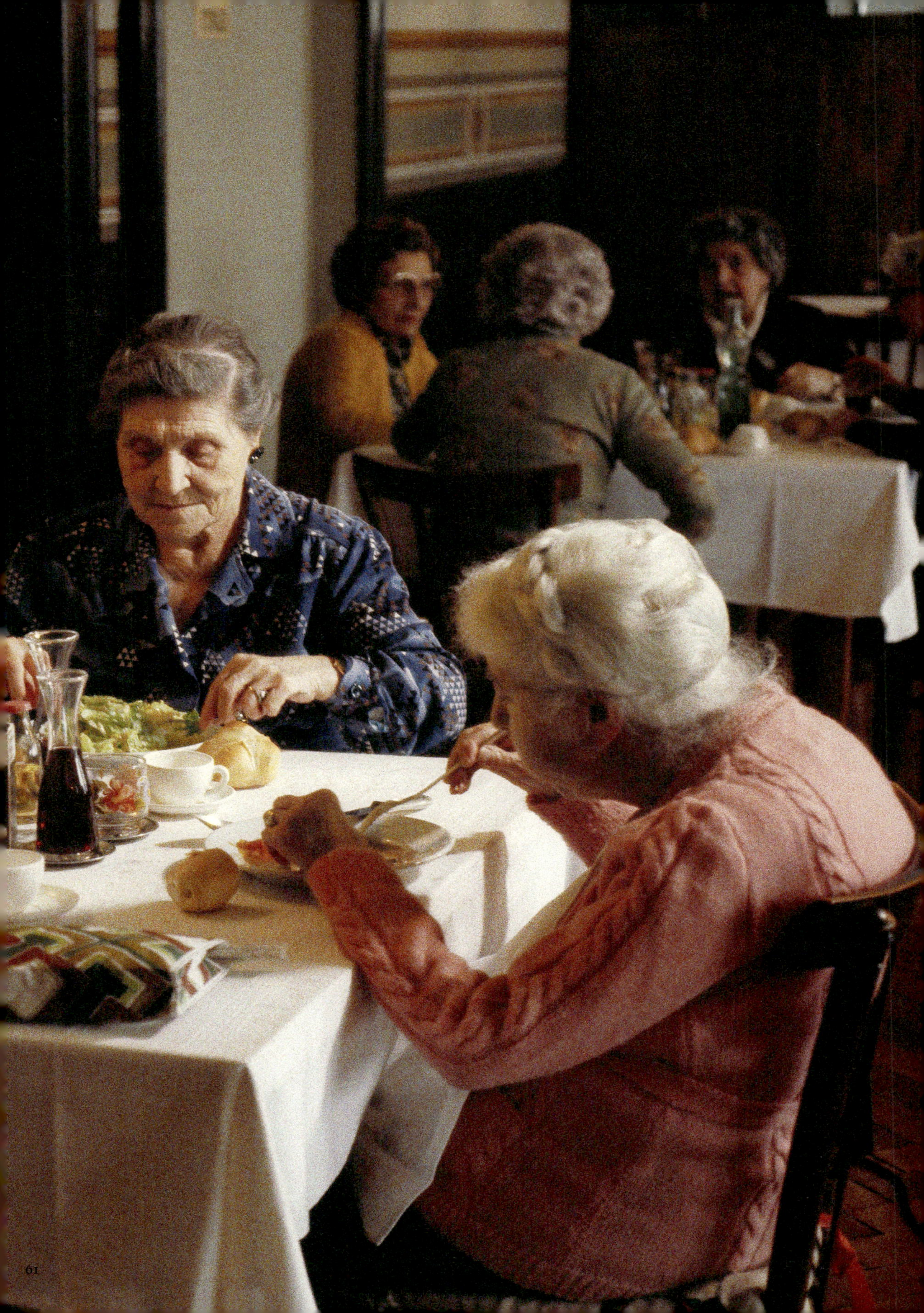

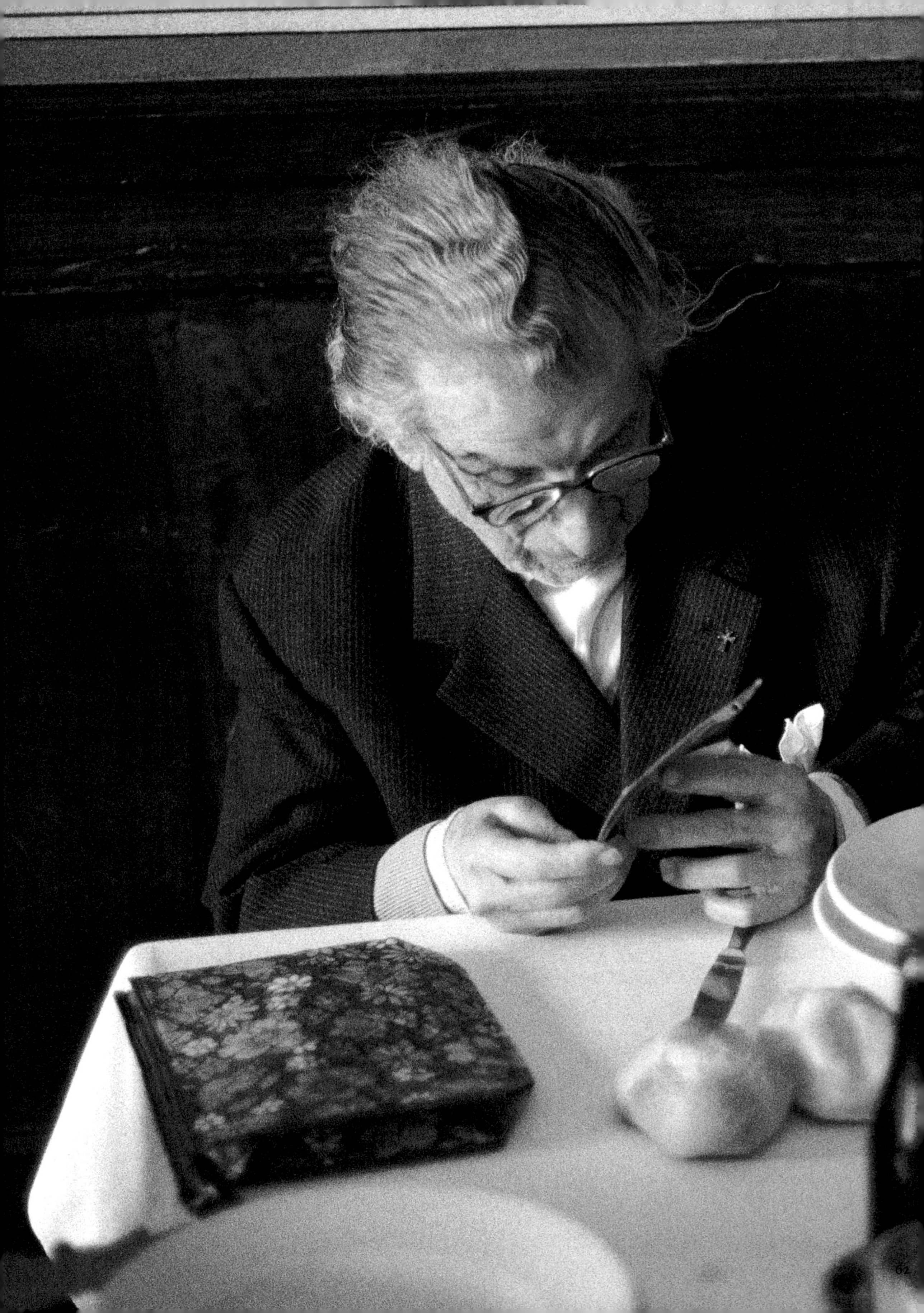

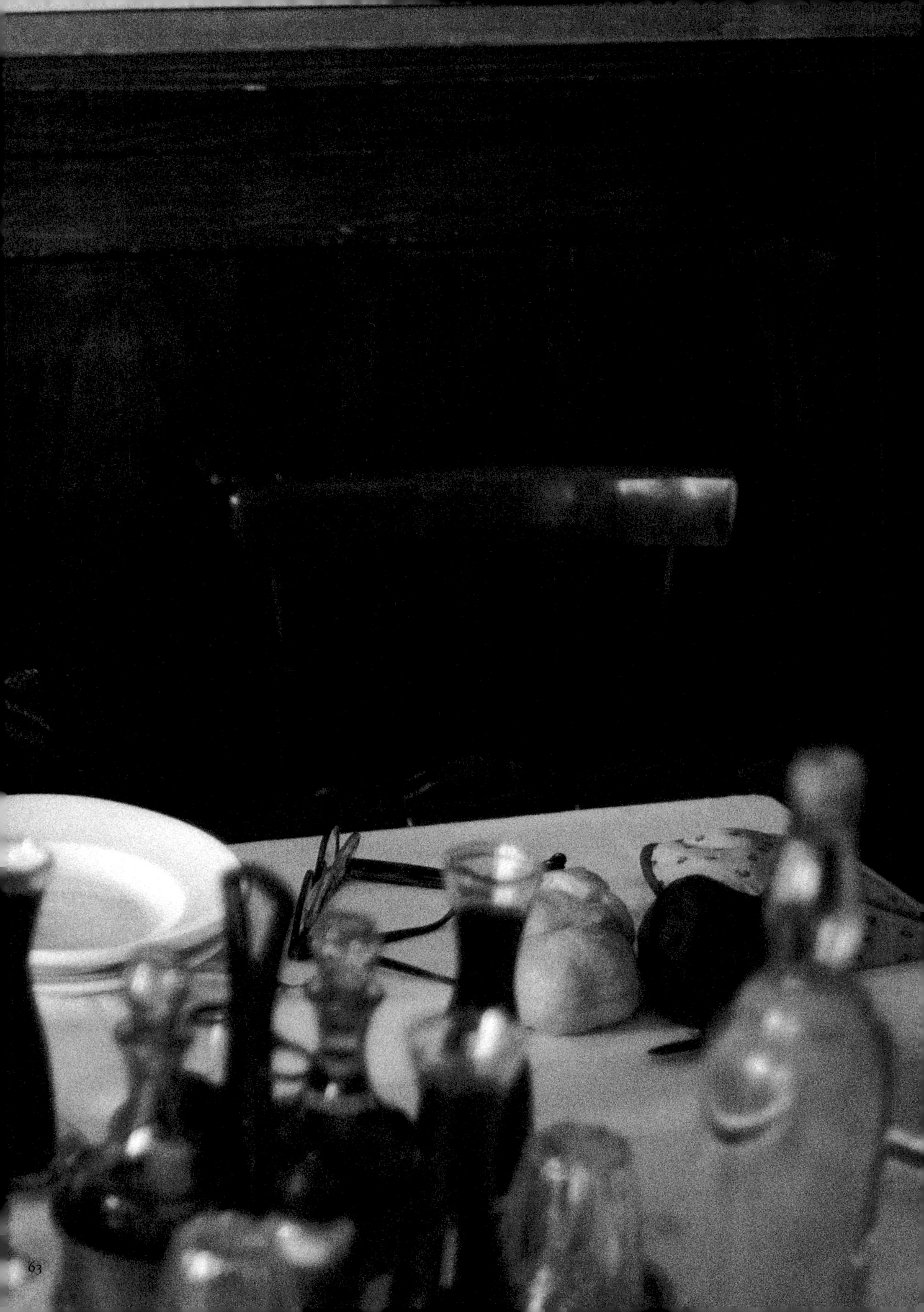

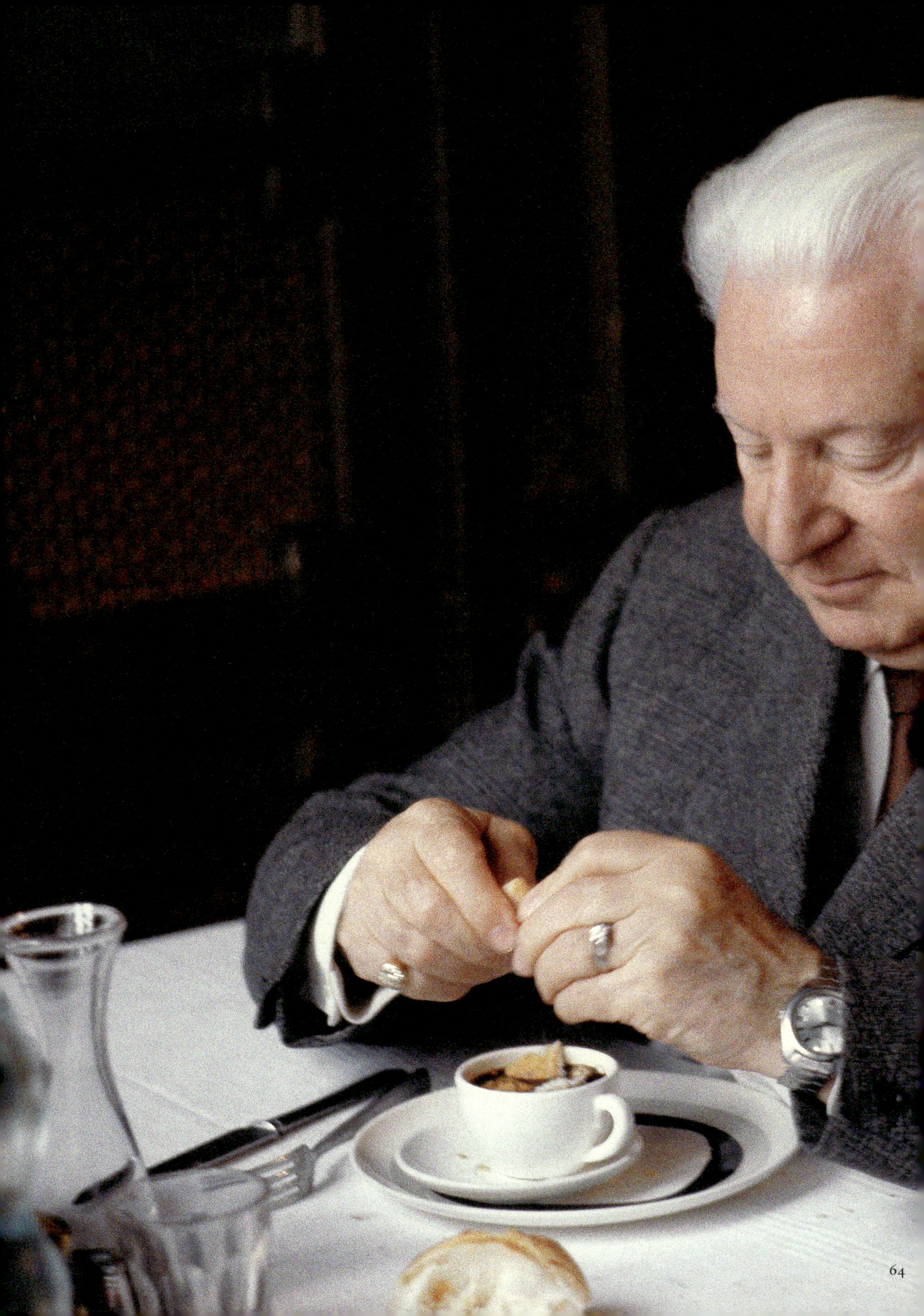

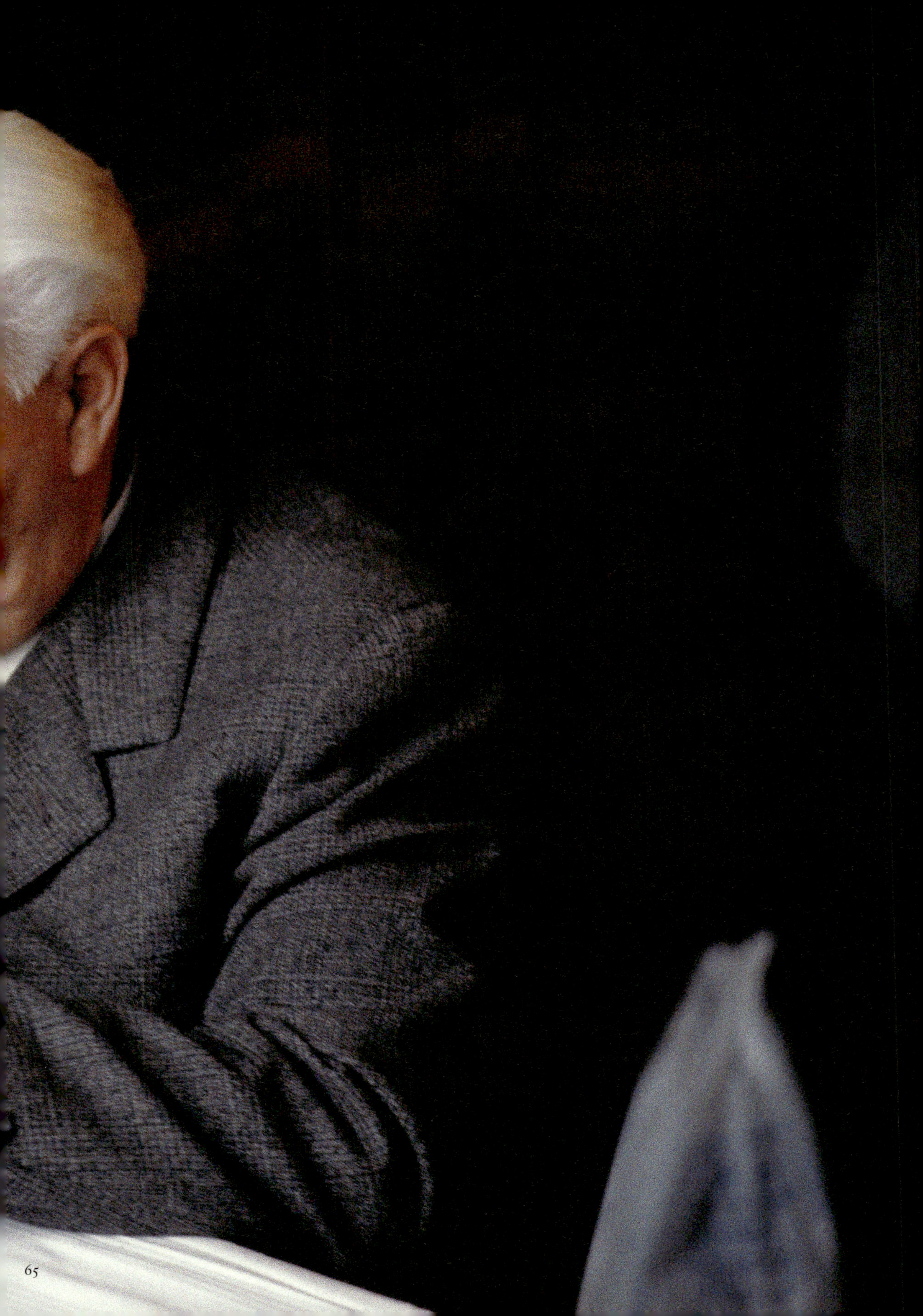

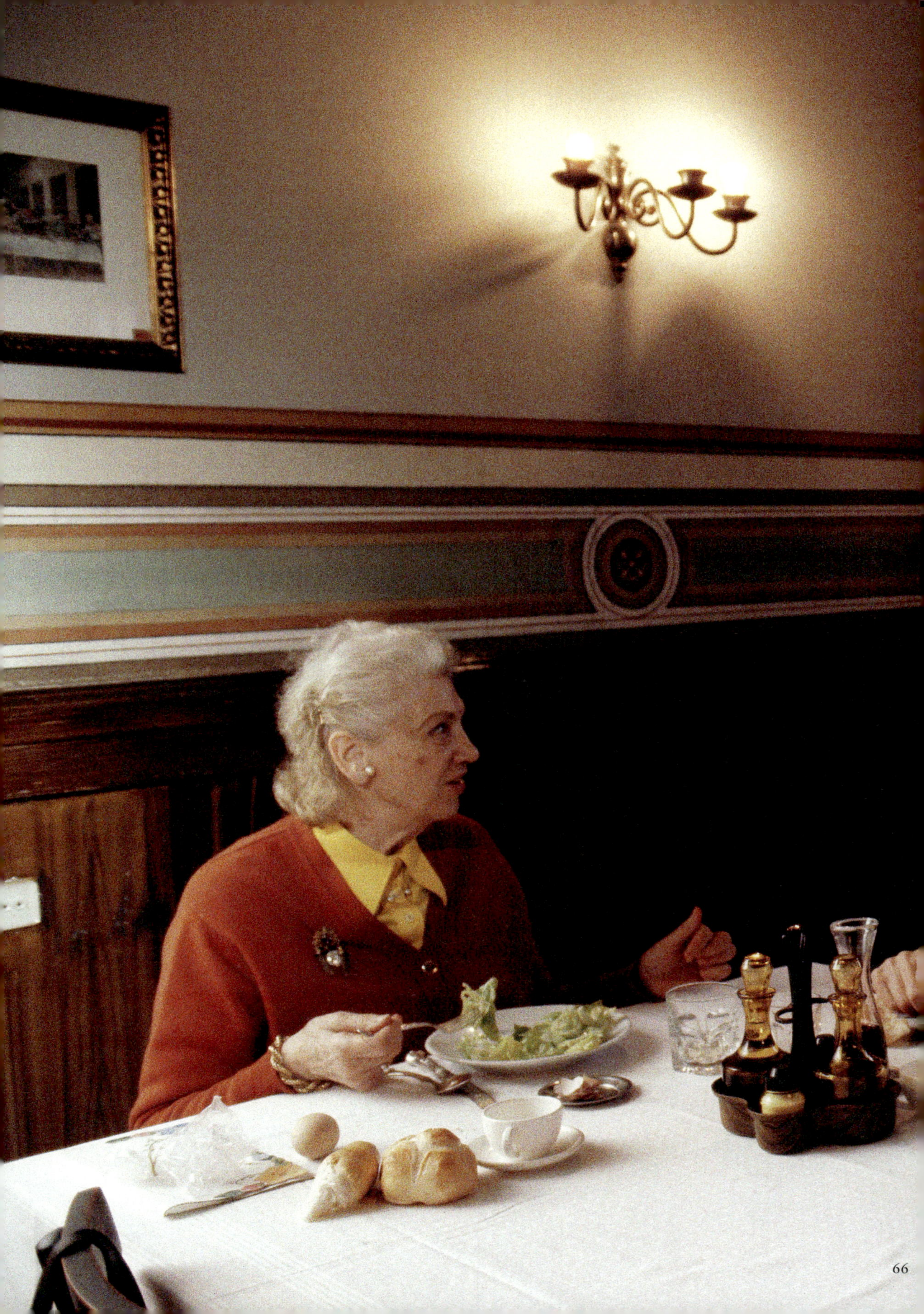

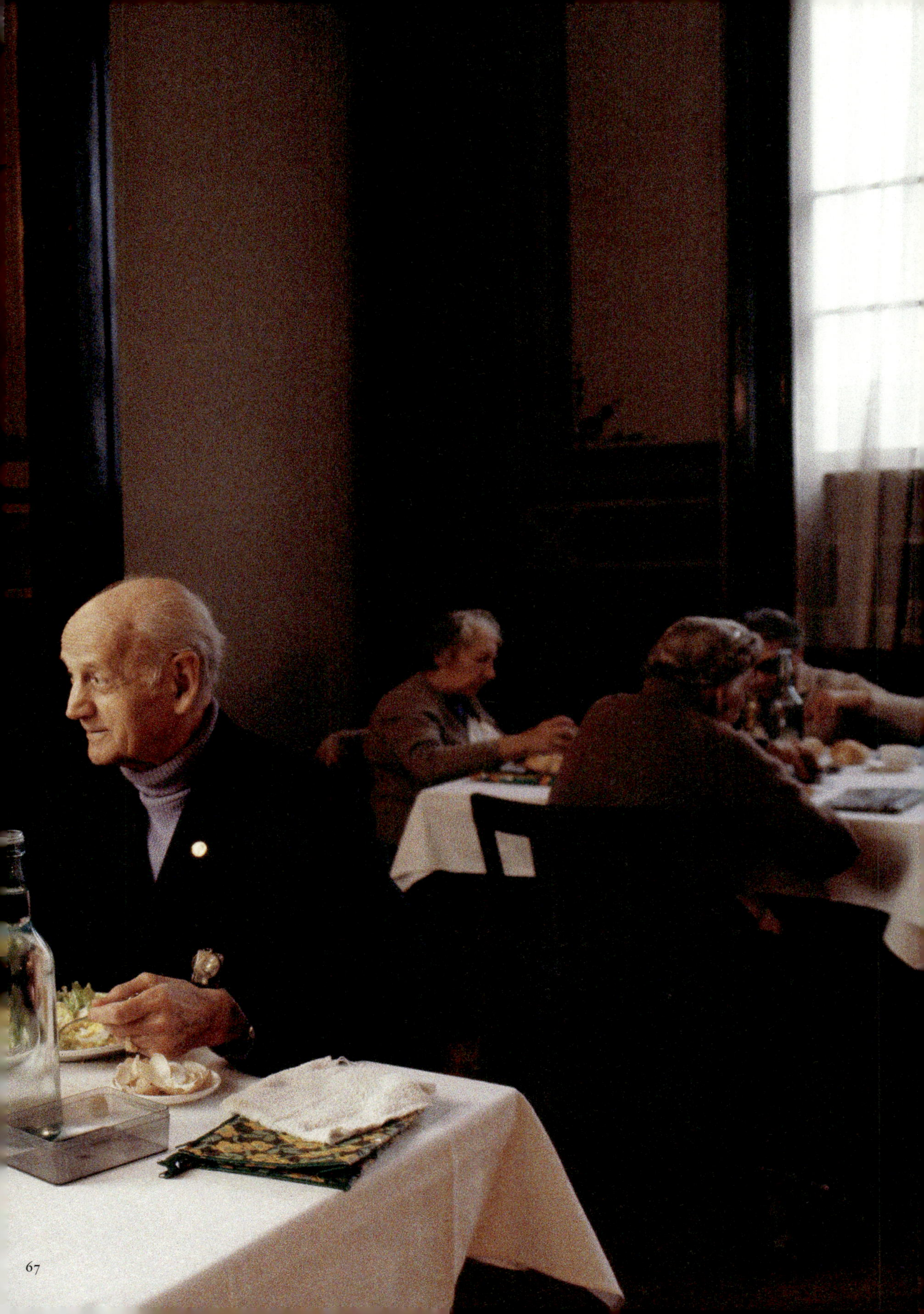

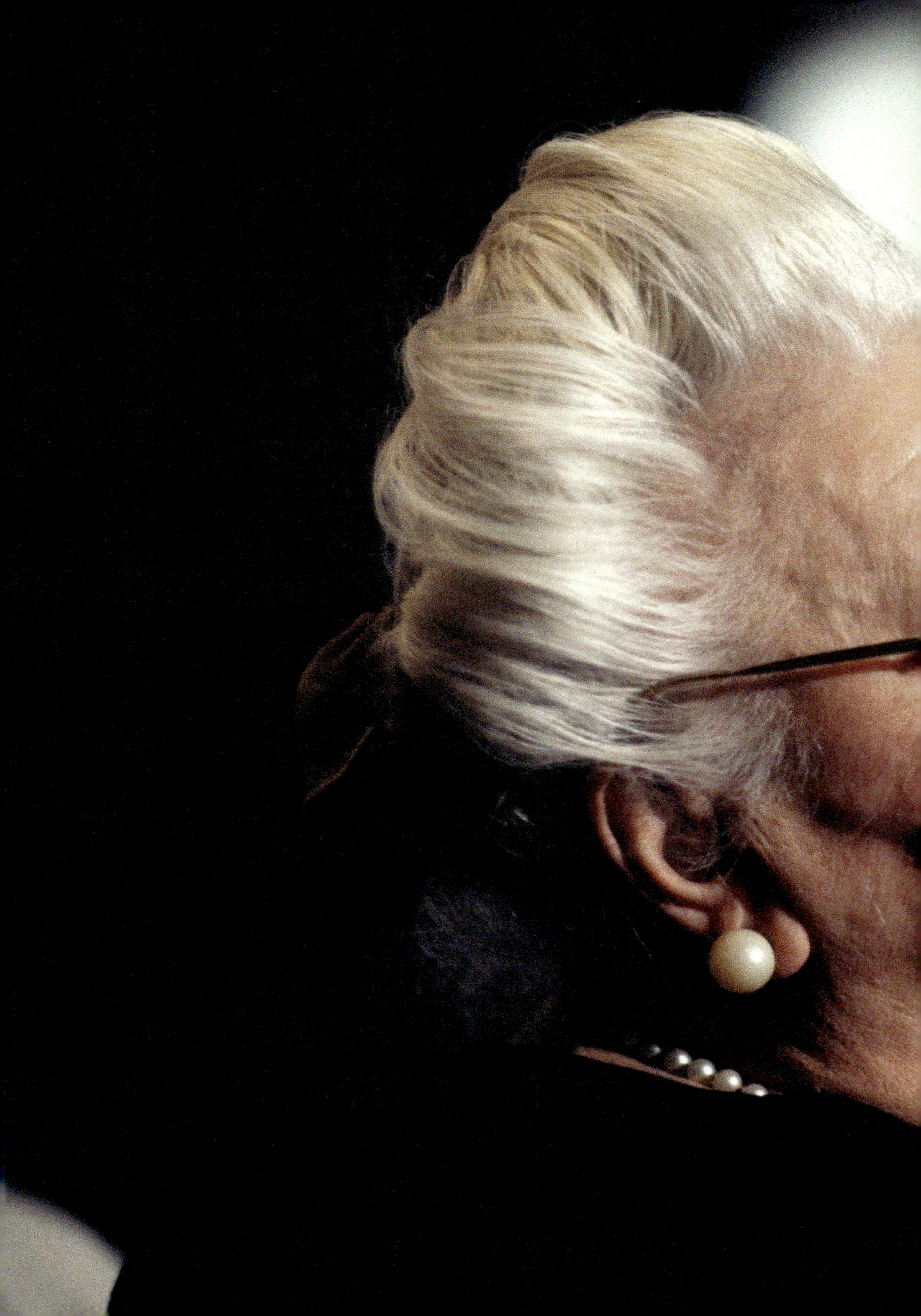

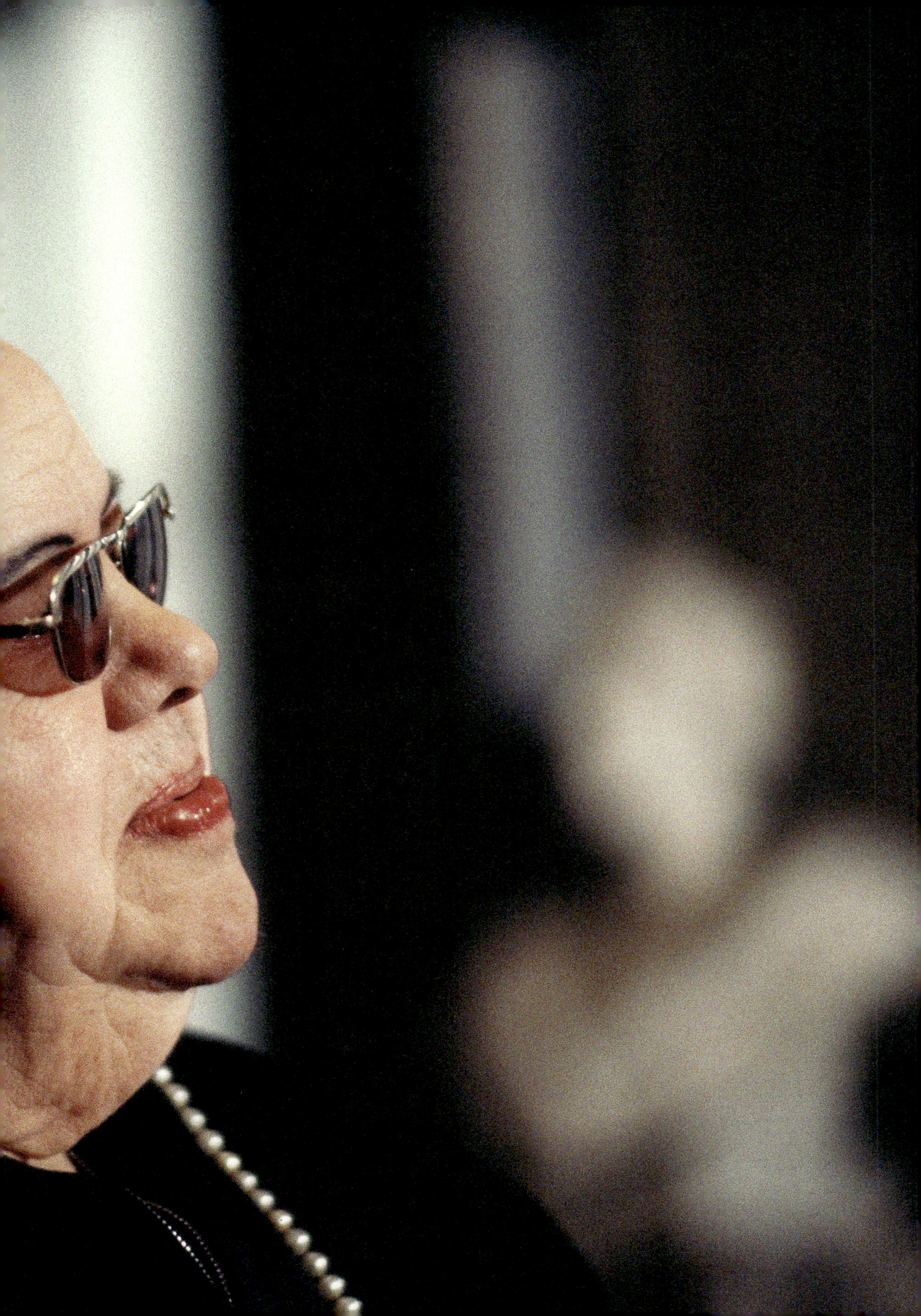

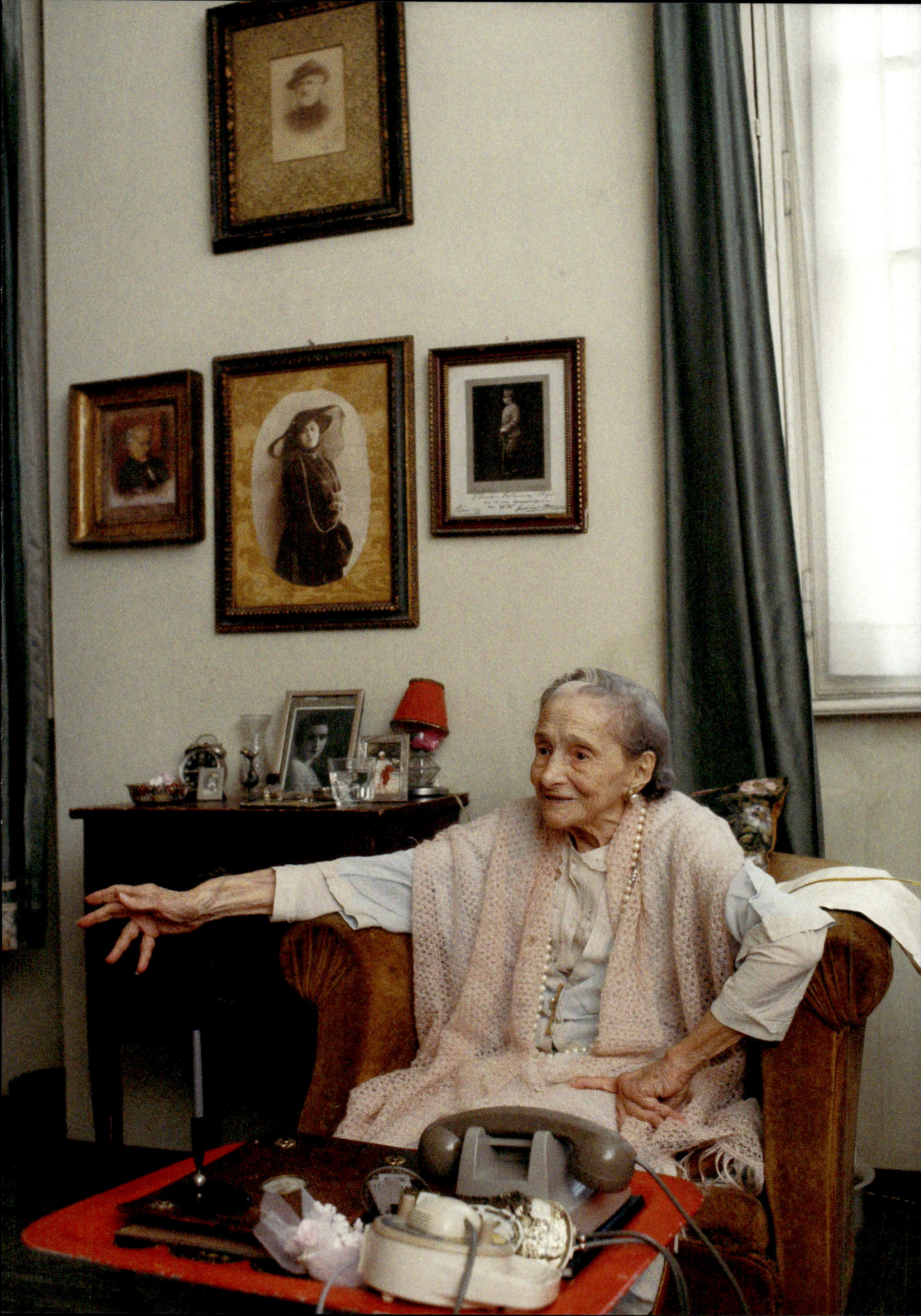

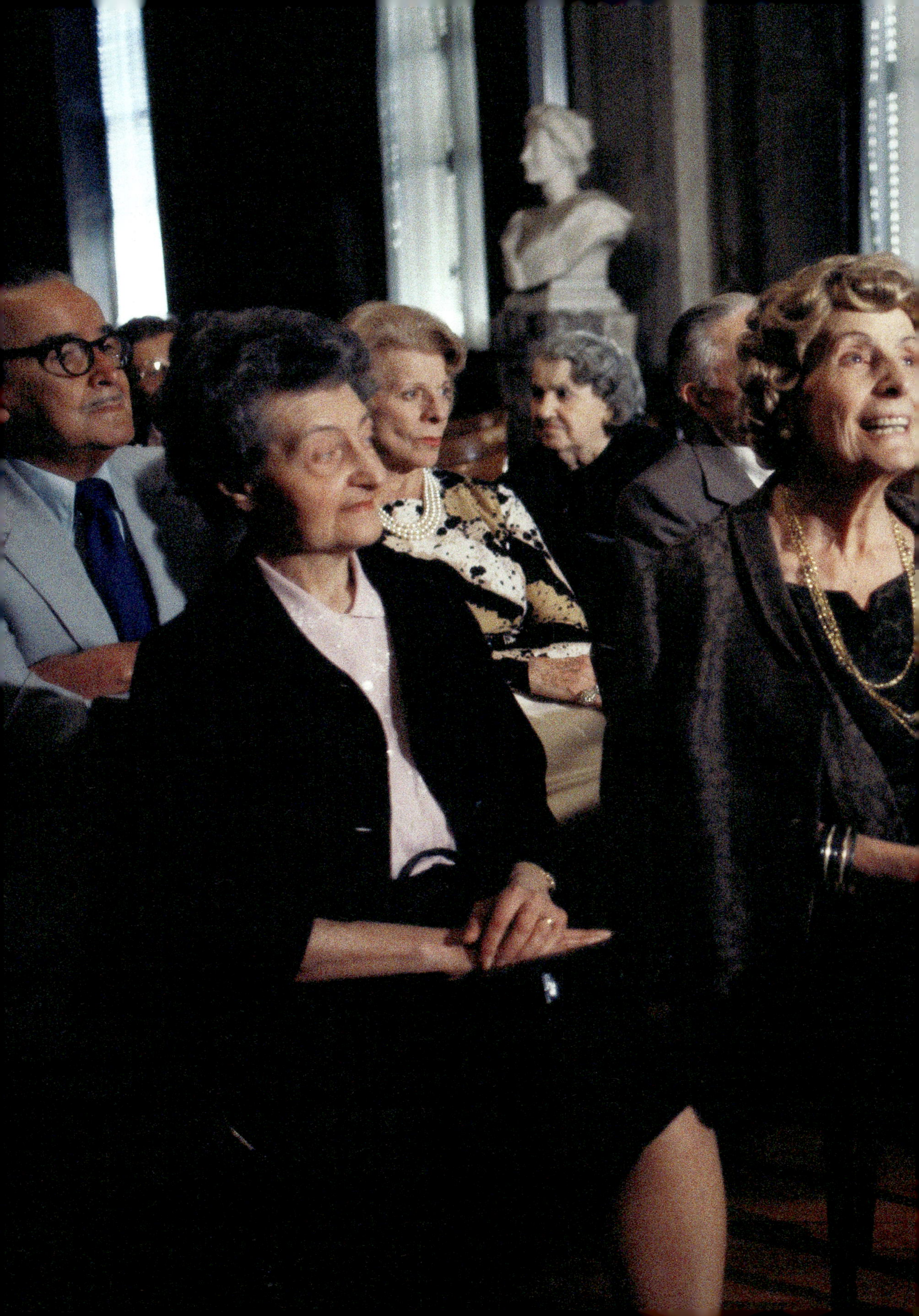

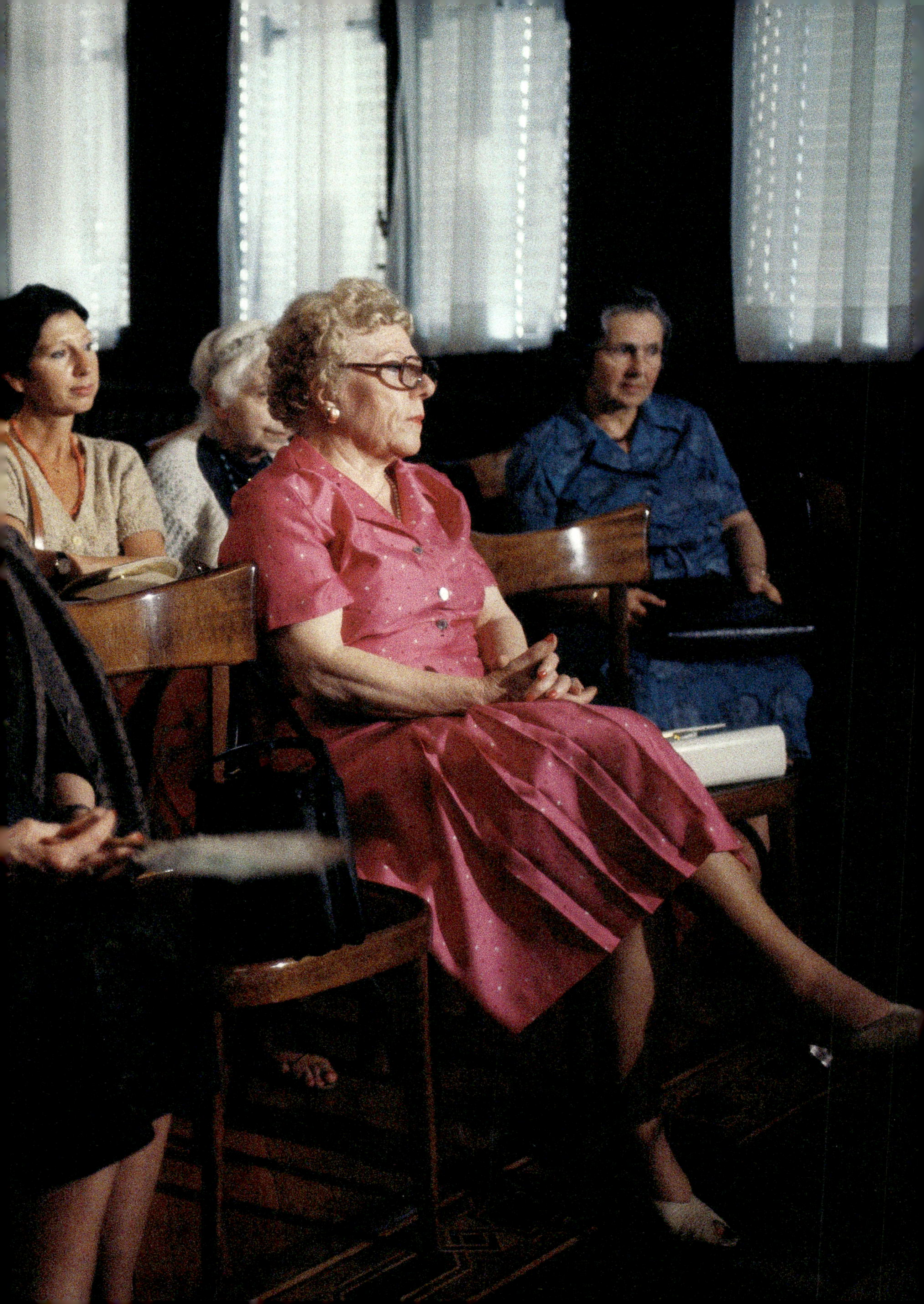

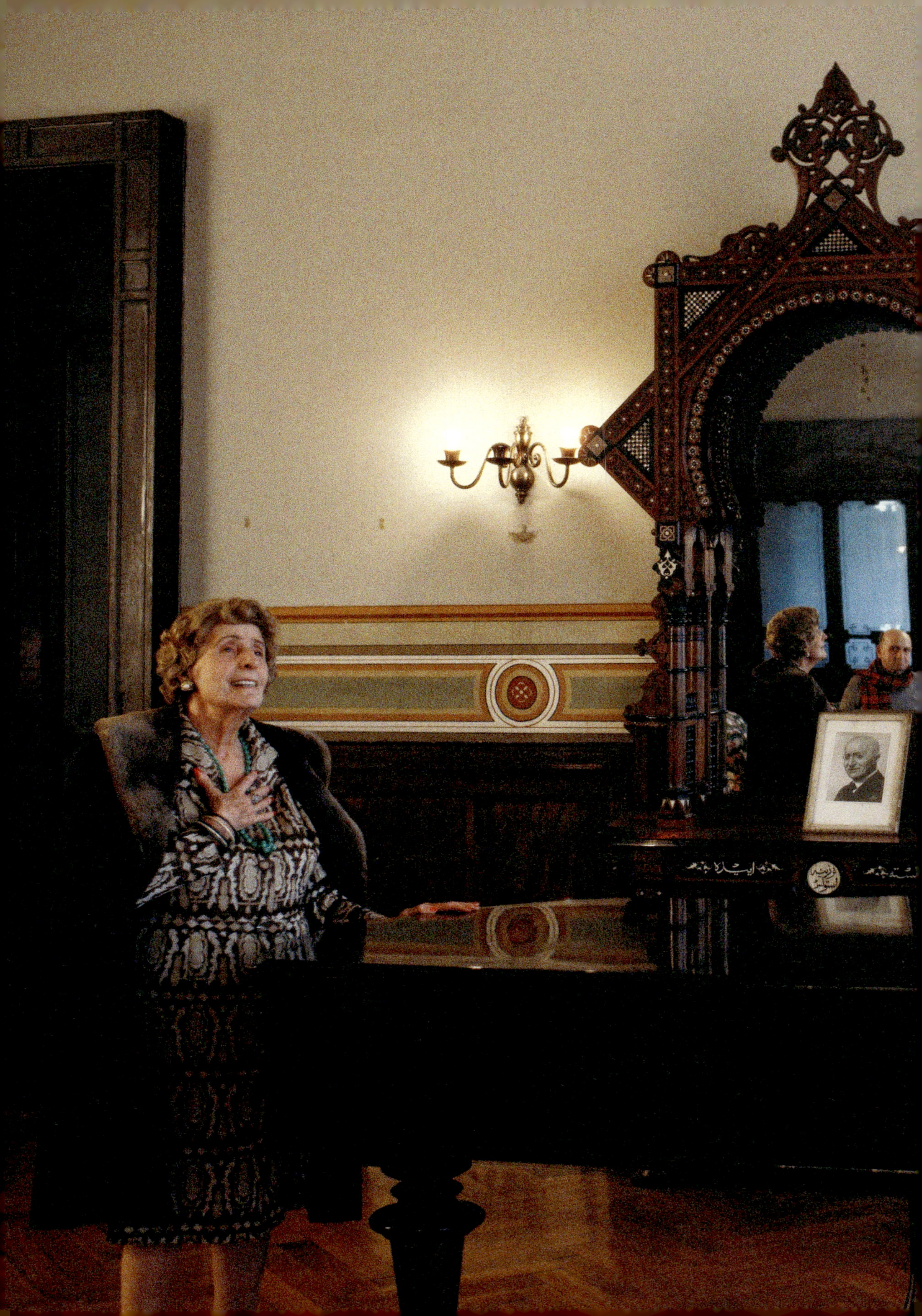

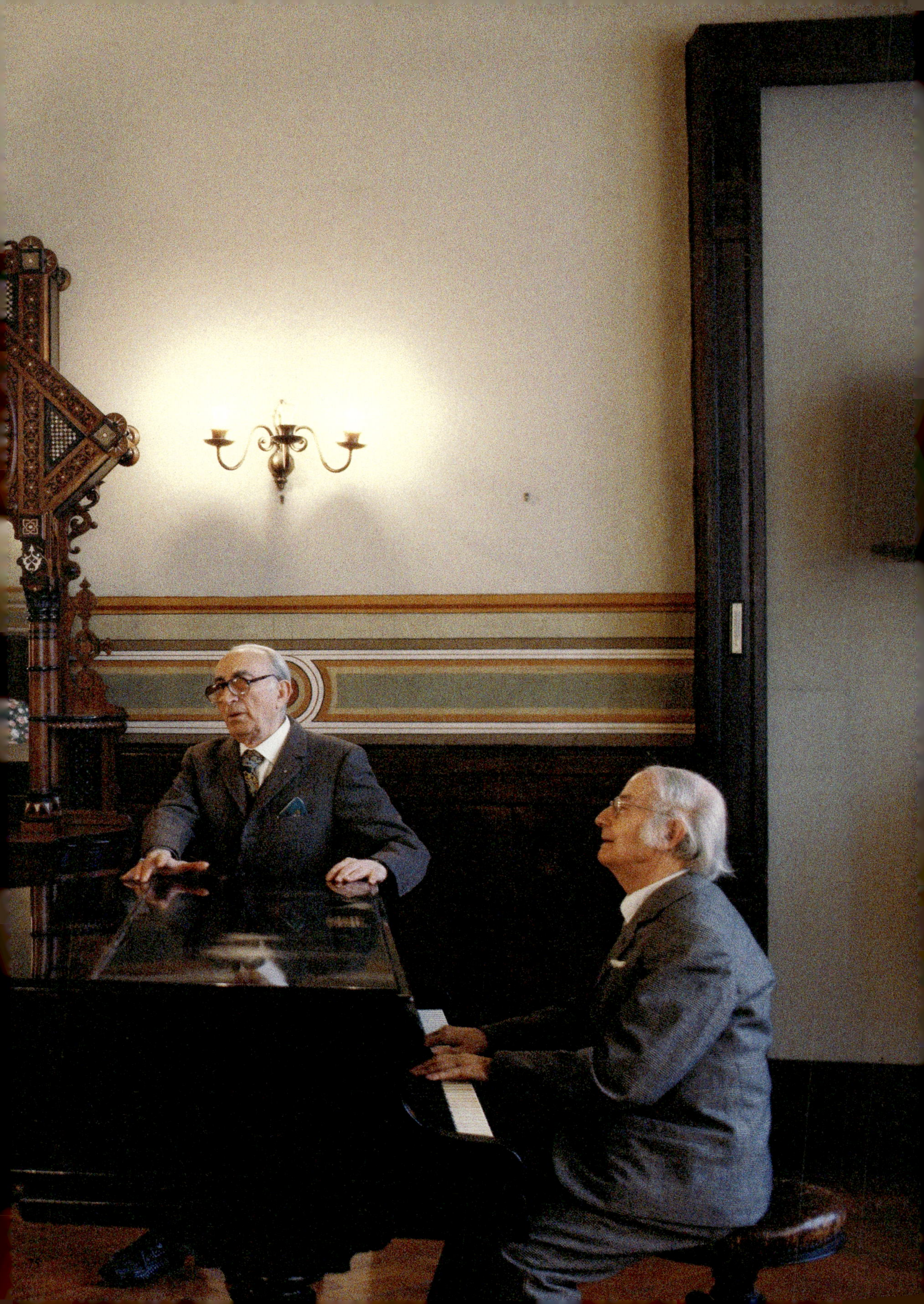

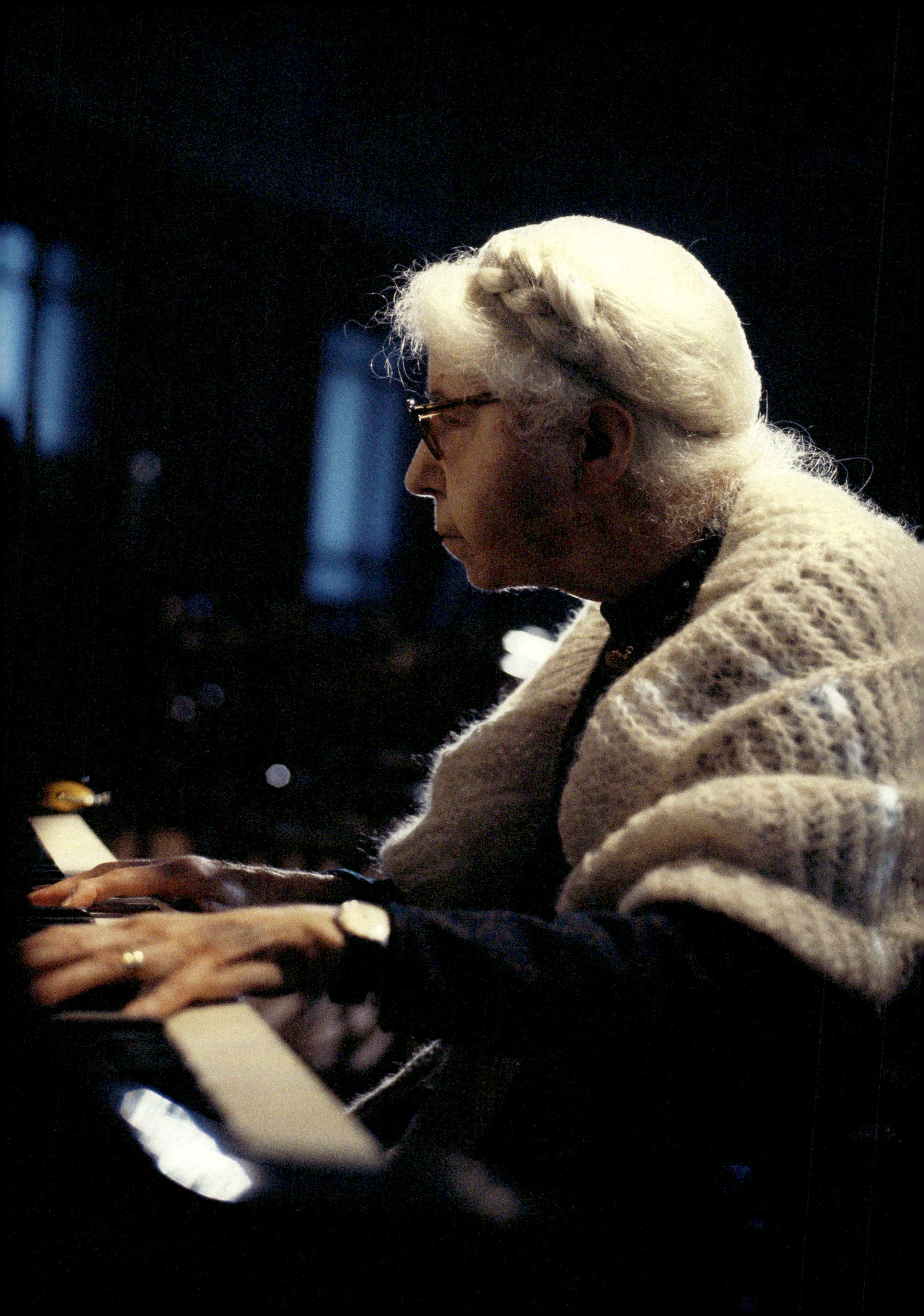

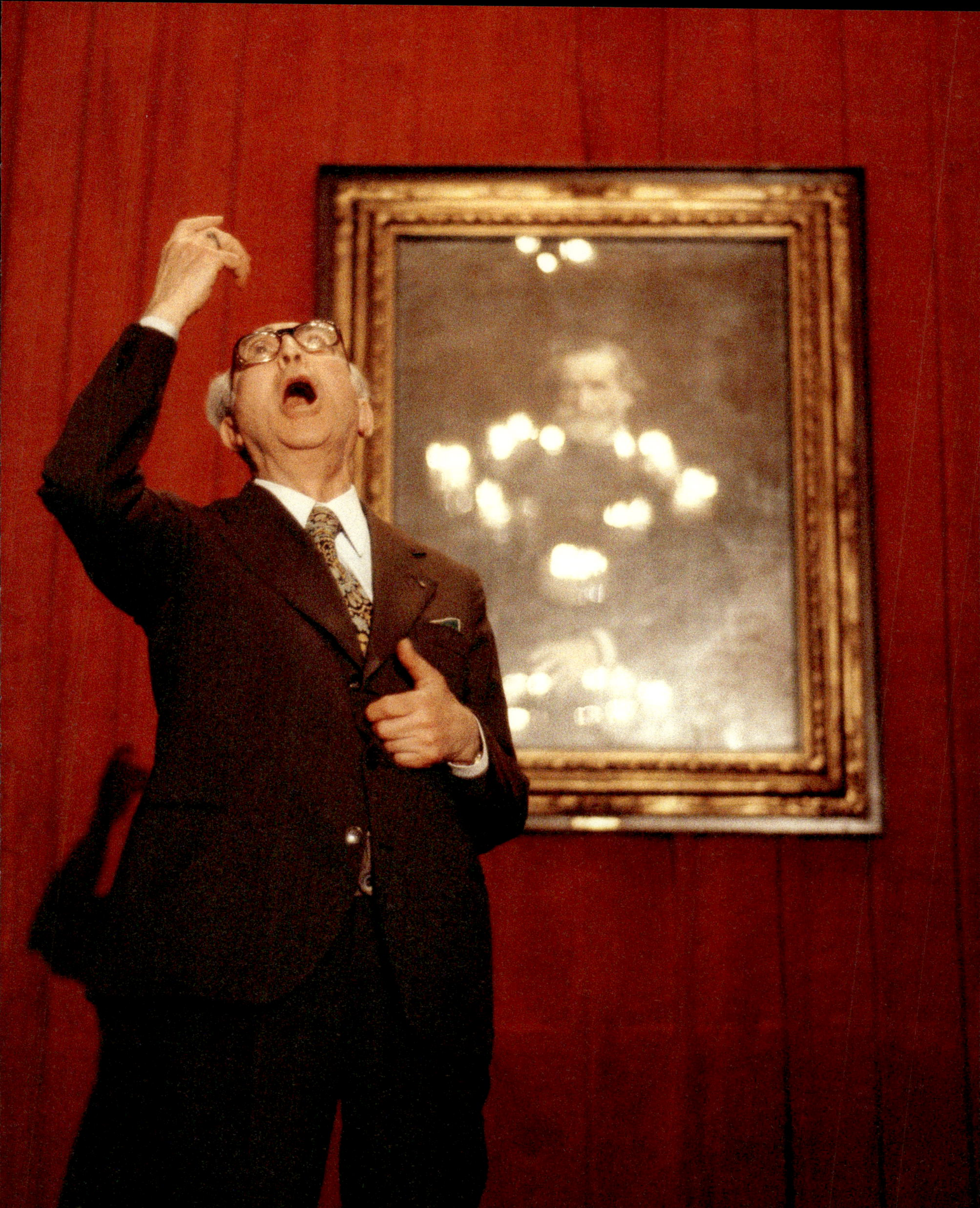

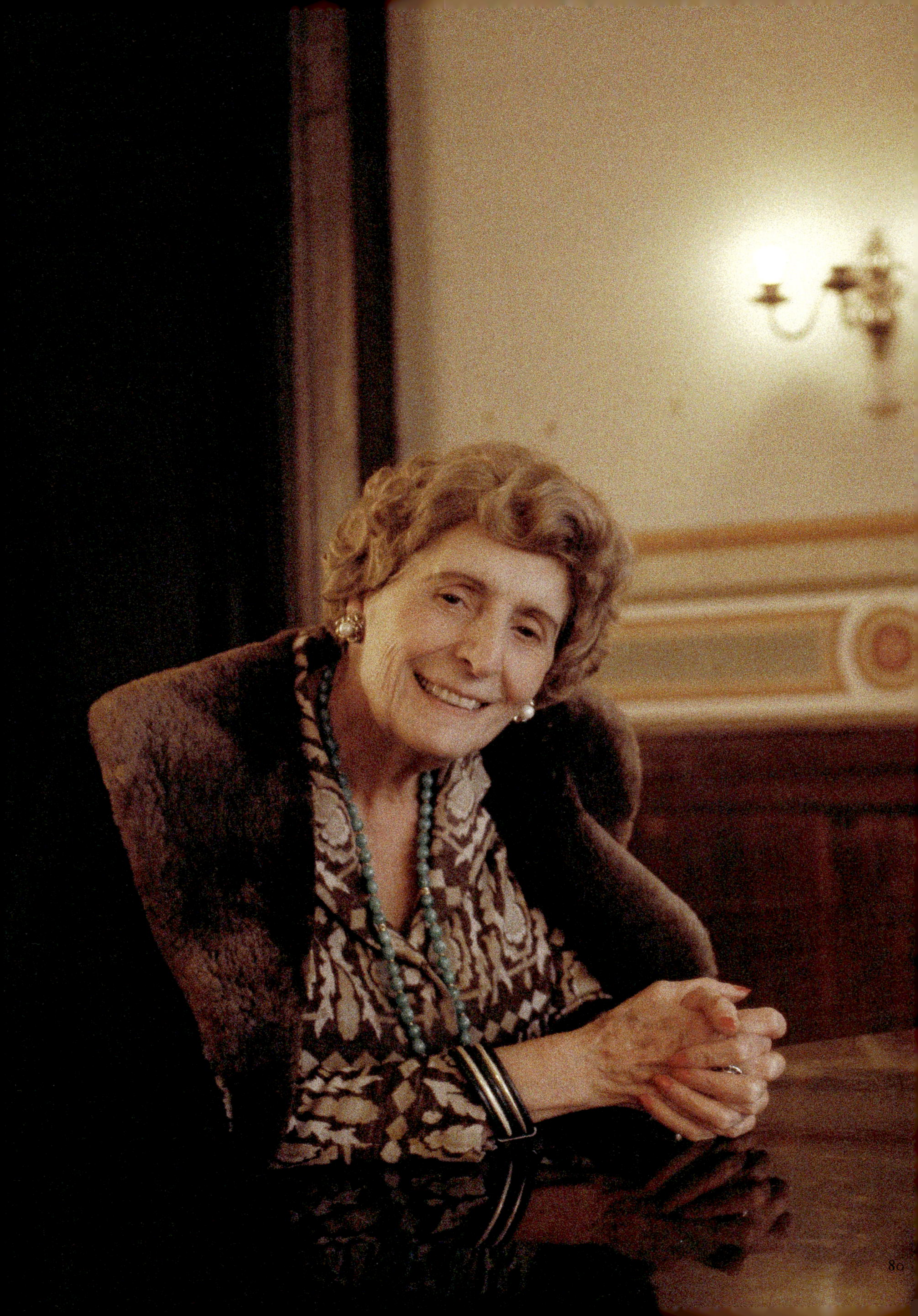

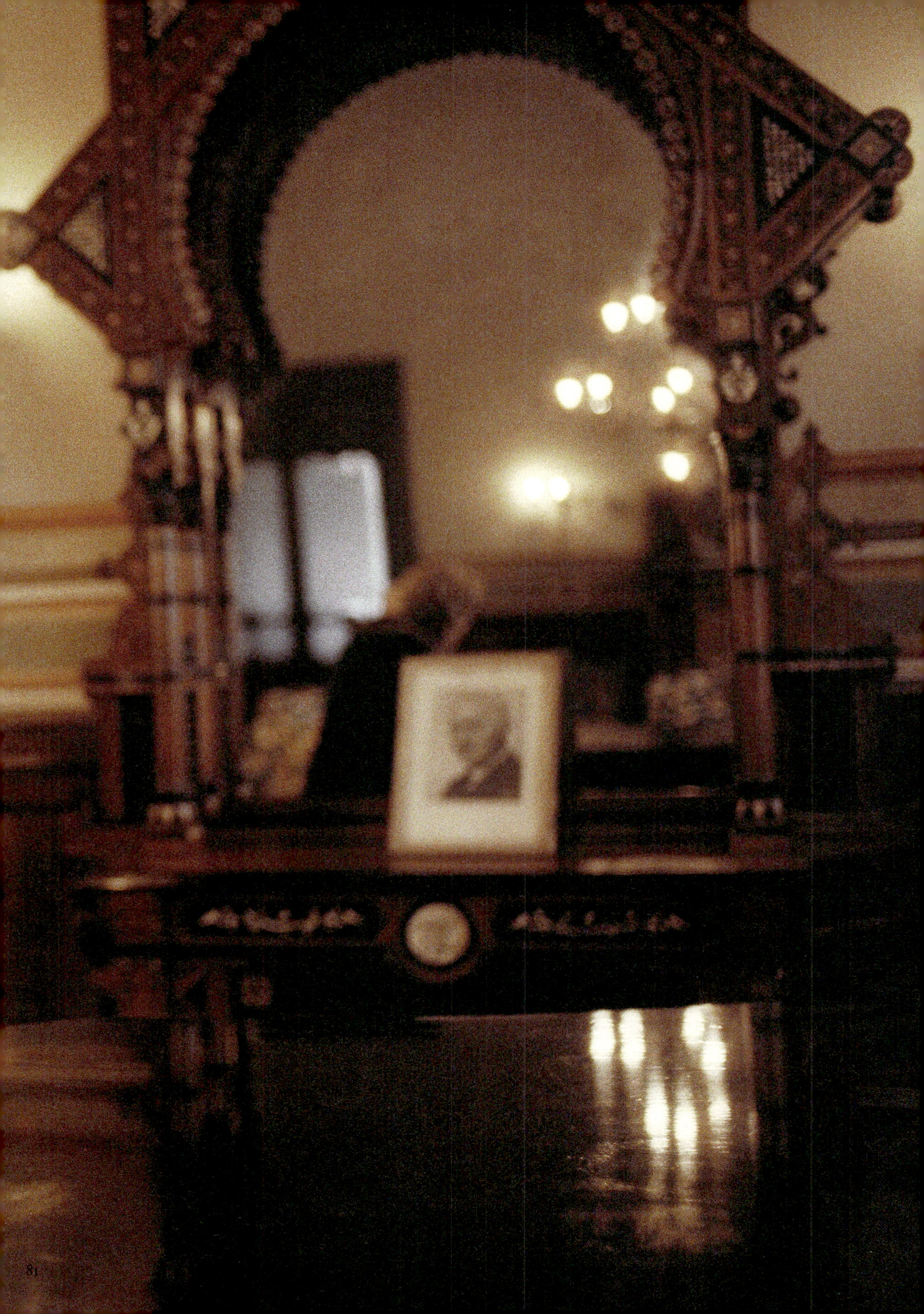

# WHERE VERDI'S HEIRS CAN AGE GRACEFULLY

## THANKS TO VERDI'S FARSIGHTED LARGESSE BACK IN 1896, IMPECUNIOUS INTERNATIONAL OPERA STARS CAN RETIRE IN STYLE TO CASA VERDI IN MILAN.

As lunchtime draws near, some very peculiar lone figures can suddenly be seen shuffling across Milan's Piazza Buonarotti. One of these oldtimers has a strikingly broad-brimmed hat on, which he waves in greeting, bowing benignly, elegantly, whenever an acquaintance (even if merely a supposed acquaintance) crosses his path. Another, wearing a dark tuxedo-like suit in broad daylight, puts on a face as though sick and tired of forever being asked for his autograph.

These odd characters are making their way to an ornate edifice, a small palace with a neo-Gothic façade. The liveried porter, nodding off over the newspaper in his lodge, raises his head as the door opens: yes, the old folks shuffling past belong here.

They're residents of the Casa di Riposo per Musicisti, an old-age home founded in 1896 by Giuseppe Verdi for retired opera singers and musicians who find themselves penniless in their sunset years, whether because their passion for a labor of love made them have-nots their whole lives long or because, as Verdi put it in his modest way, they simply "had less luck than I".

67 names are posted on a little board in the porter's lodge: some of the yellowed plastic block letters don't stick very well anymore and dangle there crookedly, as if hanging by threads. 67 fates that have turned out differently, each in their own way, from what they'd once hoped: How come I never made it big? How come that one did and I didn't? – Or those who had some success in their day: What in the world became of the fortune I made on the stage back then? Squandered. But on what? And yet despite all the questions about the reasons for their tough luck, there is a silver lining here. Those taken in at the Casa di Riposo need worry no more about their twilight years: Verdi bequeathed to the home – which he called his "finest work" – the very cornerstone of his fortune, namely the rights to all his operas.

So the Casa di Riposo residents are Verdi's indirect heirs. Each has a room of their own, two opulent three-course meals a day plus breakfast, medical care (bear in mind their average age is 81) and of course plenty of rooms in which to make music.

So walking through the entrance portal, you hear music pouring in from every side of the cloistered courtyard. Especially in summer when the windows are slightly ajar, you hear sprightly tenors tirelessly belting out arias, now and then abruptly interrupted by a soprano's shrill coloratura in the next room over.

Ilja Grinstein, for example, 80 years old, practices piano three hours a day. A little less than he used to in New York, at the peak of his little career. But a little more than even earlier, in Russian Odessa, where he spent his childhood and never felt like practicing.

When Grinstein, with a bunch of jingling keys in his hand, shuffles over to the music room, he's often followed by a small entourage of female fans who hardly miss a single private recital here and occasionally the odd fellow pensioner who's got nothing better to do at the moment. After every number the grouplet applauds, crying, "Bravissimo!" and "Da capo!" To which Grinstein mumbles bashfully: "No really, I beg you, I was just tickling the ivories."

A little ritual. Little rituals like this fill the intervals between meals and make the long, way too long, day pass more quickly.

Some of those still hale and hearty enough to go out on the town, to catch a movie at the local theater, simply don't have to money to do so. But they're elegantly attired all the same: nearly all the men wear a suit and tie; the women, well groomed and coiffed, wear stoles wrapped round their shoulders and handbags under their arms. Needless to say, they smoke with cigarette holders only. "You know, far too many folks living here have no business being here," says Puligheddu, former head of the conservatoire. Then who, besides Mr Puligheddu of course, does have any business residing at the Casa di Riposo? He thinks it over. "Scuderi, Grinstein, Stagno of course, Costa..."

Costa lives in Room 4. He's delicate. Very sensitive to light–which is why the shutters are always closed. Very sensitive to noise–which is why the TV is turned down low. 84-year-old Costa is sitting there all by himself, slumped over and staring at the wall on which his life is hanging: the Carnegie Hall poster advertising the Tenore della Scala di Milano, namely Giuseppe Costa.

When he hears some people interested in his career have come to see him, his dark chamber comes to life in a flash. Tiny, with outsize horn-rimmed glasses on his nose, Costa turns on the light, moves the chairs away and stands with his legs apart in the middle of the room. Then he belts out an earsplitting note.

"I'd like to see anyone else do that!" he exults. "Anyone! Wait..." He ransacks a drawer for a music cassette, then shoves it into his dusty tape recorder. It's a noisy, scratchy recording of Costa when still a young tenor. "I was one of those at the very top," he recounts. "Carnegie Hall. Cheering. Wild applause." And with a naughty wink: "Dames, as many as I wanted."

Grinstein, the only person in the house that solitary Costa lets near him, smiles: "He had a voice, that's true. But," his hand marking a height about two feet off the floor, "... he was just too short to make it big. The ladies always towered over him. A tragedy." He chuckles. "That's just the way it is here: everyone talks about themselves but no one knows what's true. Maybe not even themselves." There's also a lot of speculation about the 92-year-old grande dame of the house, Signora Stagno. Lots of rumors. Bianca Stagno-Bellincioni is the daughter of the famous tenor Roberto Stagno and Gemma Bellincioni, the turn-of-the-century Callas. Both of them sang in all the major productions of their day, including the premiere of Mascagni's *Cavalleria rusticana* in 1890. The *crème de la crème* of the music world at the time went in and out of their house. So their daughter Bianca grew up amongst the likes of Toscanini, Puccini, Verdi himself–word has it her mother had personal dealings with him–and Caruso (who made his debut with Gemma Bellincioni when she was already a star).

"Caruso often told me how he was afraid to sing with my mother," recalls the old woman. "After all, he was just a greenhorn at the time. Later on, at the start of my career, he was the one who was big and famous. We often sang together." Milan, Rome, Berlin, Vienna, London, New York–Stagno stood on all the world's leading stages. And stayed in luxury hotel suites, attended by a private retinue of servants, lady's maids and porters to lug her luggage around.

Now forgotten and impoverished, she lives in a tiny room at the Casa di Riposo. A small suitcase of faded photographs, a little cabinet, two chairs–that's all she has left.

And the future is bleak for the whole house. The copyrights in Verdi's works expired for good in 1952. The Casa di Riposo has been slipping deeper and deeper into the red ever since. The Italian state contributes little more than a pittance: about Euro 130,000 a year. Why is the work Verdi treasured most of all now least appreciated?

Original German article by Christian Kämmerling first published on April 27, 1981, in the Swiss weekly illustrated *Sie und Er*.

# BIOGRAPHIES

# ADRIANO TOCCHIO, TENOR

(1893, Badia Polesine (Rovigo) – 1983)

Entered Casa Verdi September 1, 1971.

Sang as tenor 1915 – 52 in many opera houses in Italy and abroad.
Husband of opera singer Paolina Bignami.

(pp. 6-15, 62-63)

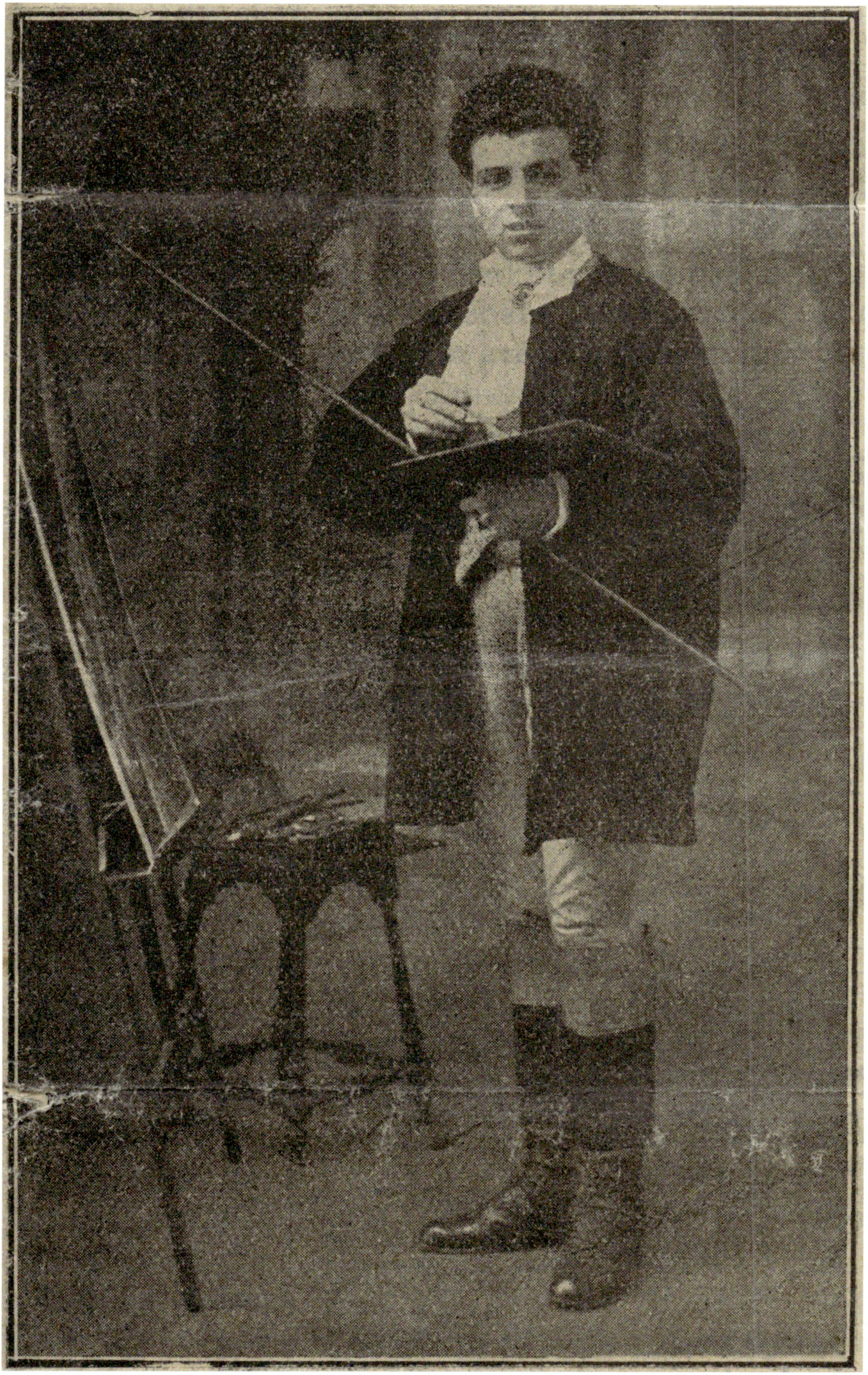

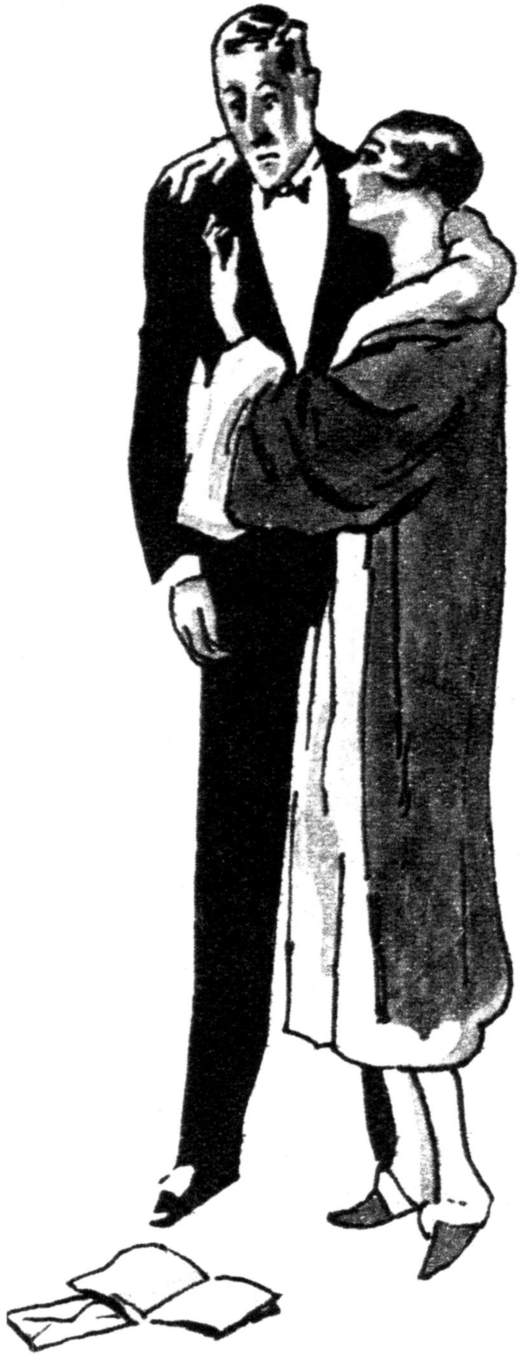

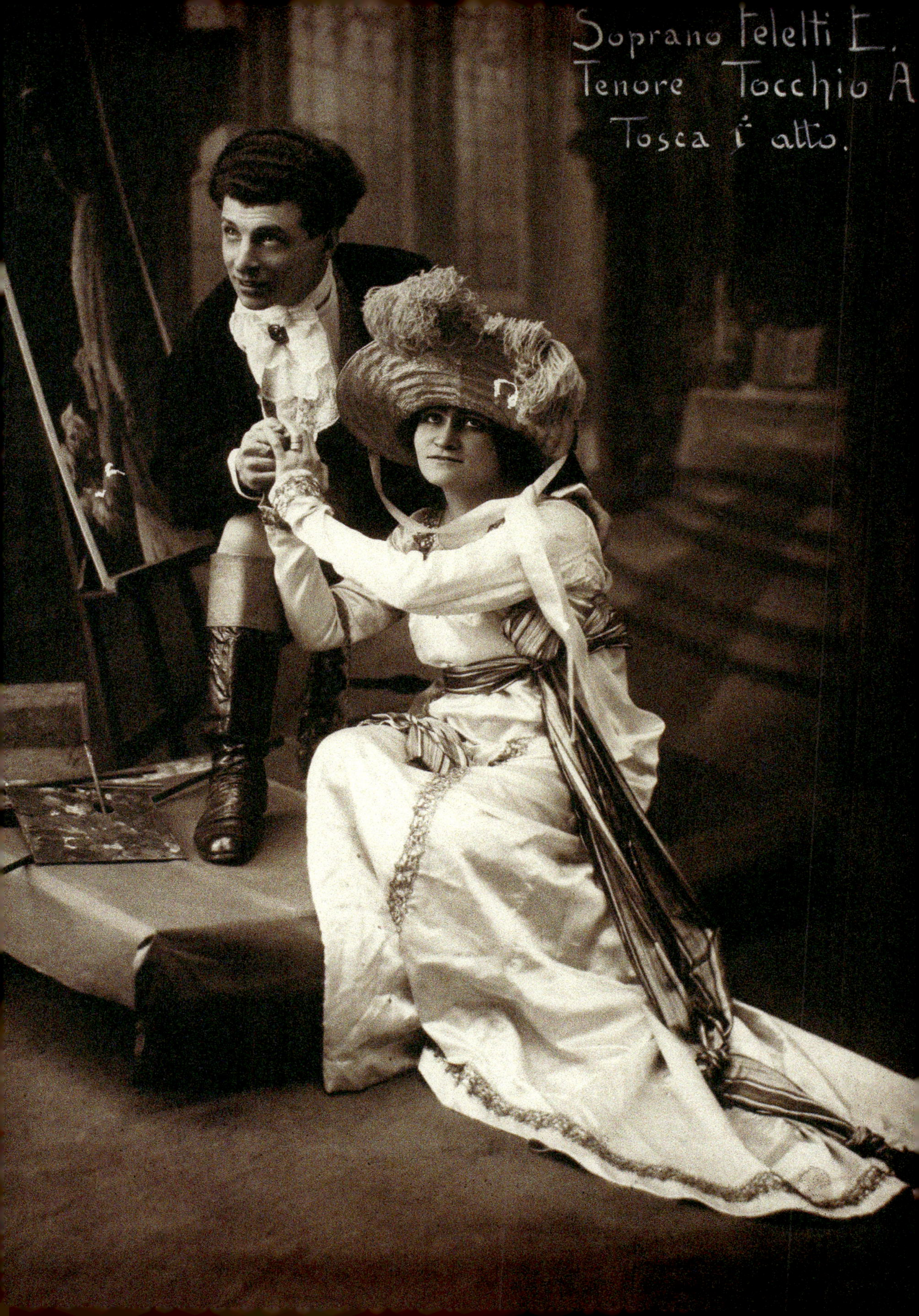
Soprano Feletti E.
Tenore Tocchio A
Tosca 1° atto.

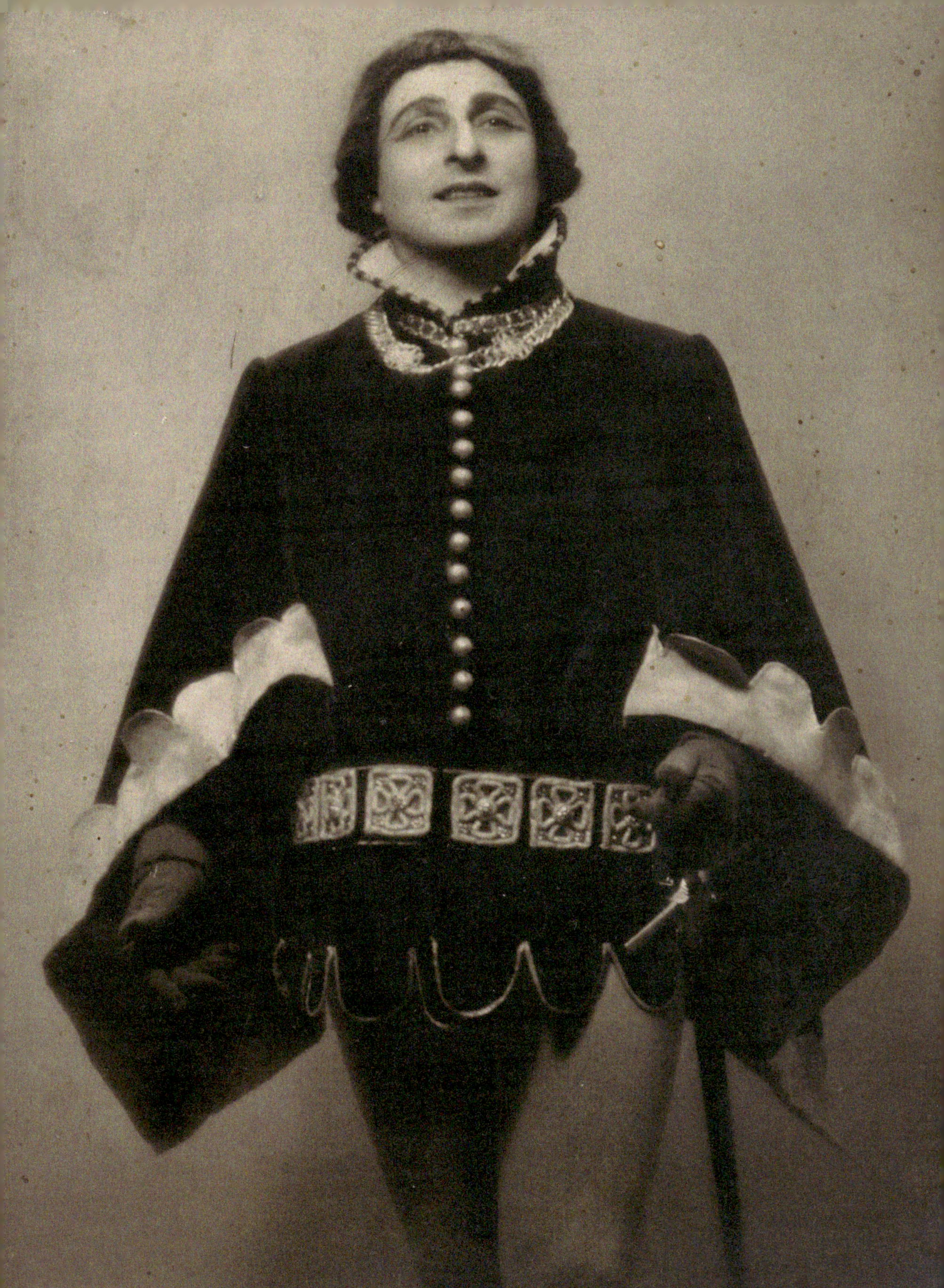

TEATRO ALLA SCALA
ADRIANO TOCCHIO
in *"La Favorita"*

FOT. M. CAMUZZI
DELLA S. A. CRIMELLA

# D'ORA IN ORA

## RIANO TOCCHIO

ici giorni complessivi, dagli ultimi d'ot-
5 novembre, fra i teatri di Codigoro e
), ha compiuto dieci recite di *Tosca*,
*si* di bella e calda voce schiettamente
cantante di ammirevole stile, padrone
e e dei migliori mezzi per interpretarla
atica efficacia, attore di spontaneo sen-
lrammatico, di insolita sicurezza. L'eco
successi nelle due cittadine emiliane,
Bondeno, dove la Direzione di quel tea-

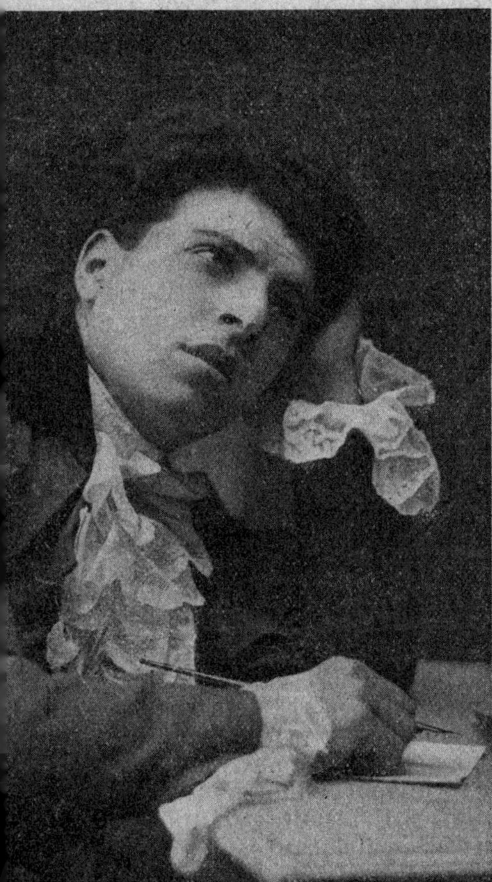

tosi a udirlo ed applaudirlo) lo scritturò
amente per cinque recite della stessa
n cui il **Tocchio** era seralmente costretto
la famosa romanza del terzo atto) e
di *Bohème*. Le recite, eseguite nel cor-
vembre, segnarono per il bravo tenore
ceri, brillantissimi esiti, come ne fan fede
itici che riproduciamo. Il **Tocchio** è ora
o a Sermide, per le stesse opere pucci-
per otto recite in occasione dell'inaugu-
el Nuovo Teatro di quella città. Ecco

Appena di ritorno dall'ottimo esito conseguito a Sassuolo nella *Favorita* il tenore Ettore **Castellazzi** ha avuto proposte per Merano per *Rigoletto, Lucia* e *Elisir d'amore*. A Sassuolo il giovane cantante ha trovato lusinghiere accoglienze in virtù dei mezzi vocali simpatici e educati a buona scuola, e nel *Giornale di Reggio* abbiamo letto belle parole per lui, a documentazione di quanto egli si sia fatto apprezzare; le dimostrazioni del compiacimento del pubblico furono così insistenti da costringerlo a concedere ogni sera il *bis* dello « Spirto gentil ».

L'esito riportato nel *Trovatore* a Fossano da Elisabetta **Brooks** è stato molto lusinghiero. Il pubblico apprezzò in lei una *Leonora* dalla voce robusta metallica e sicura, e, in pari tempo la applaudì come una interprete intelligente. Ad ogni atto dovette presentarsi ripetutamente alla ribalta in unione agli altri artisti, e ricevendo ovazioni speciali.

## Martinelli

A San Francisco ha avuto accoglienze trionfali, le quali trovarono il maggior esponente nella occasione della sua serata d'onore, avvenuta con i *Pagliacci*. Quella sera fu non solo il trionfo del celebrato tenore, ma pur quello dell' arte italiana. Quei giornali non hanno esitato ad affermare che il Martinelli è «il più grande, un perfetto *Canio*, finora udito ». Da San Francisco il Martinelli prima di recarsi a New York si recherà per Concerti a Lincoln, Omaha, Deuver, Detroit, Youngstwn, Montgomery, Nashville e Hock Hilly.

La *Bohème* al Reale di Malta, ebbe in Aurelia **Lauro** un'ammirata *Mimì* e quel pubblico ha espresso alla distinta e bellissima cantante il suo compiacimento con i più vivi applausi, che ad ogni rappresentazione si accentuavano sempre maggiormente. Le belle qualità della voce, l'arte sua di canto e la efficacia della azione scenica hanno compiuto presso quel pubblico un effetto di profondo convincimento; ne meno sincere sono le lodi che alla Lauro ha dedicate quella critica. Prossimamente, Aurelia Lauro, canterà nell'*Iris*, opera che ha già eseguita con grande successo. Saremo lieti di illustrare quello che certamente otterrà anche a Malta.

## Stella Marchetti

Il nostro corrispondente da Nizza Monferrato ci ha segnalato il caloroso esito della valente cantante nella *Traviata* a quel teatro Sociale. E noi che conosciamo il merito della Marchetti non siamo affatto sorpresi che nel capolavoro verdiano abbia trovato anche in quella città lo stesso largo consenso conseguito dovunque si è presentata nelle vesti di *Violetta*. E poichè di lei già abbiamo più volte detto ci limitiamo qui a riportare

# ADRIANO TOCC

# 50 ANNI AL SERVIZIO DELLA

## Vive nel ricordo della gloria, studioso della tec
## canto, in un'atmosfera di sorprendente fede, d
## stancabile non sempre ricompensato nella giu

Oggi i traguardi si festeggiano: in ogni caso si ricordano. Nozze d'oro, nozze d'argento ecc.

Il film della nostra vita corre rapidissimo; ogni giorno (per chi sa essere regista pignolo, collezionista di ricordi, amministratore saggio delle proprie esperienze) è un rullino sempre nuovo, è un teleromanzo che proiettato ai nostri amici o ai nostri intimi rappresenta un racconto interessante, una storia viva. In epoca di audiovisivi costituirebbe comunque un patrimonio di espe-

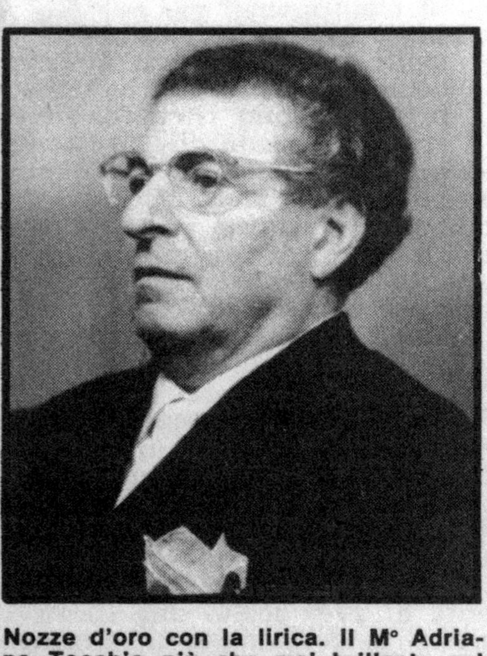

**Nozze d'oro con la lirica. Il M° Adriano Tocchio più che mai brillante nel ricordo dei successi e dei riconoscenti allievi.**

mila giornate vissute in Teatro o vicino al Teatro; e dal Teatro ha strappato gioie e speranze, amarezze e delusioni, applausi e righe di lacrime. Il tutto in una atmosfera di sorprendente fede, moltiplicatosi in un clima di lavoro instancabile quasi sempre poco apprezzato e non sempre ricompensato nella giusta misura.

Adriano Tocchio lo conoscono tutti a Milano... forse in Italia e non solo in Italia, tra le quinte del Teatro lirico. E' un « personaggio ». Appunto come « *personaggio* » lo ritrovò recentemente la Televisione, simpatico attore di un episodio della Fiera dei Sogni e il Film « Il maestro di Vigevano » (avvocato) con Alberto Sordi.

Centinaia di « *ugole d'oro* » lo hanno conosciuto tra la confusione dei palcoscenici in movimento, critici, appassionati, aspiranti si sono battuti con lui in interminabili discussioni che non avevano fine.

Adriano Tocchio. Di lui conserviamo uno storico manifesto del Carlo Felice di Genova (1915) dove il suo nome accanto a Carlo Galeffi, Nazzareno De Angelis, Cecilia Gagliardi e vari altri, maestro Tullio Serafin, figura primo tenore, Ismaele, nipote di Sedomia, re di Gerusalemme.

Le poltrone costavano L. 15, i palchi L. 8, la paga di un cantante affermato variava da L. 50 a L. 100 al giorno

canto « *legat*
E parla, i
prattutto. L
scorre in cor
cende.
Un metodo
calligrafia p
stica, Adrian
nelle leggi f
gerisce come
cantare e a
Scrive, stu
Traccia le
umana, dell
muscoli, ner
volume dive
tato: sembra
se mediche,
preziosi capo
agli studiosi
tare misteri
gani umani.
Dalla larin
l'« ispirazione
I « passaggi
minati medi
« nervi effer
- agenti a
nato (Pawlo
Il volume
strani spieg
precisione. I
go — espert
fondisce nei
e nei soggett
scoperte... fo
be potuto fa
editore.
Ma sì!... C
costoso libro
è facile alla

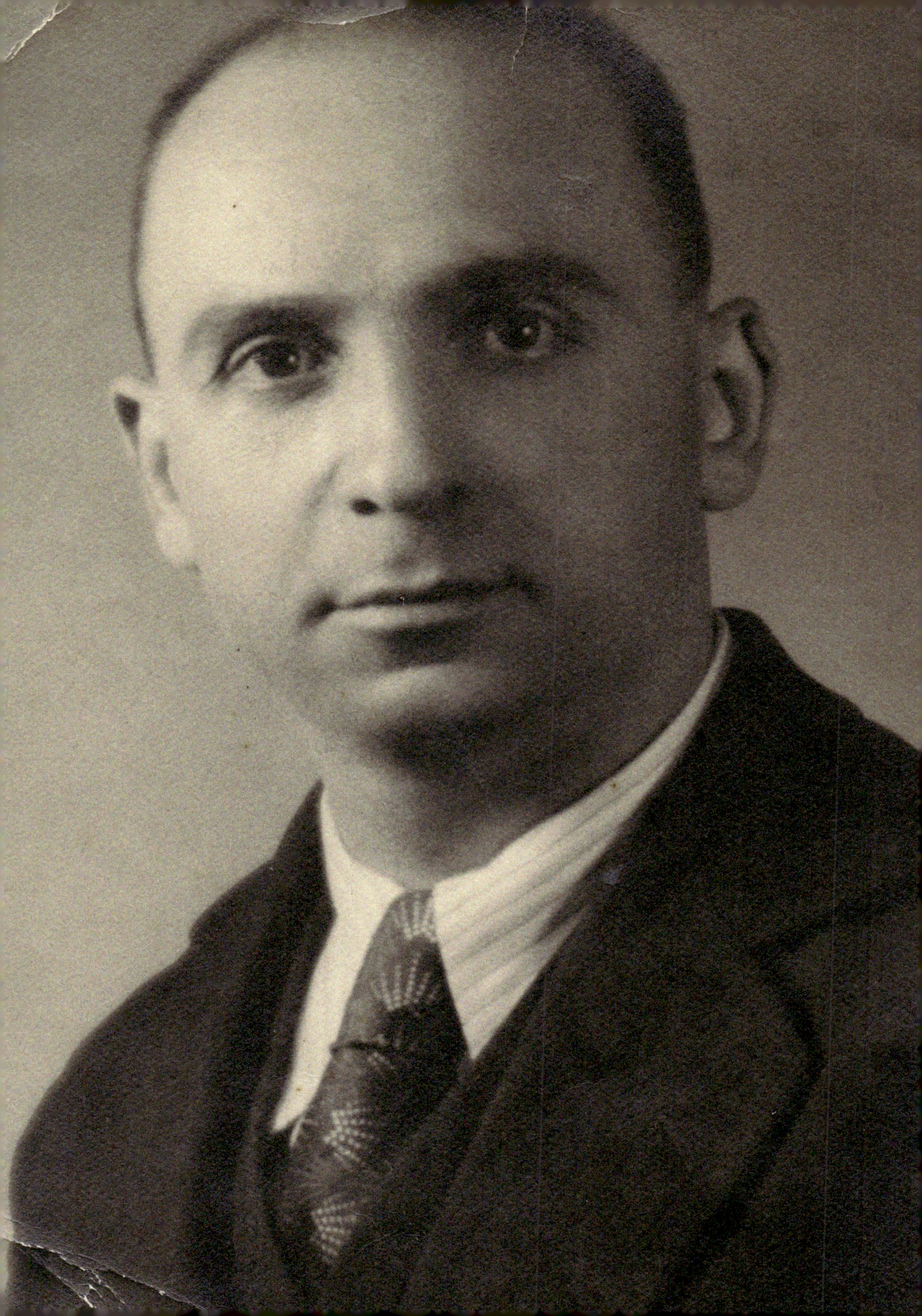

# ANTONIO LAFFI, BARITONE

(1887, Vergato (Bologna) – 1982)

Entered Casa Verdi September 28, 1966.

(pp. 19-28, 47)

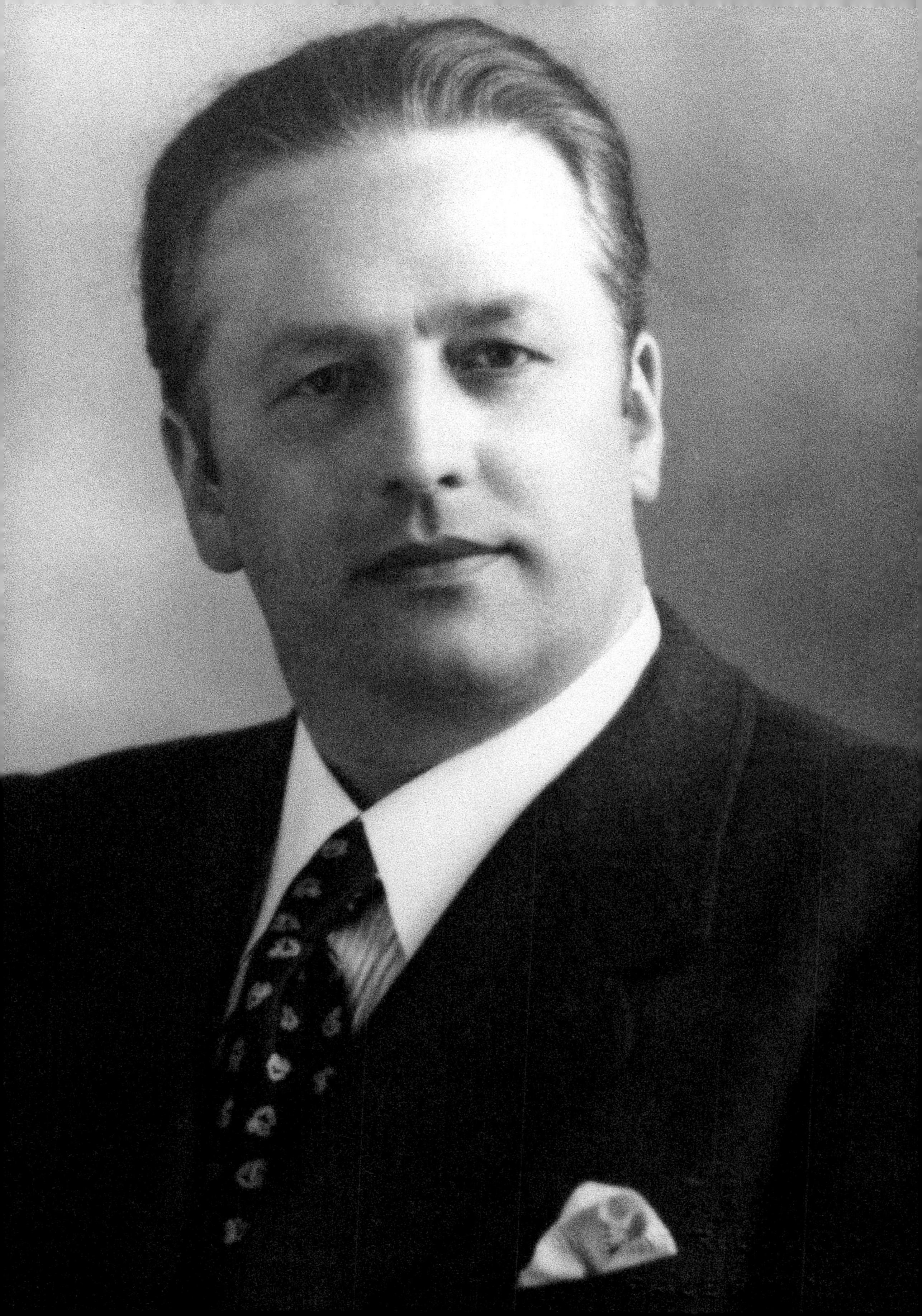

# GIUSEPPE COSTA, TENOR

(1897, Messina – 1982)

Entered Casa Verdi September 3, 1964.

First tenor to play Turiddu in Mascagni's *Cavalleria Rusticana,* directed by the composer himself, in Messina. Sang in major houses in Italy and abroad: La Scala, Metropolitan in New York, Colon in Buenos Aires, and in Vienna, Berlin, Rio de Janeiro and Budapest.

(pp. 28-32, 49, 75, 79)

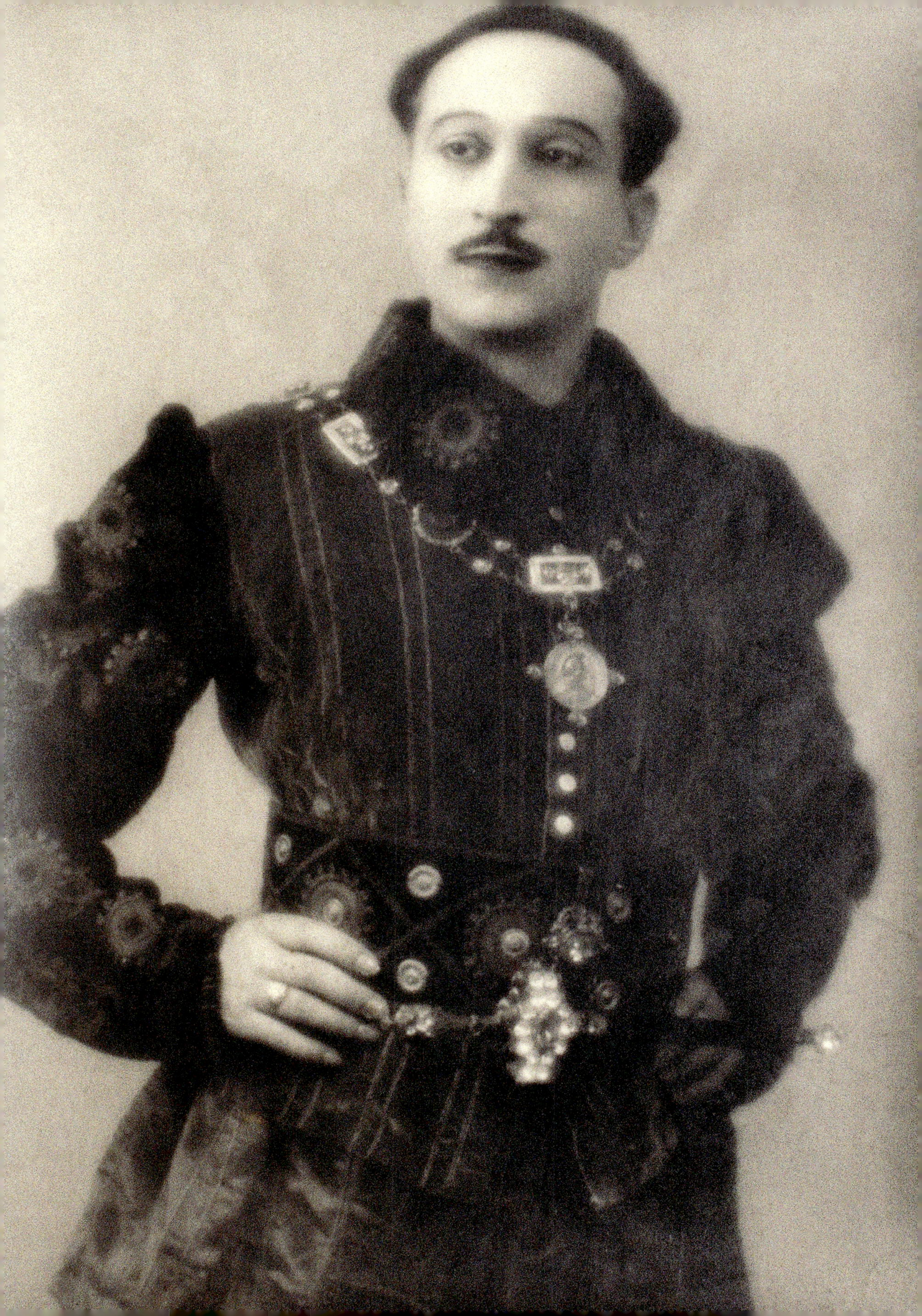

# `rofili del mese nel campo del Teatr

## Cav. GIUSEPPE COSTA

Presentiamo ai nostri lettori la simpatica figura del giovane tenore Giuseppe Costa, già tanto noto per i meritati successi ottenuti in Italia e all'estero. [illegible] a Milano si è spesso prodigato in serate di beneficenza al Gruppo rionale « Cantore » e altrove con disinteresse e fede. Egli ha esordito nella natia Messina nel 1920 interpretando la difficile parte di *Turiddu* in « Cavalle-

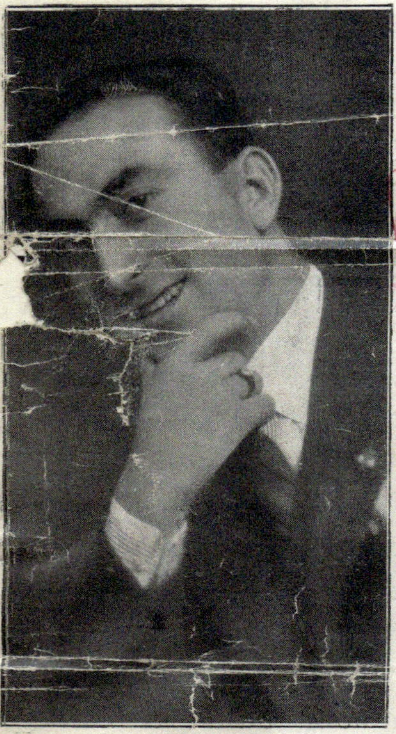

ria Rusticana », e affermandosi subito come tenore di grandi risorse vocali e di profondi pregi artistici. Avviatosi decisamente alla carriera teatrale, ottenne altri successi con « Rigoletto », « Traviata », « Lucia », « Bohème », « Tosca », « Butterfly », « Barbiere di Siviglia », « Elisir d'Amore » e altre opere facente parti del suo repertorio difficile e svariato.

Tra una scrittura e l'altra, egli veniva richiesto alla Radio di Milano per audizioni di opere complete, lavorandovi intensamente in questi ultimi due anni e acquistandosi in breve tempo la simpatia e il favore del pubblico e non soltanto degli amatori della radio. Prestò inoltre la sua opera per cinque anni alla « Columbia » per incisione di dischi di opere, avendone la esclusività.

Scritturato all'estero si affermava nei principali teatri di Berlino, Francoforte, Budapest, Vienna ed altri; tornato di recente in Italia ha avuto testè il battesimo della gloria al Teatro « Duse » di Bologna nella difficile parte di *Arturo* nei « Puritani », opera questa ben difficile e decisiva nella carriera artistica dei più grandi tenori.

Infatti il Costa ha rivelato piena maturità della sua arte e padronanza assoluta di mezzi, venendo nella romanza: « A te o cara! » insistentemente richiesto di *bis* dal molto esigente pubblico bolognese.

A questo giovane tenore, che può dirsi già pervenuto all'apice della sua carriera, auguriamo allori sempre più alti e meritati.

## LOVE ENRIQUES

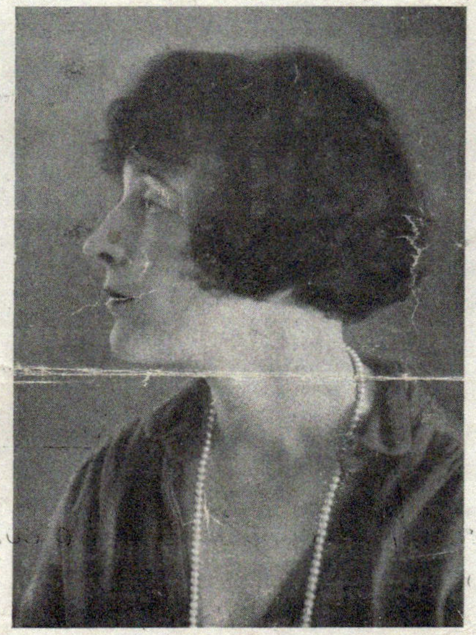

È con vivo piacere che annoveriamo in questa rubrica d'arte la simpatica artista lirica Love Henriques che ha avuto agio di farsi apprezzare da un colto ed eletto pubblico in un concerto tenutosi recentemente a Milano, ove questa promettente artista ha magistralmente cantato delle bellissime romanze dei maestri A. Tronchi, Puccini, Svendsen e Fini Henriques. Questa giovane cantante è dotata di un eccezionale temperamnto artistico, chiara dizione e dalla voce graziosa ne impostata; è degna allieva dell'i maestro Giovanni Tronchi, solerte tore dell'Istituto Internazionale di (

Ci auguriamo di poter quanto prim dire Love Henriques in qualche ope rica e principalmente in *Bohème* di cini.

## MARIA MAFFIOLETTI

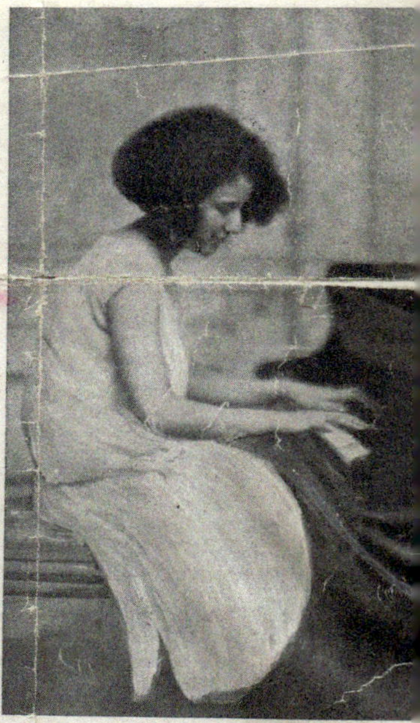

Maria Maffioletti, fanciulla dai ne pelli inanellati, dalle sembianze de e soffuse da un misticismo leggiadro, ve, ci hai dato fremiti e passione ude percorrere coll'agili tue mani diafa nivea tastiera... Dinanzi alla quasi dolcezza dell'armonia che il tuo ani trarre dall'istrumento prodigioso ne sa frenare lo slancio dell'intimo che mente assapora l'ondeggiare delle no sembrano prolungarsi all'infinito.

Tu, bimba indiata d'arte, sei già sacrata quale celebre pianista. Il fut riserberà gloria e fortuna.

Perciò il nostro augurio è superfluc sol monito, piccola e giovane italiana le glorie della Patria avanti, sempr avanti!

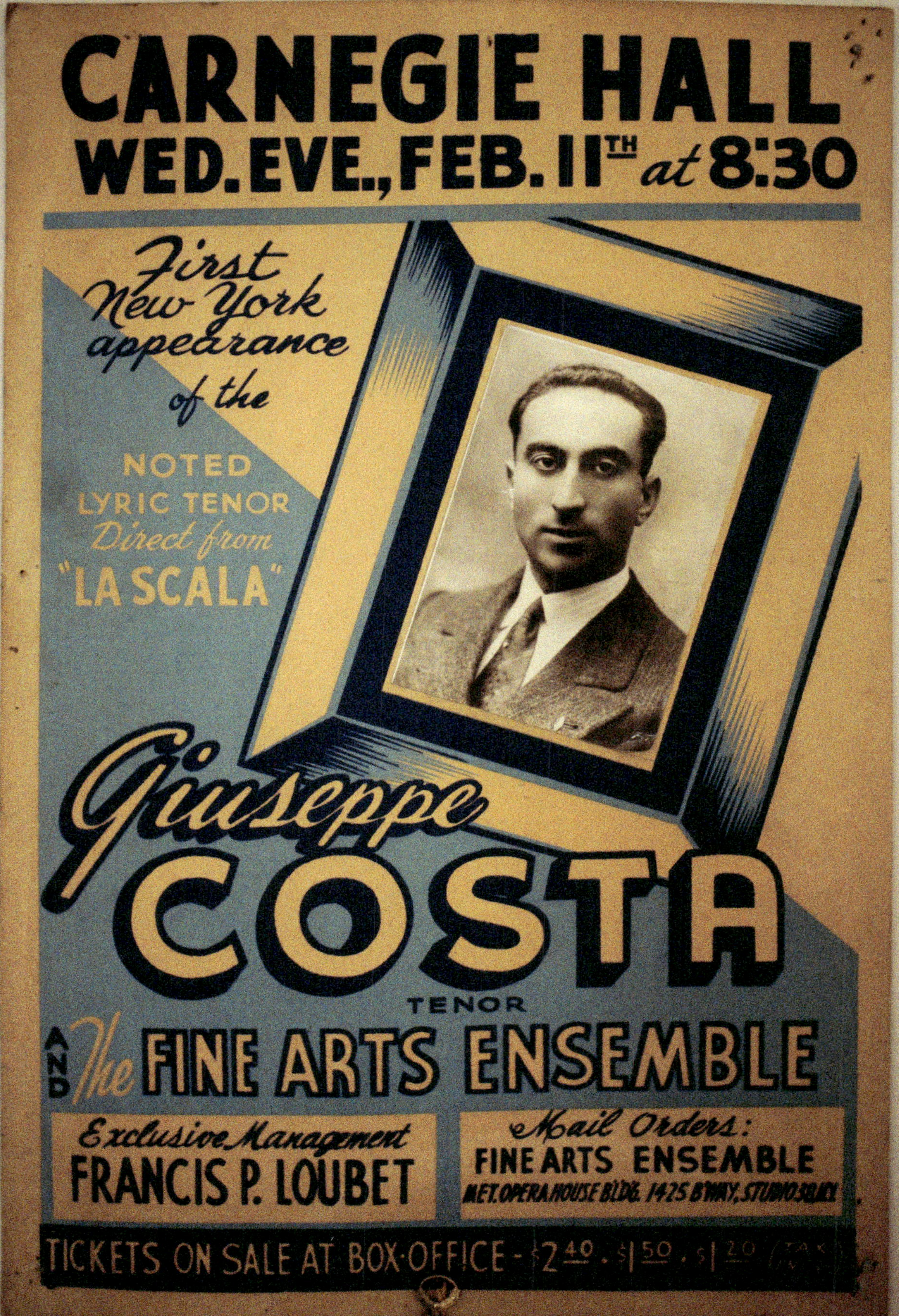
CARNEGIE HALL
WED. EVE., FEB. 11TH at 8:30
First New York appearance of the
NOTED LYRIC TENOR Direct from "LA SCALA"
Giuseppe
COSTA
TENOR
AND The FINE ARTS ENSEMBLE
Exclusive Management
FRANCIS P. LOUBET
Mail Orders:
FINE ARTS ENSEMBLE
MET. OPERA HOUSE BLDG. 1425 B'WAY,
TICKETS ON SALE AT BOX-OFFICE - $2.40 · $1.50 · $1.20

be chiesto, come pregiudi-
: ad ogni eventuale accordo
naggioranza, l'impostazione
na politica di rinnovamento
iterno del partito e di ri-
io del partito stesso, attra-
o la soluzione di quei pro-
ni che sono rimasti da an-
rascurati consentendo alle
stre, che da tale negligenza
no preso spunto per le loro
estazioni, di avanzare fino
entare opposizione solida e
patta che va guardata nel
a giusta dimensione.
ella riunione non si è par-
di persone, non si sono
nomi, si è iniziato solo un
io punto delle trattative dal
po Merlino.
ovvio che rinnovamento
quadri significa sostituzione
ersone, quindi, rimaneggia-
to generale per consentire
nuove leve di inserirsi ade-
amente nella struttura del
ito.
atteggiamento di Merlino
ebbe a significare che il
gruppo non ha rinunciato
direzione organizzativa e
oure ad una adeguata rap-
entanza nel comitato ese-
vo nel quale dovrebbero en-
e anche gli amici di Stagno
Celi.
iesta sera è previsto l'in-
ro ufficiale degli esponenti
correnti di maggioranza.
opposizioni ormai sono de-
a restare fuori da qualsiasi
binazione, «forze nuove»
spresso questo intendimen-
ella riunione di ieri l'altro,
ova sinistra » lo ha fatto ie-
n il seguente comunicato:
gruppo « Nuova sinistra »
Dc si è riunito per deci-
l'atteggiamento politico da
mere in occasione della riu-
e del Comitato provinciale,
vocato per eleggere il segre-
provinciale e la direzio-
Dopo ampio dibattito alla
delle risultanze congressua
gruppo ha confermato la
zione di profondo dissenso
confronti dell'attuale mag-
anza
Una nuova articolazione —
rte un comunicato — all'in-
o del partito non può ritro-
i su diversi equilibri di po-
ma sulla pregiudiziale ve-
a della volontà di rinnova-
rofondamente nei metodi e
a gestione la conduzione del
ito a tutti i livelli, modifi-
io e adeguando le attuali
tture a quei nuovi ambiti
artecipazione che possano
entire un rapporto reale
esigenze comunitarie e ga-
ire l'apertura alle spinte
ovatrici provenienti dal
do giovanile, del lavoro e
a cultura.
alla democratizzazione del-
strutture del partito deve
urire una spinta di inizia-
politica da trasferire negli
pubblici gestiti da rappre-
anti democristiani, liberan-
da ogni deteriore strumen-
zazione clientelare, garan-
done una direzione compe-
e coerente con la volontà
ortare avanti una linea di
ippo economico e sociale
a nostra provincia da attua-
non solo verbalisticamente

# Il tenore Costa ringrazia Merlino

## «Vecchio messinese» esprime l'augurio di una ripresa artistica a Messina

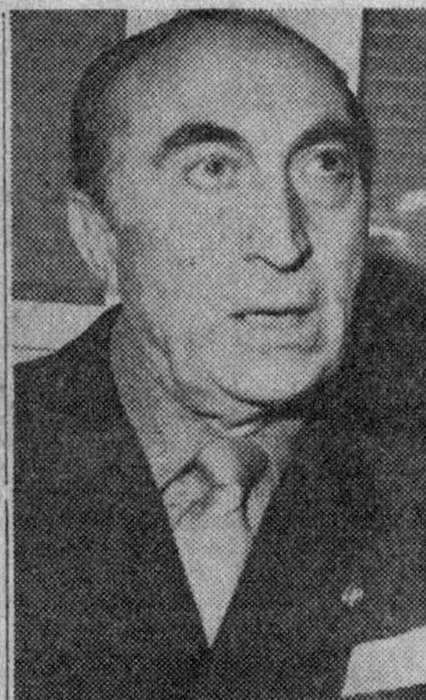

Il comm. Giuseppe Costa

Il comm. Giuseppe Costa, vecchio tenore messinese che durante la sua brillante carriera ha cantato nei maggiori teatri del mondo, tra cui la «Scala» e il «Metropolitan», ha presenziato alla serata del 28 dicembre al «Vittorio Emanuele». Egli, ritiratosi da alcuni anni dall'attività, è ospite della «Casa Verdi» di Milano.

Il Sindaco Merlino, a nome della città e del Comitato organizzatore della manifestazione, lo ha invitato a presenziare alla riapertura del «Vittorio» e il tenore Costa non ha voluto perdere questa occasione per portare, tra l'altro, la sua solidarietà alla lodevole iniziativa.

«Speravo — egli ha detto — di chiudere la mia attività cantando in questo splendido teatro della mia città. Purtroppo si è perduto molto tempo. Ma adesso che è stato rotto il ghiaccio, mi auguro che il «Vittorio» possa tornare agli antichi splendori. E spero di potere tornare presto per assistere ad una vera e propria stagione».

Il comm. Costa, prima di lasciare Messina per tornare a Milano, ha voluto visitare la nuova sede del nostro giornale.

Espresso il compiacimento e «l'orgoglio di messinese» per quest'altra ammirevole e grandiosa iniziativa, il comm. Costa ha colto l'occasione per ringraziare pubblicamente il Sindaco Merlino e per esortare il primo cittadino a non desistere da iniziative di questo tipo che servono ad affinare lo spirito e a ridare a Messina quel posto di primo piano che occupava, nel campo dell'arte, prima del terremoto.

## Alloggi al Cep per i profughi

La Prefettura di Messina ha pubblicato un bando per sette alloggi riservati ai profughi ed ai connazionali rimpatriati ad essi assimilati. Tali alloggi — informa un comunicato dell'Associazione profughi d'Africa — sono in corso di costruzione nel quartiere Cep e verranno assegnati in vendita.

Tutti i profughi che intendono concorrere all'assegnazione degli alloggi dovranno presentare domanda entro sessanta giorni dalla pubblicazione del bando, che porta la data del 19 dicembre scorso.

do perenne della visione incomparabile della città e dello Stretto; e, quanti arrivano, godano delle bellezze naturali e siano allietati dalla nobiltà e gentilezza dei messinesi, siano edificati dalla loro serietà e aggiungano, per parte loro, contributo di nobiltà e di saggezza ».

« Sia missione di Messina — ha concluso mons. Fasola — esprimere una dignità civile e cristiana intesa a custodire ed a tramandare i princìpi di fraternità laboriosa, di correttezza e fine comportamento, che vogliono continuare la tradizione che fece, nei tempi passati, tanto distinta la nostra città ».

## Appalto di lavori alla Provincia

Il 9 gennaio saranno espletate, presso l'Amministrazione provinciale, le seguenti gare di appalto: lavori di convogliamento acque sulla strada provinciale di Granatari (importo L. 5.900.000); lavori di sistemazione e convogliamento acque bianche e nere villaggio Paradiso (importo L. 6.800.000); lavori per la scogliera frangiflutti e il ripristino della strada provinciale S. Giorgio di Gioiosa Marea (importo L. 15 milioni); lavori di manutenzione ordinaria della rotabile S. Teodoro-Portella Buffali (importo L. 31.360.000).

# Passar lungo

## Feriti negli sionato di 8

Tre incidenti strad verificati ieri in ci via Vittorio Eman terzo in piazza del

Ieri mattina, me cava al lavoro alla il sessantaduenne spisa, abitante al n stri 41, nell'attraver Vittorio Emanuele tezza del Banco di niva travolto dall'a Messina 100243 e Glauco Vitulo di 2 tante in via Manzor

Lo stesso Vitulo bito soccorso al P sportandolo al pro so dell'ospedale Pie i sanitari riscontra spisa trauma cra profondo e ferita la sa alla regione oc alla mano destra riservavano la prog

Sul posto dell'inci

SU RICHIESTA DEL PROCURATORE DELLA REPUB

# L'equipaggio della motonave g sarà tradotto alle carceri di L

***Il provvedimento dopo la trasmissione dei rap da parte della Legione Guardie di Finanza di Me***

Il procuratore della repubblica presso il tribunale di Locri, dottor Palermo, ha ricevuto i rapporti giudiziari redatti rispettivamente dal comandante del nucleo di polizia tributaria, tenente colonnello Gino Zappardino, e dal comandante della stazione navale, capitano Felice Profeta, in riflesso all'operazione che ha portato alla intercettazione ed al dirottamento su Messina della motonave greca « Georgios ».

In seguito a successivi accertamenti in ordine alla violazione delle leggi doganali e sul monopolio vigenti, considerato che — secondo quanto assumono gli inquirenti — l'unità contrabbandiera era stata avvistata alla foce del torrente Precariti, esattamente tra Punta Stilo e la spiaggia di Roccella Jonica, a circa 400 metri dalla costa, il procuratore ha chiesto la immediata traduzione dell'equipaggio, attualmente ristretto nelle carceri di Messina, a quelle di Locri, per poterlo interrogare.

Il cargo, una vecchia imbarcazione scesa in mare il secolo scorso, di 593 tonnellate di stazza, illuminata dai fasci di luce dei proiettori del guardacoste « Finanziere Alberti » al comando del brigadiere di mare Pietro Buono, si dirigeva a tutta forza al largo per sfuggire al controllo della polizia tributaria.

Alla fine veniva accostato anche dal « GL 16 Lipari » (il medesimo che nella n dicembre 1967 avev la motonave Natasa tore Xanto Populos, seguito era caduto i ze drammatiche nell le fiamme gialle al racusa, mentre navi do della motonave dopo una breve sp stretto alla resa.

L'azione di polizia anche questa volta, pata sotto la perso ne del capitano Fel comandante la staz della XII Legione d di Finanza di Mess collaborazione di particolarmente a tali servizi.

Pare accertato ch fosse fornito del pre nifesto di bordo » e imbarcato i tabacch zione estera nel po lato, per un qua 79.500 chilogrammi.

Gli investigatori che la motonave f con le luci spente, torrente Precariti, effettuare uno sbar de », quando è sta dalla motovedetta d di finanza.

## Concorso de per consig

LE TRADIZIONALI MANIFESTAZIONI IN CITTA'

# a prima «Befana» al Policlinico

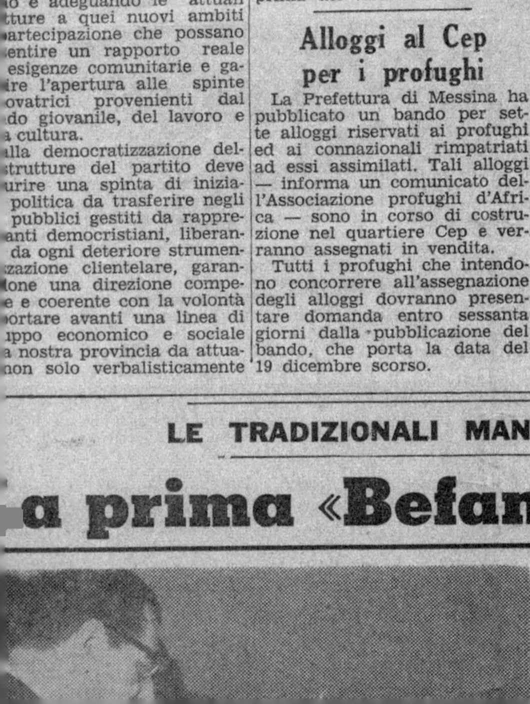

Nei locali della Clinica malattie nervose e mentali presso il Policlinico di Gazzi sono stati distribuiti, per la prima volta, pacchi doni ai figli del personale dipendente. Erano presenti, fra gli altri, i dottori Runci, Leonardi, Mandolfini,

di lunedì 6 gennaio. Fra queste ricordiamo:

La Befana per i dipendenti della Camera di Commercio che avrà luogo alle ore 10,45 nei locali di via U. Bassi, alla presenza delle maggiori autorità cittadine:

### Il tenore Giuseppe Costa ha cantato alla televisione «... e luceano le stelle» dalla romanza della «Tosca»

# Che acuto a 82 anni

*Nato a Messina, si è sempre considerato milanese d'adozione - A Milano era giunto infatti nel '22, ed era stato scritturato per interpretare Turiddu in una splendida «Cavalleria» diretta proprio da Mascagni*

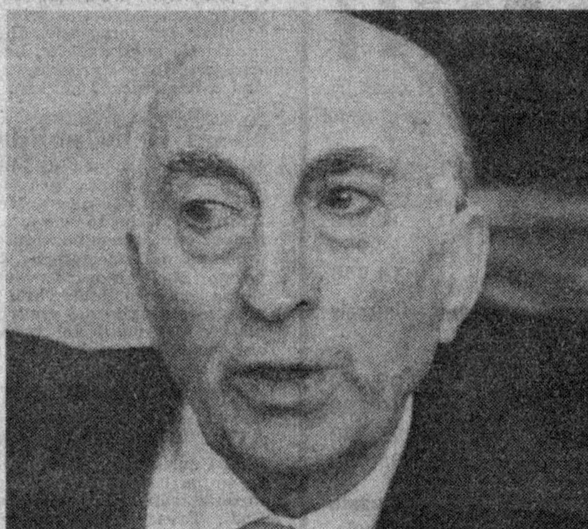

*Ha ottant'anni suonati ma ha cantato la famosa romanza della Tosca «...e luceano le stelle» alla trasmissione «TG l'una» di domenica scorsa con l'impeto di un giovane.*

*Il tenore Giuseppe Costa, messinese di nascita, milanese di cuore, un segreto per questa sua giovinezza vocale ce l'ha.* «Studio, studio — *dice* — ai miei tempi si studiava con pignoleria estrema. Non come fanno questi giovani d'oggi, che sono bravi, di talento, ma la loro voce dura pochi anni».

*Un pizzico di «laudatio temporis acti» bisogna pur concederlo a questo simpatico artista che dalla sua esperienza di giramondo ha ricavato una vivacità di spirito eccezionale.*

*Ha debuttato appena ventenne a Messina sostenendo la parte di Turiddu in una splendida* Cavalleria *diretta proprio da Mascagni, ma la sua città preferita è divenuta presto Milano, anche se il tenore non ha mai dimenticato la Sicilia.*

## Da Budapest a Buenos Aires

*Fra tutte le città toccate nelle sue lunghe tournée (New York dove ha cantato alla Carnegie Hall e al Metropolitan, Buenos Aires, Rio de Janeiro, Budapest, Vienna, Berlino) Milano gli è rimasta nel cuore.*

*Vi era arrivato giovinetto nel 1922 ed era stato scritturato, sempre per la*

che ad Hollywood — *dice con orgoglio* — e ho girato un film, Susanna»

*Le improvvise fughe di Peppino Costa facevano arrabbiare gli impresari. Uno minacciò di non rinnovare mai più una scrittura a quel bizzarro messinese-meneghino, inafferrabile come un folletto. Ma il tenore accennò una romanza e l'impresario rinnovò la scrittura.*

«Milano di quegli anni era una cosa che voi oggi neanche potete immaginare. Si stava al Biffi, al Savini, fino alle 4, alle 5, del mattino. Una città priva di violenza, dove la gente sapeva godersi la vita senza dimenticare la propria dignità, il proprio lavoro».

*Una filosofia di vita che il giovane artista che aveva debuttato a Messina di nascosto al severo zio che lo voleva avviare ad una solida carriera commerciale (i Costa erano proprietari di grandi magazzini) aveva fatto propria in pieno. Al lavoro e allo studio si dava anima e corpo ma ogni tanto «staccava»: allora fuggiva via, da Berlino o dal Medio Oriente, da Vienna o da Rio, e riapprodava in via Manzoni, nella sua cara Galleria, nelle care, vecchie nobili vie che fanno illustre il centro cittadino di Milano. Uno Stendhal della lirica, insomma.*

*Erano nottate al Biffi e al Savini* («25 lire una cena», *dice*), *erano pomeriggi nei salotti meneghini, erano, perché no, giovani e belle donne che «Peppino Rubacuori» ha sempre ammirato.*

## Ha ancora tanti amici

*Tanto cara questa città che, quando ha smesso di cantare nei teatri (ma qualche seratina qua e là la fa ancora), Giuseppe Costa non è tornato a Messina dove nel frattempo gli era morta, a 94 anni, la mamma, ma si è ritirato nella casa di riposo per artisti Giuseppe Verdi.*

«Mi ci trovo bene — *dice* — e poi sono a Milano, anche se questa Milano non è più la mia. Alla Casa di Riposo conto tanti cari e illustri amici: Cesarina Valobra, soprano; Gemma Bosini, la moglie di Mariano Stabili; Sara Scuter che per anni cantò alla Scala; Giuseppe Manachini, baritono; il basso Domenico Molisani».

*Fra un gorgheggio e un reuma, ravvivano i propri ricordi, affreschi di un tempo che, quando è trascorso, sembra sempre bellissimo».*

**D. C.**

# GIOVANNI ERMINIO PULIGHEDDU, COMPOSER

(1900, Sassari – 1989)

Entered Casa Verdi September 20, 1977.

(pp. 33-41)

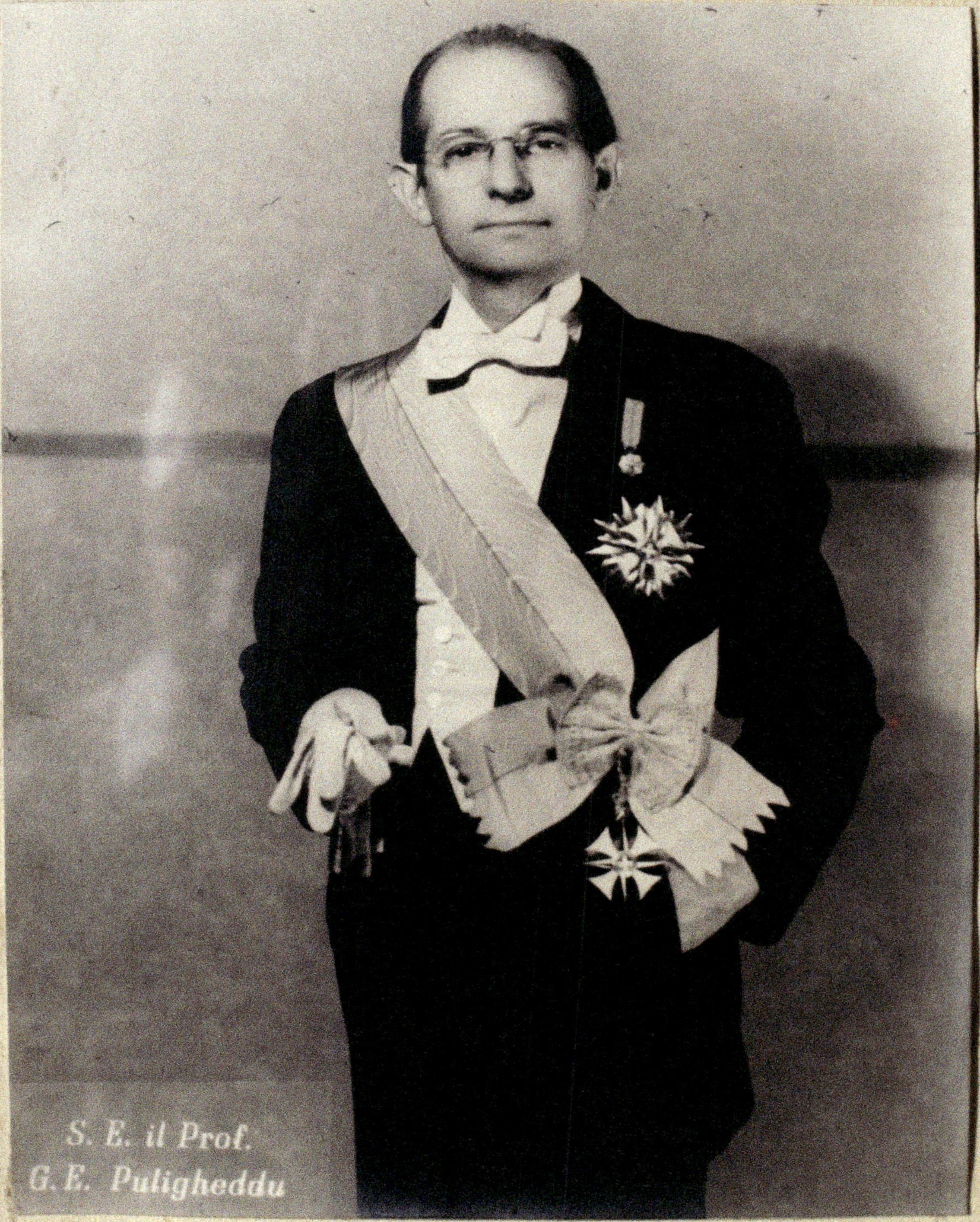
S. E. il Prof.
G.E. Puligheddu

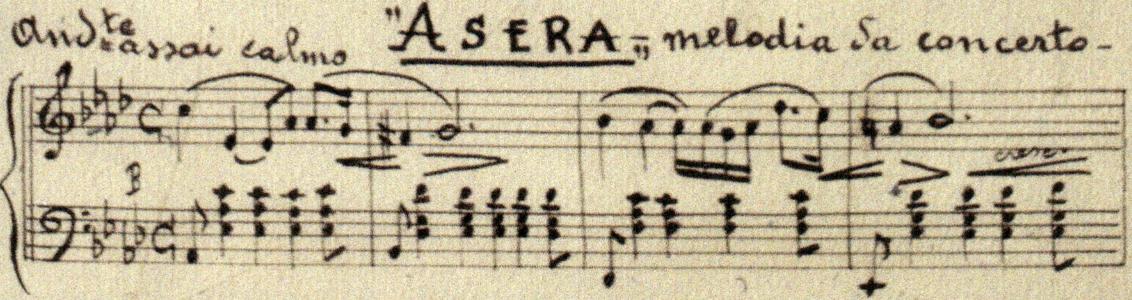
And.te assai calmo
"A SERA" melodia da concerto -

# RUGGERO SCHILEO, TENOR

(1917, Treviso – 1983)

Entered Casa Verdi October 8, 1979.

Sang in many Italian cities (Parma, Naples, Palermo, Genoa, Lecco etc.) and various opera houses abroad (France, Netherlands, United States).

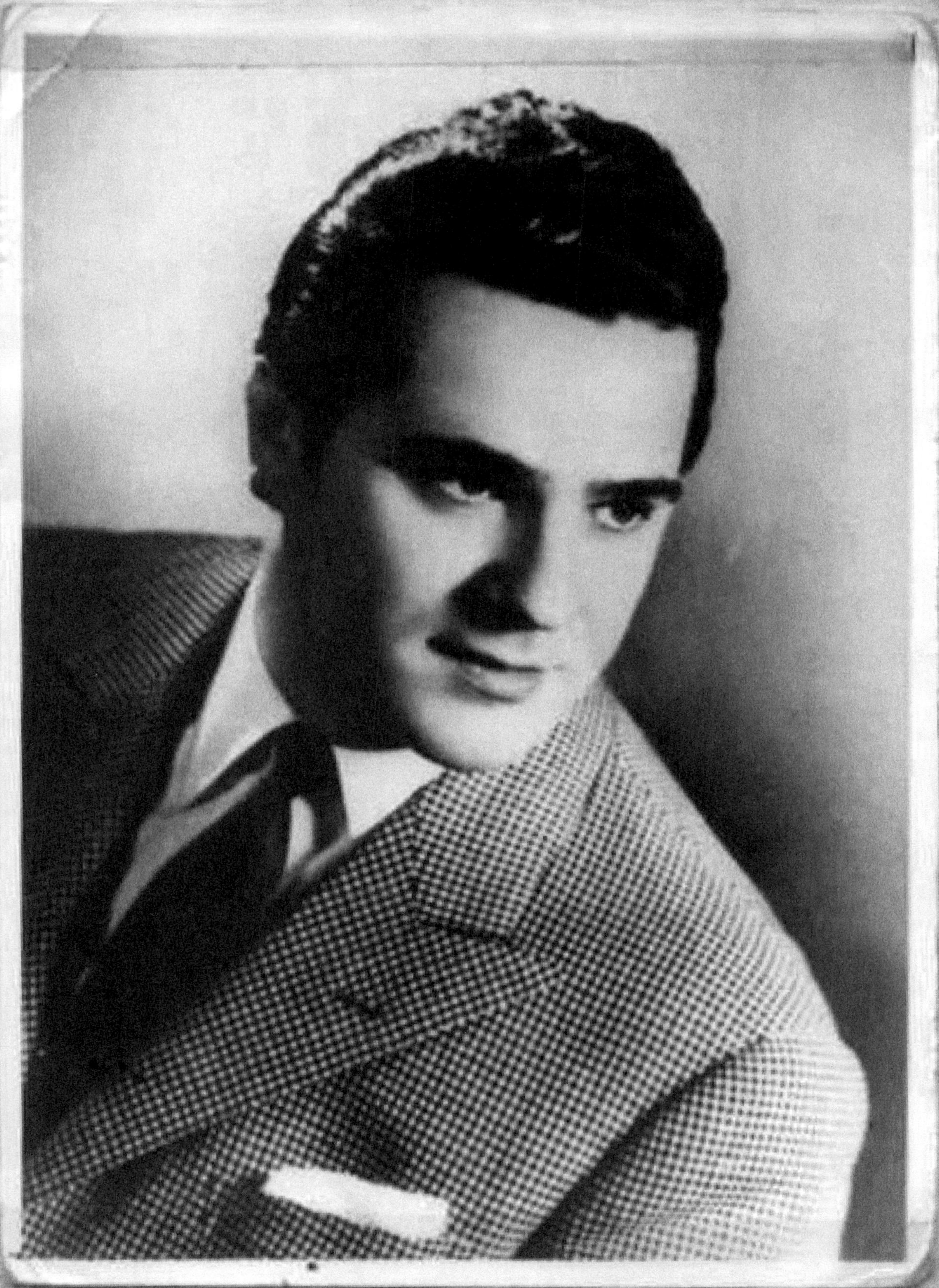

# VITTORIO BELLELI, SINGER

(1911, Trieste – 1996)

Entered Casa Verdi December 4, 1981.

Sang light and operatic music. Made it big in the early 1930s at the Sala Gay, a legendary entertainment bar in Turin – where players from Agnelli-owned football club Juventus rubbed shoulders. Went on to record several albums and work in radio. Belleli was a pop singer *avant la lettre,* a pre-war *musica leggere* precursor of crooner/actor (and Belleli-lookalike) Fred Buscaglione and the other *americano*-style singers who took Italy by storm in the 1950s.

Belleli worked for Fascist radio station EIAR until promulgation of the *Leggi Razziali* in 1938. An openly practicing Jew, he had to live under a false name in various hideouts in and around Milan and Turin to escape deportation, eventually fleeing to Switzerland in 1942. After Radio Monteceneri announced the end of the war in 1945, he returned to Italy and resumed his career, but never lived up to his pre-war success.

From 1958 he directed and taught at a singing school and worked in music promotion for Messaggerie Musicali record store in Milan. His wife, pianist Maria Beatrice Toso, was his accompanist.

(pp. 44, 46)

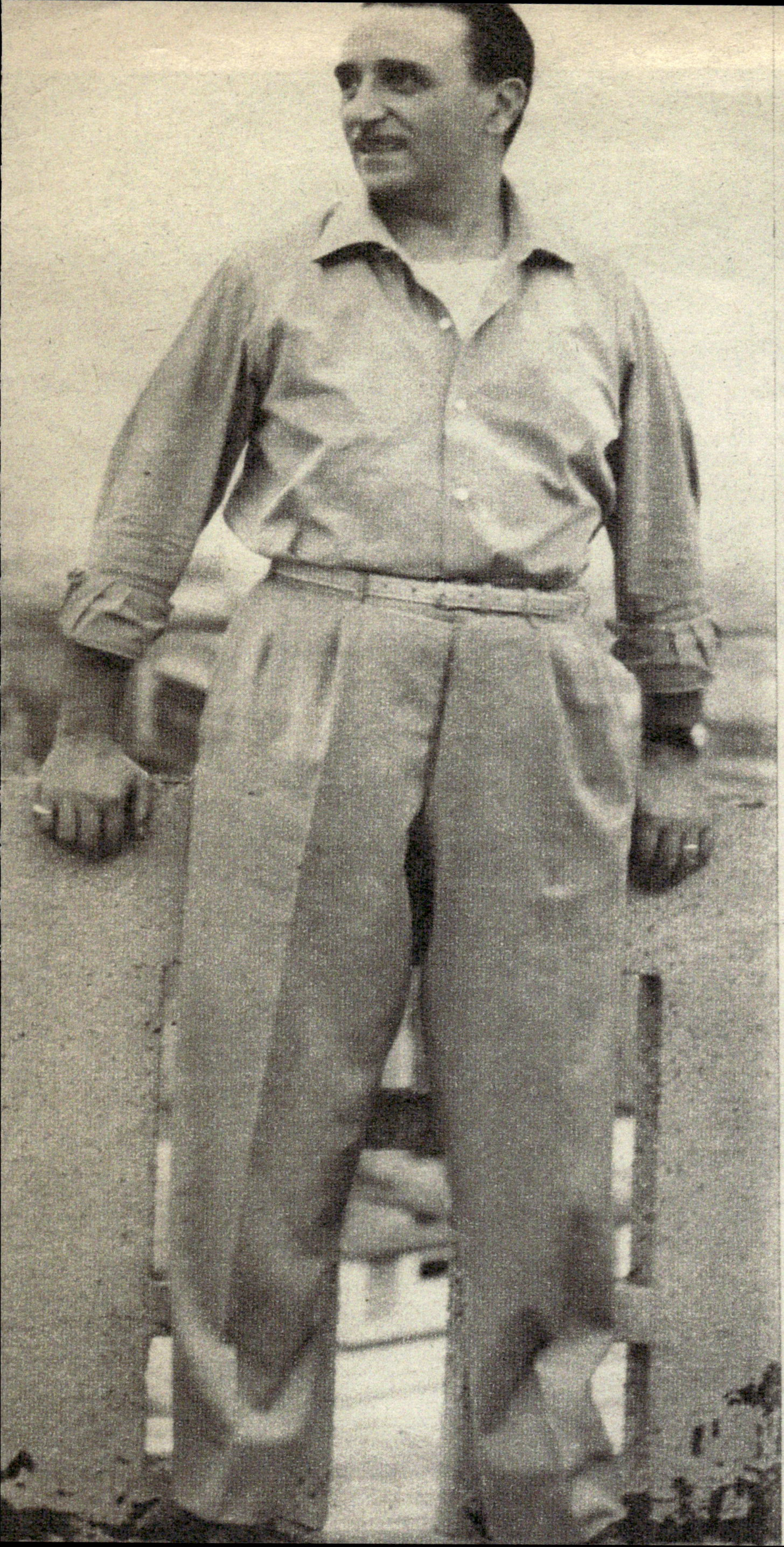

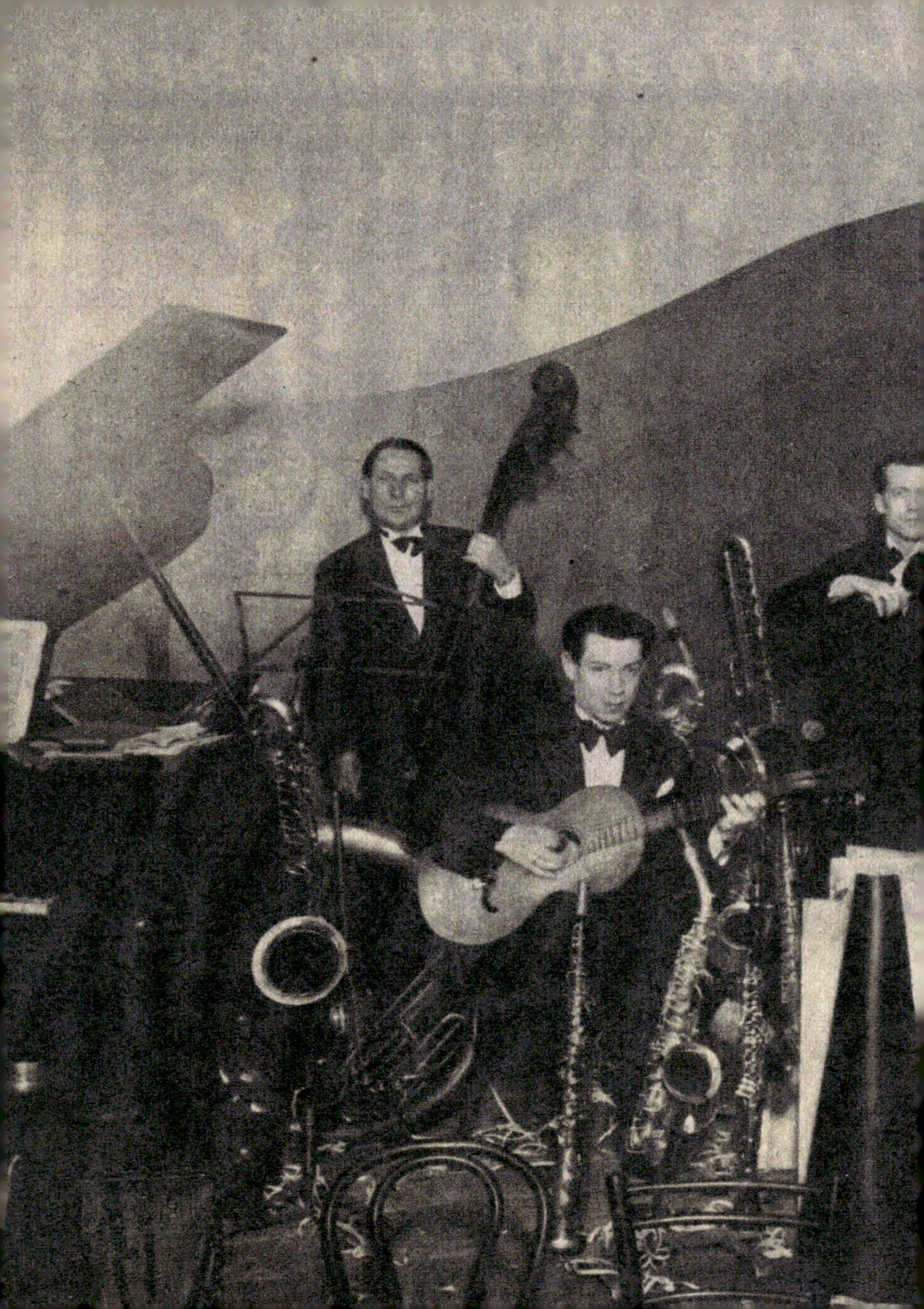

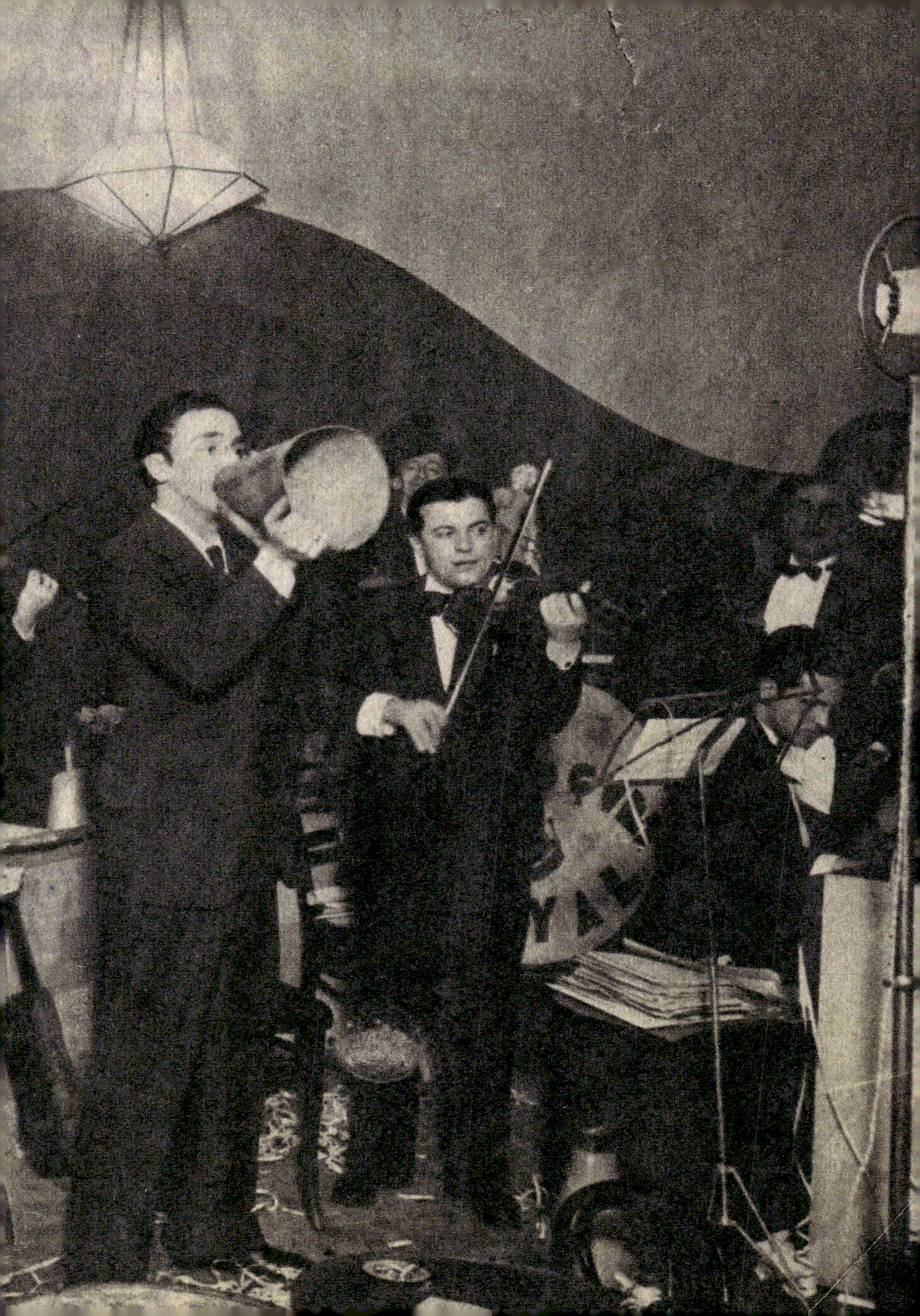

## BUSSANO ALLA PORTA: È UN ELEFANTE

Il signor Edward Steward, di Winter Park, negli Stati Uniti, era in casa con la moglie quando sentì bussare alla porta. Aprì l'uscio e per poco non svenne: davanti a lui c'era un elefante, fuggito poco prima da un circo. La bestia senza complimenti si accomodò in casa mettendo a soqquadro l'appartamento mentre il signor Steward dava l'allarme. Poco dopo il pachiderma veniva catturato dai guardiani.

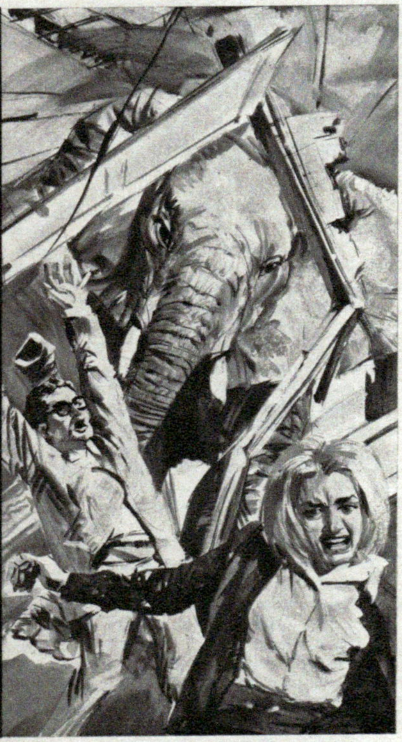

## PESCI USTIONATI E MUSICA SINFONICA DAL MARE

Mistero lungo le coste inglesi della Cornovaglia. Pescatori del posto hanno trovato nelle loro reti dei pesci gravemente ustionati ed alcuni subacquei, immersisi sul fondo del mare per chiarire la cosa, hanno chiaramente avvertito della musica sinfonica e discorsi in lingue estere. Poco distante c'è un centro "segreto" del ministero della Difesa e questo può spiegare l'origine dei suoni. Ma il mistero, intanto, continua.

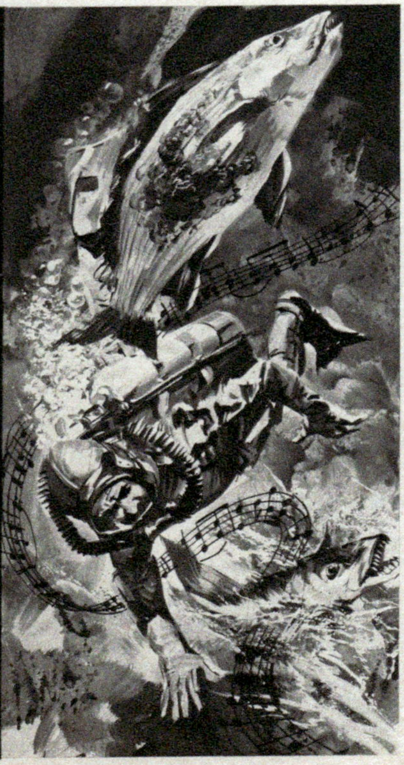

# COM'ERA COM'È

# VITTORIO BELLELI

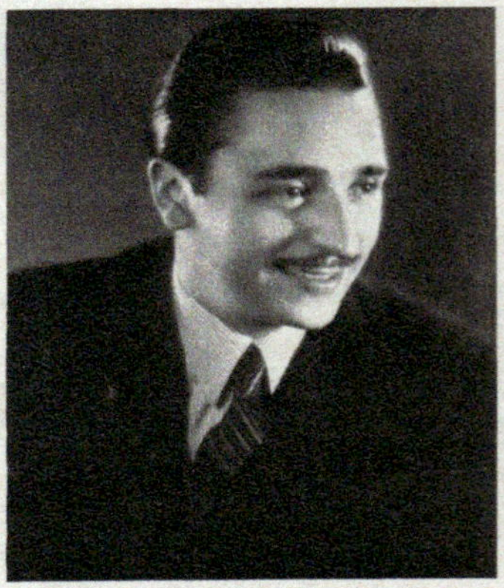

*Vittorio Belleli quando furoreggiava con l'orchestra Angelini.*

È il capostipite, il "papà" dei cantanti di musica leggera italiana. Cominciò a cantare per scherzo, perché gli piaceva, lo divertiva. Cantava, la sera, nelle sale da ballo di Milano in cambio dell'ingresso e di una bibita gratis. Di giorno lavorava nel commercio di pellicce all'ingrosso.

Nel 1931, a 20 anni (è nato a Trieste nel 1911), va a Torino, vuol farsi ascoltare dal maestro Angelini che furoreggia con la sua **Perroquet Jazz Band** alla sala Gay, frequentata dal principe Umberto, dagli Agnelli, dai Nasi, dai nomi più famosi dell'aristocrazia e dell'industria. Angelini lo ascolta: la voce calda, discreta, confidenziale del triestino gli piace. Non solo lo ingaggia, ma tenta, con Belleli, una innovazione tecnica rivoluzionaria. Vittorio si limiterà a cantare e basta, sarà il cantante ufficiale dell'orchestra (prima di lui, per tradizione, la funzione di cantante era svolta dal batterista-sassofonista). Nasce, così, il cantante di musica leggera. « Cantavo », ricorda Vittorio, « con il megafono. Un aggeggio ingombrante che ora fa sorridere, ma i microfoni non esistevano ancora ».

Sarà Belleli a inaugurare e collaudare il primo microfono della storia, nel '33, all' "Odeon" di Milano. Belleli canta anche dai microfoni dell'EIAR, ma la sua carriera radiofonica viene bruscamente troncata dalle leggi razziali nel 1938. Il cantante è israelita, viene espulso dalla radio, fugge in Svizzera. Continuerà a far ascoltare la sua voce da Radio Monteceneri.

Finita la guerra, Belleli torna in Italia. Riprende a cantare con l'orchestra di Fred Buscaglione e, poi, con quella di Franco e i G 5.

Abbandona l'attività nel 1960 e si impiega presso le Messaggerie Musicali, dove lavora tuttora. Vive a Milano con la moglie, Bice Toso (ex-campionessa di sci); ha un figlio, Emanuele, di 33 anni e, tra poco, diverrà nonno.

« Non ho rimpianti », dice Belleli, « ho smesso forse troppo presto, ma ho finito in bellezza, quando ancora avevo un pubblico di "fans" fedeli. Della mia carriera, durata 29 anni, conservo bellissimi ricordi ».

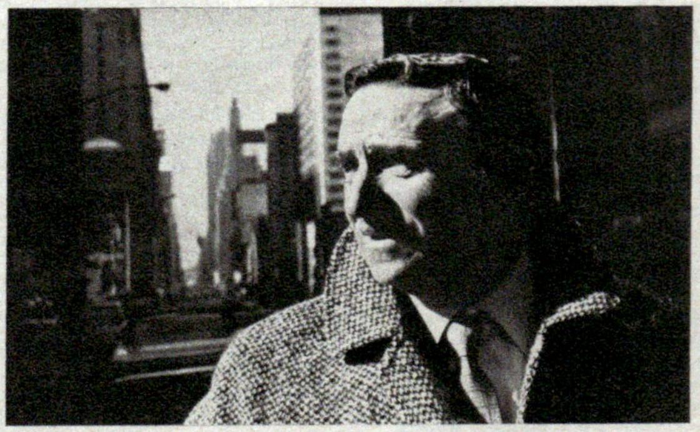

*Vittorio Belleli fotografato recentemente a Milano.*

Famiglia Cristiana 11-1-1980

## *Angelini al "Musichiere"*

# C'era una chiesetta, amor

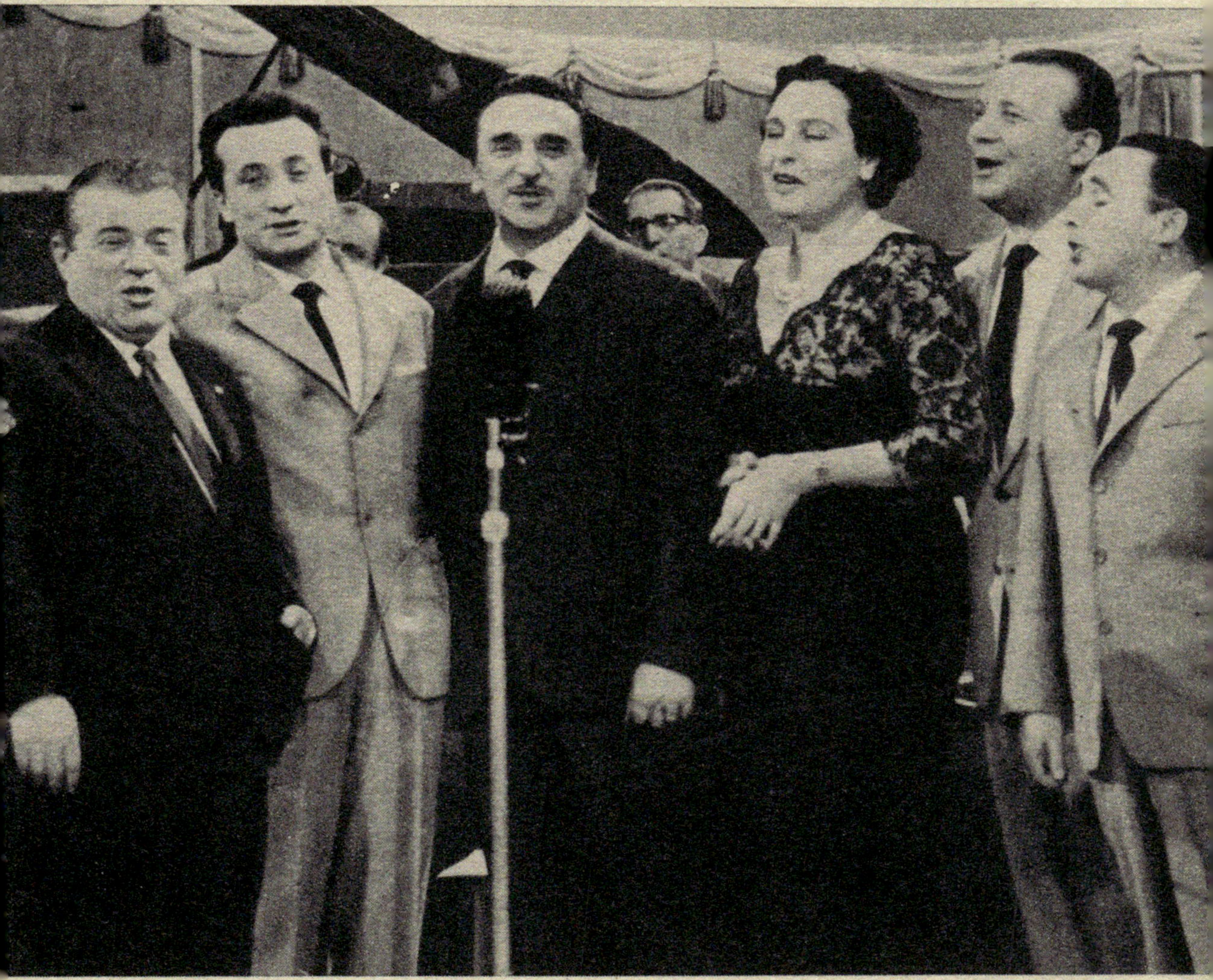

a sigla famosa dell'orchestra Angelini che ci accompagnò dall'a
cenza alla giovinezza alla maturità, ha dato tono, sabato 29 nover
lla trasmissione del « Musichiere ». Richiamati, stavamo per dire
ati dalle magiche note, si sono radunati intorno al loro maes
antanti di tant'anni fa. Eccoli, nella foto, da sinistra a destra: il
tro Angelini, Ernesto Bonino (l'unico ancora in brillante attivit
ervizio), Vittorio Belleli, Memè Bianchi, Alfredo Clerici, Oscar Ca

# DEHORS LAGRANGE

## successo continuato del "Royal Perroquet Jazz"

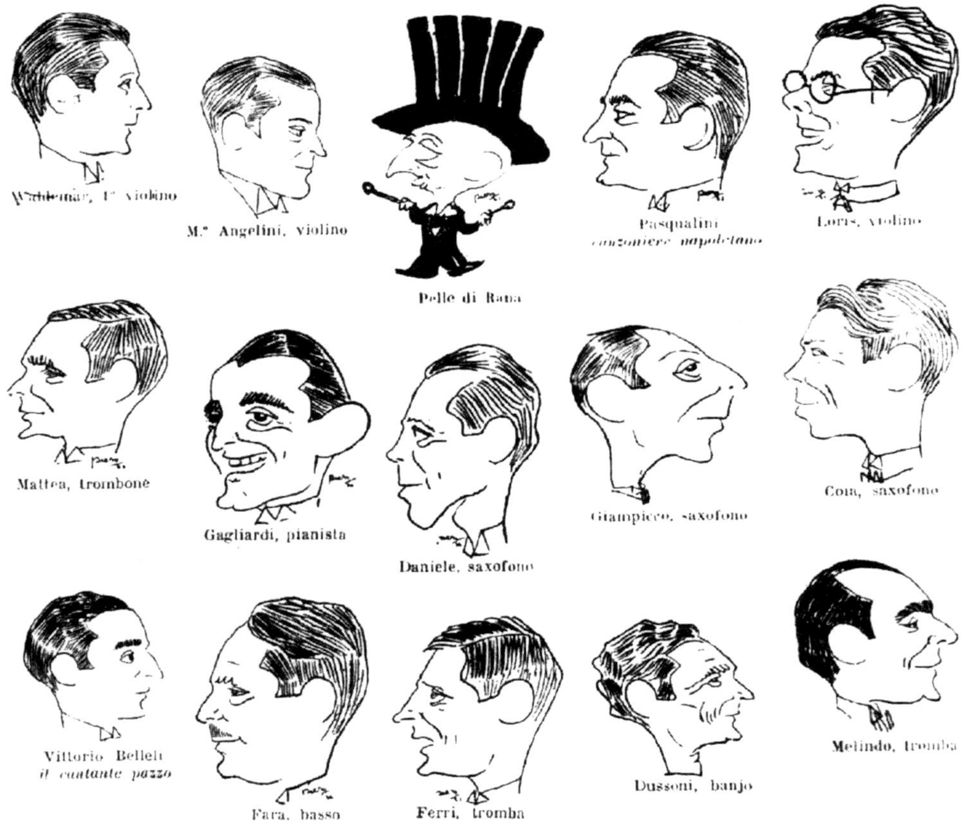

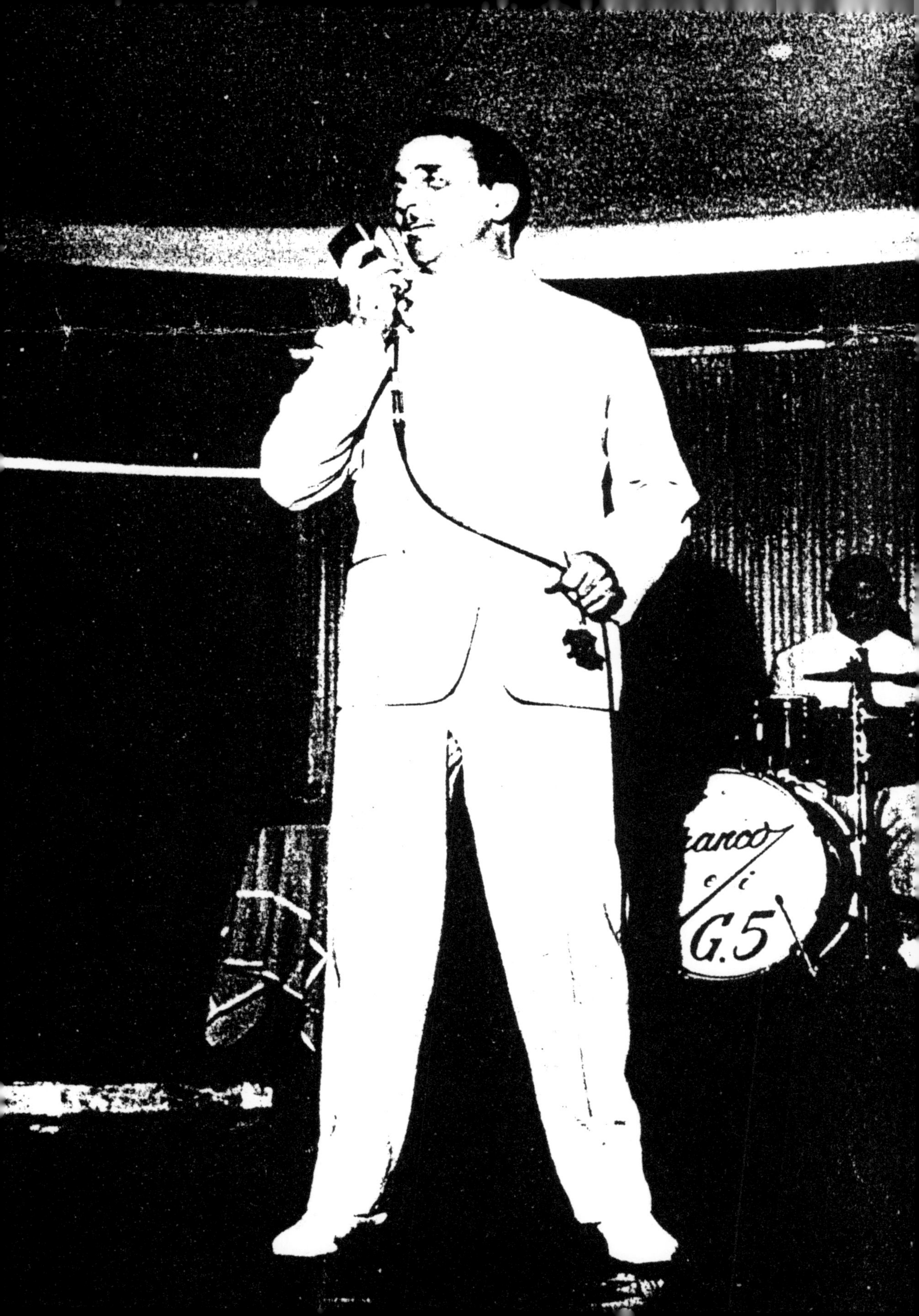
e i
G.5

# ILJA GRINSTEIN, PIANIST

(1899, Odessa – 1983)

Entered Casa Verdi December 7, 1978.

(pp. 48, 50-52)

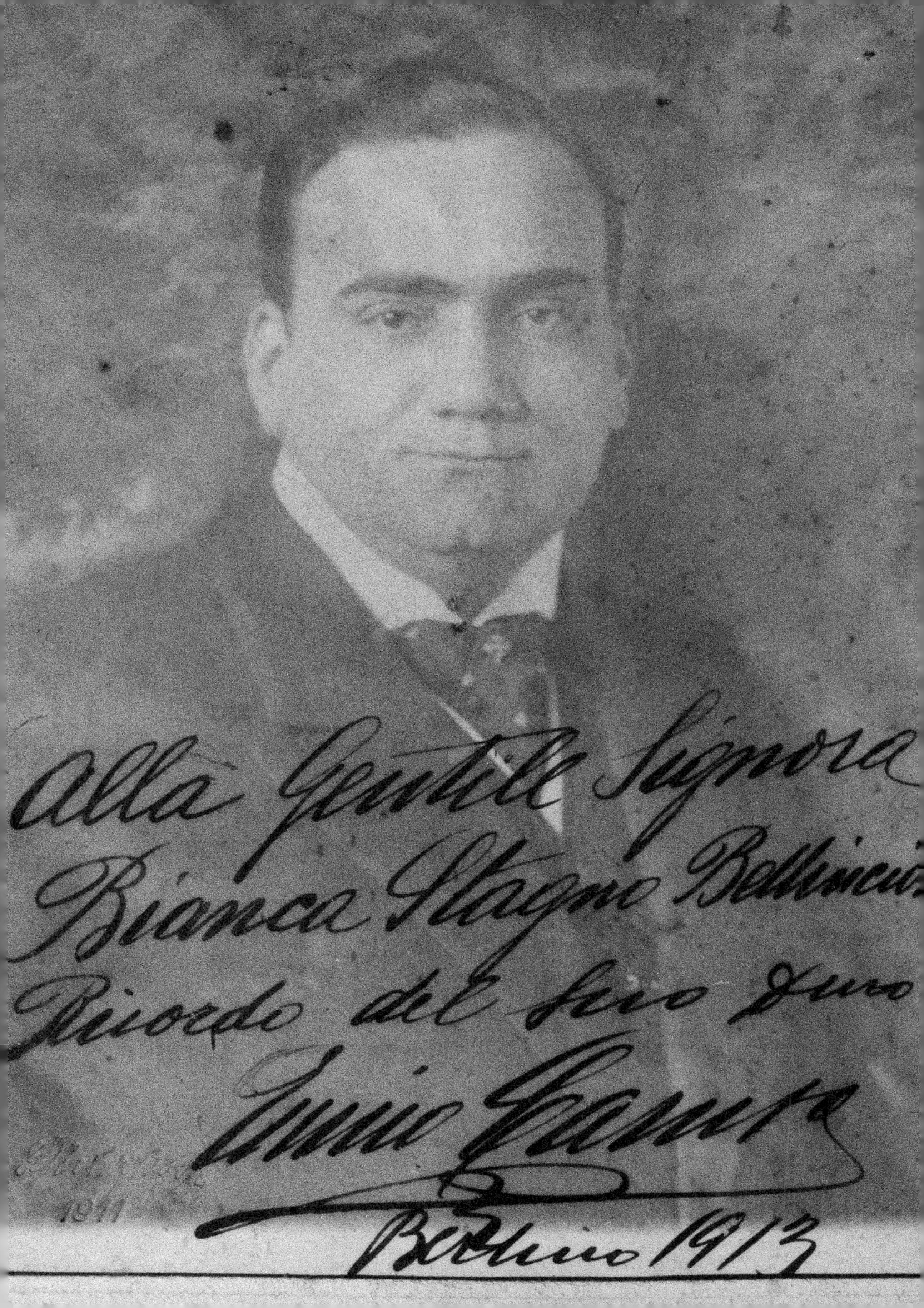
Alla Gentile Signora
Bianca Stagno Bellincioni
Enrico Caruso
Berlino 1913

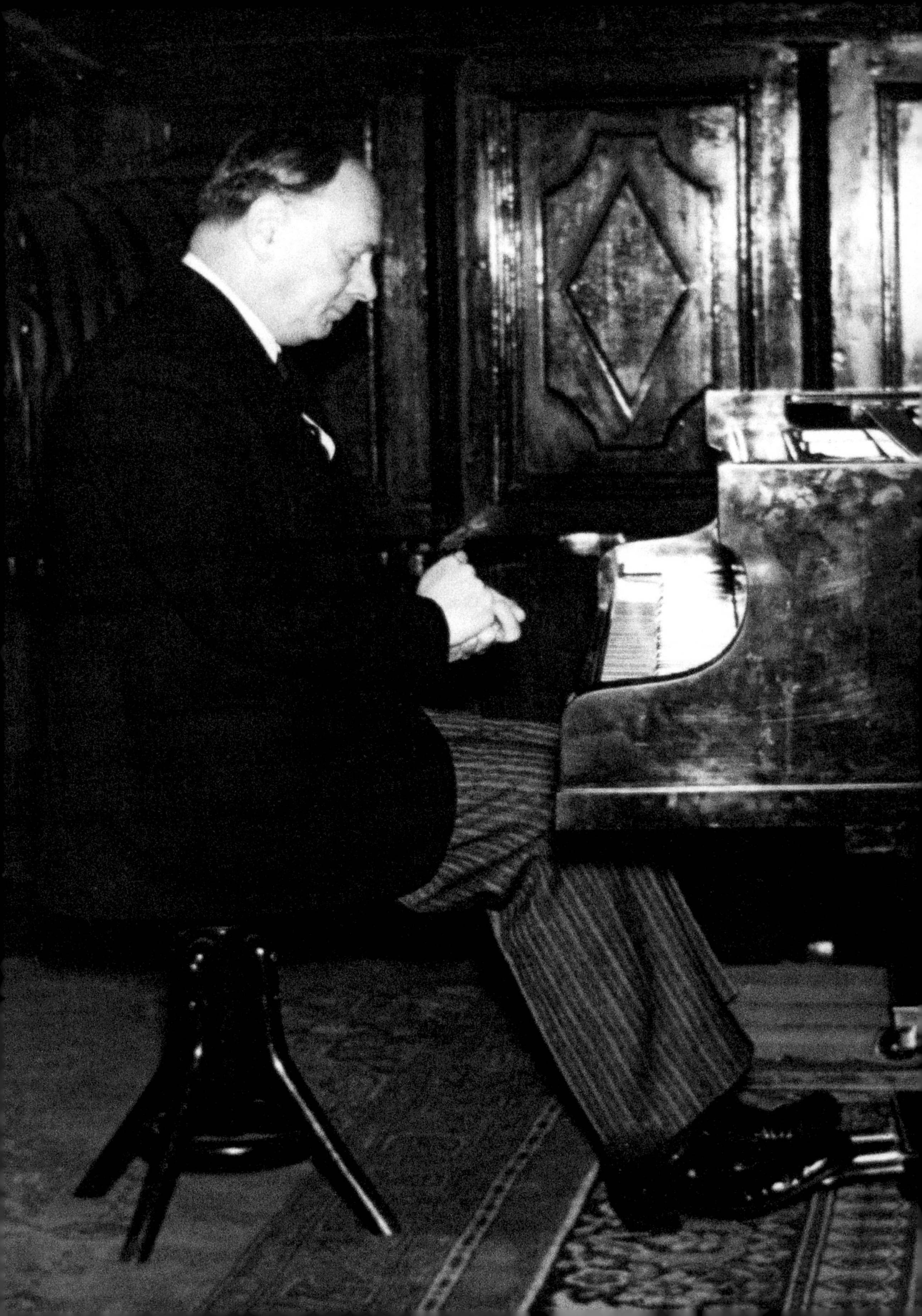

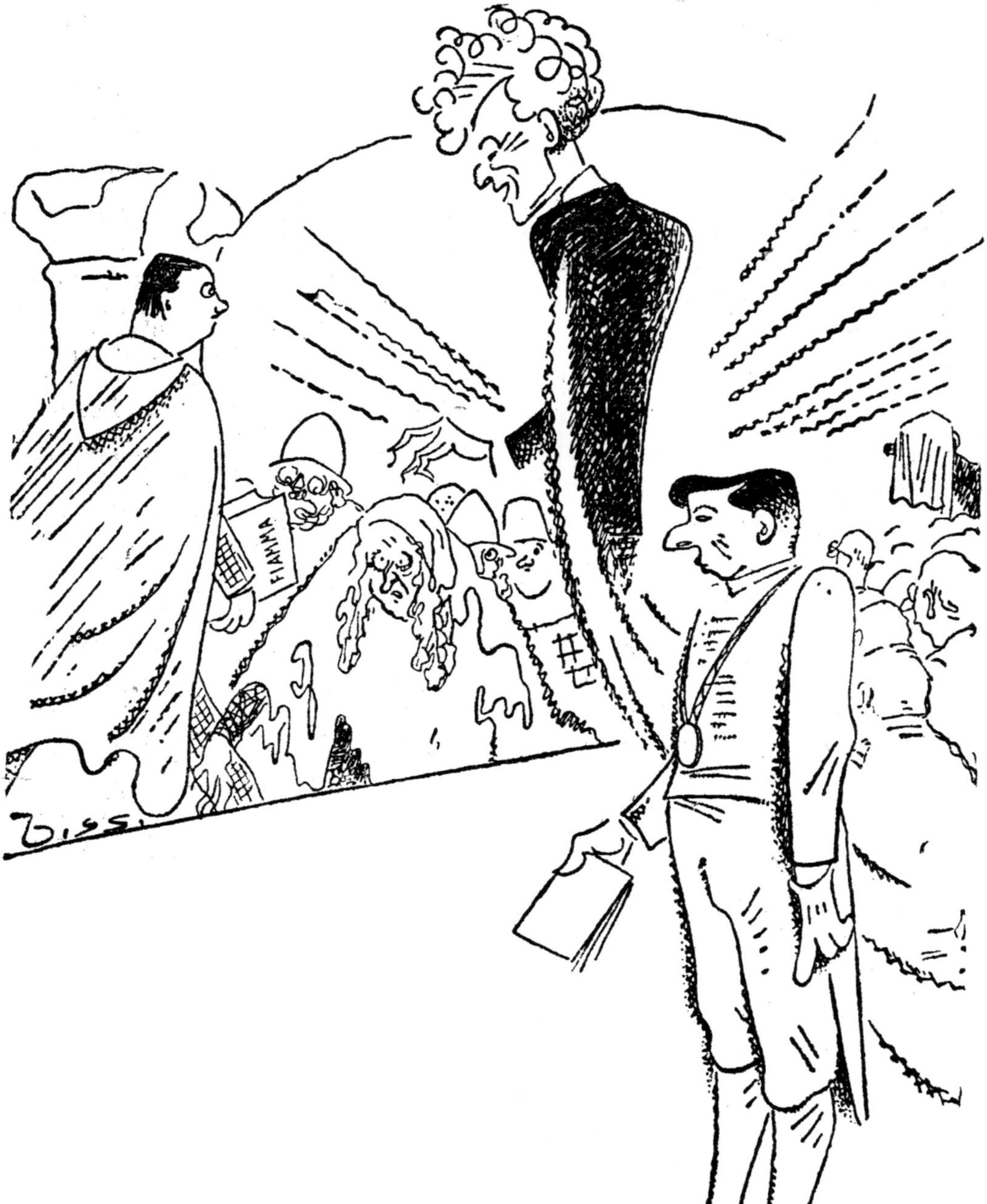
FIAMMA

# FANNY FANTECHI, SOPRANO

(1899, Florence – 1982)

Entered Casa Verdi November 1971.

Studied singing and drama in Florence and sang in various Italian cities and in New York, where she married the journalist Max Epstein. After his death she started up a teacher training college, where she taught bel canto.

(p. 52)

# Maestra Fanteschi Tavanti

presents her pupils in a Recital of Songs

at the HELICONIAN CLUB

**Friday, June 2nd, 1939, at 8.20 p.m.**

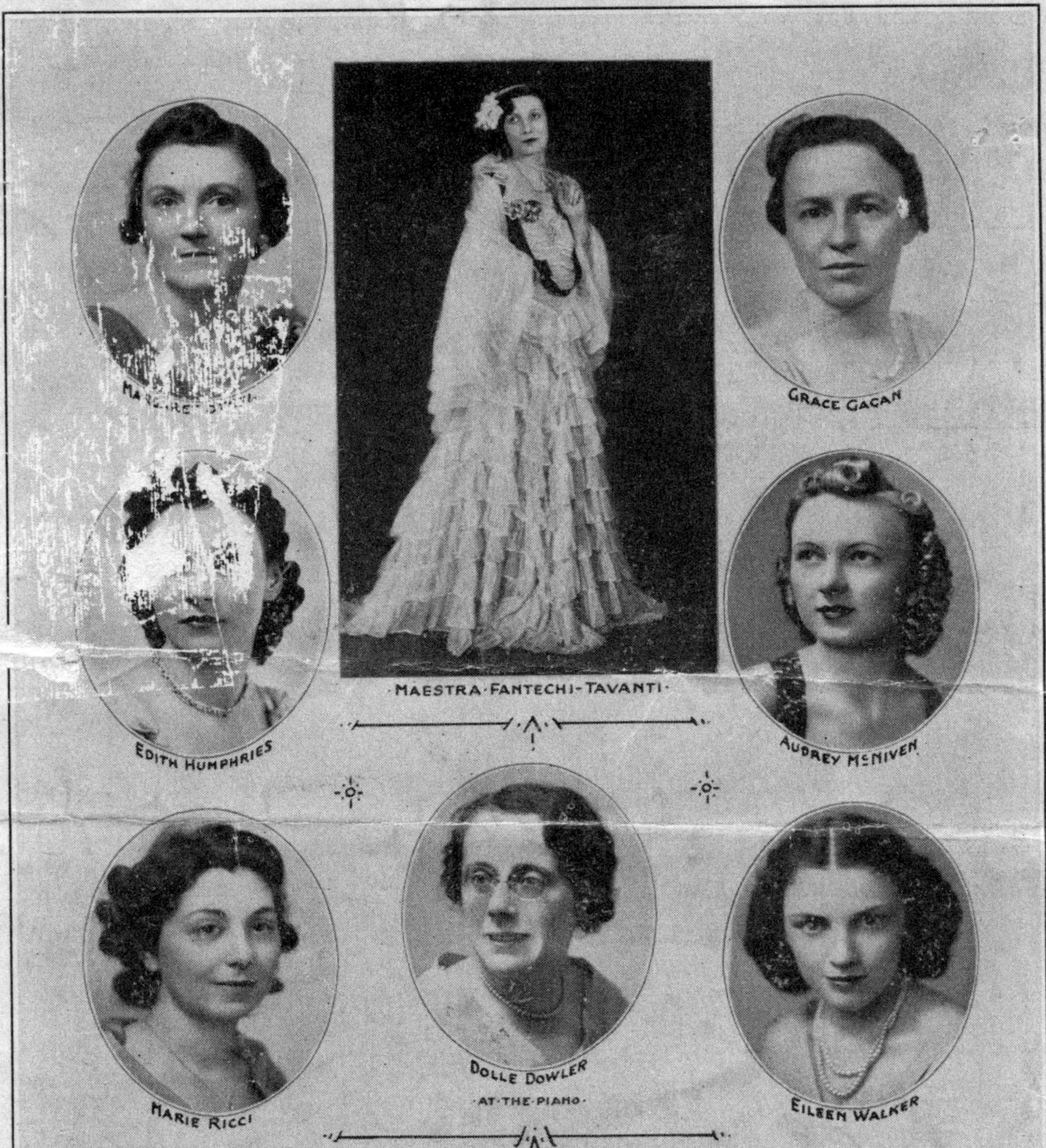


Photographs by Rembrand Studio

*Guest Artists:*

NANINE AND NORMAN LESTER

Dancers

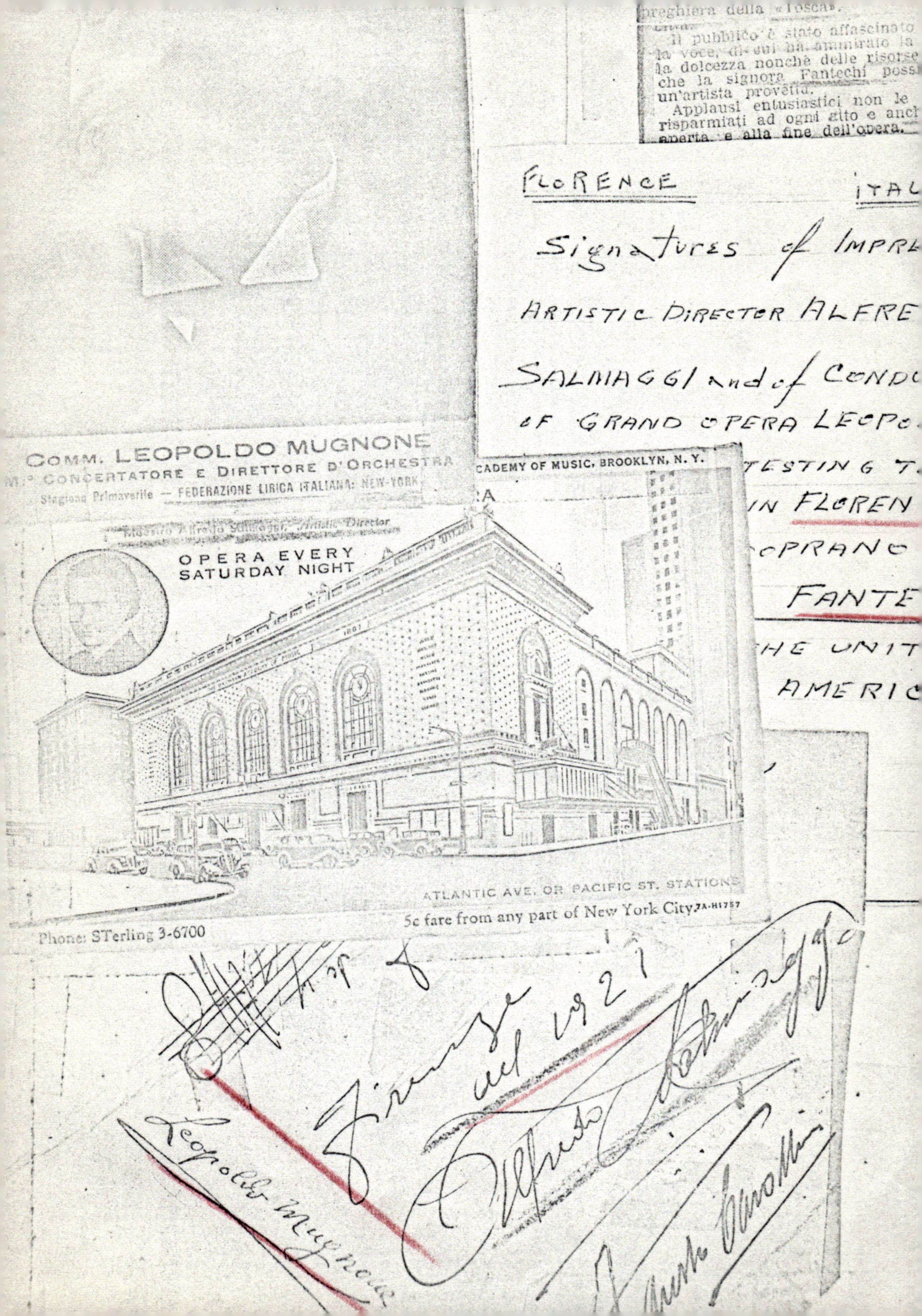
preghiera della «Tosca».
Il pubblico è stato affascinato
la voce, di cui ha ammirato la
la dolcezza nonchè delle risorse
che la signora Fantechi poss
un'artista provetta.
Applausi entusiastici non le
risparmiati ad ogni atto e anch
aperta, e alla fine dell'opera.
FLORENCE
ITAL
Signatures of IMPRE
ARTISTIC DIRECTER ALFRE
SALMAGGI and of CONDU
OF GRAND OPERA LEOPO
TESTING T
IN FLOREN
OPRANO
FANTE
HE UNIT
AMERIC
COMM. LEOPOLDO MUGNONE
Mº CONCERTATORE E DIRETTORE D'ORCHESTRA
Stagione Primaverile — FEDERAZIONE LIRICA ITALIANA: NEW-YORK
CADEMY OF MUSIC, BROOKLYN, N. Y.
Maestro Alfredo Salmaggi, Artistic Director
OPERA EVERY
SATURDAY NIGHT
ATLANTIC AVE. OR PACIFIC ST. STATIONS
5c fare from any part of New York City
Phone: STerling 3-6700
Firenze
del 1927
Leopoldo Mugnone
Alfredo Salmaggi

THE DAILY NEWSPAPER

THE "LA NAZIONE"

OPERA THEATRE, ITALY."

E OTHER NIGHT FACING A PACKED HOUSE,
FANTECHI GAVE THE MOST BRILLIANT
RDED IN THE HISTORY OF ART IN OUR CI

E WELL KNOWN QUALITIES OF THIS YOUNG
A WERE ALREADY WELL KNOWN. NEVERTHEL
S WENT BEYOND ANY EXPECTATION.

E AUDIENCE WITH GREAT ENTHUSIASM CAI
F THE STAGE MANY, MANY TIMES BY OVER
VATIONS COMPELLED HER TO REPEAT THE
OF THE THIRD ACT OF THIS FAMOUS OPE
BY G. PUCCINI.

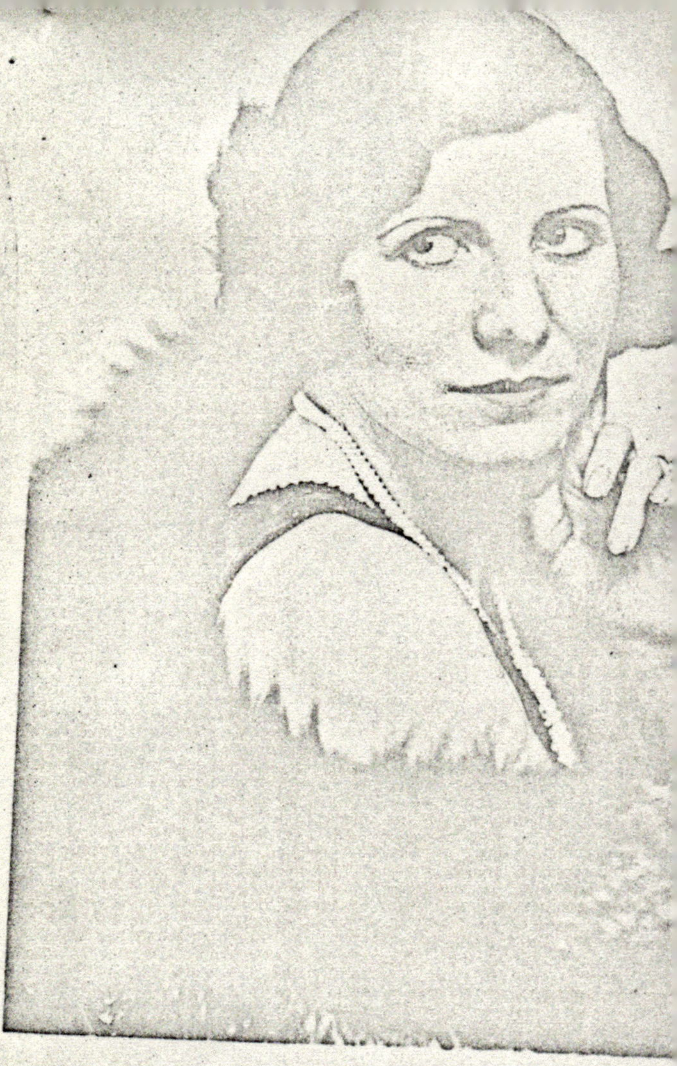

# FANTECHI

Grande era l'aspettativa, ma più grande l'ar
e la trepidazione nei giovani esecutori;
vane specie la nob. Signorina Allegretti
che ancora è una bambina — giovane la
prano signorina Fantechi.
Riteniamo inutile fare una analisi crit
di ogni singolo pezzo eseguito, ciò non rient
rebbe nemmeno nel breve spazio consentito
una corrispondenza.
Non possiamo però passare sotto silenzio
giudizio del pubblico il quale espresse il
immenso compiacimento con continui, nutri
simi e deliranti applausi.
Il sig. Pitti Fortunato (violino) e il pr
Lippi Giorgio (violoncello) uno più dell'al
apparvero fini e sicuri esecutori, padroni
proprio strumento. E possono dirsi ben sod
sfatti perchè il loro fu un vero e gran
trionfo.
Più grande e più bel trionfo ebbero la
bile signorina Anna Maria Allegretti prof
soressa di piano, e l'avvenente signorina Fa
techi Fanny soprano.

## La "Bohème,, al Pacini

PESCIA, 7 — L'altra sera di fronte a numeroso pubblico la concittadina Fanny Fantechi, ha brillantemente debuttato con l'opera la «Boheme» del maestro Puccini, opera che da varie sere viene rappresentata al nostro R. Teatro Pacini.

L'aspettativa era grande, giacchè le virtù vocali della signorina Fantechi erano conosciute dalla cittadinanza, che aveva avuto occasione di apprezzarle in varii spettacoli di beneficenza a cui ella aveva cortesemente partecipato; ma la riuscita fu superiore ad ogni previsione.

Il pubblico ha dato il suo inappellabile giudizio con numerosi applausi, chiamando varie volte alla ribalta la debuttante, ed esigendo il «bis» del quartetto del terzo atto.

In quanto agli altri artisti, il Melesi ha pienamente riconfermato il successo che ebbe lo scorso autunno nella «Butterfly» e nella

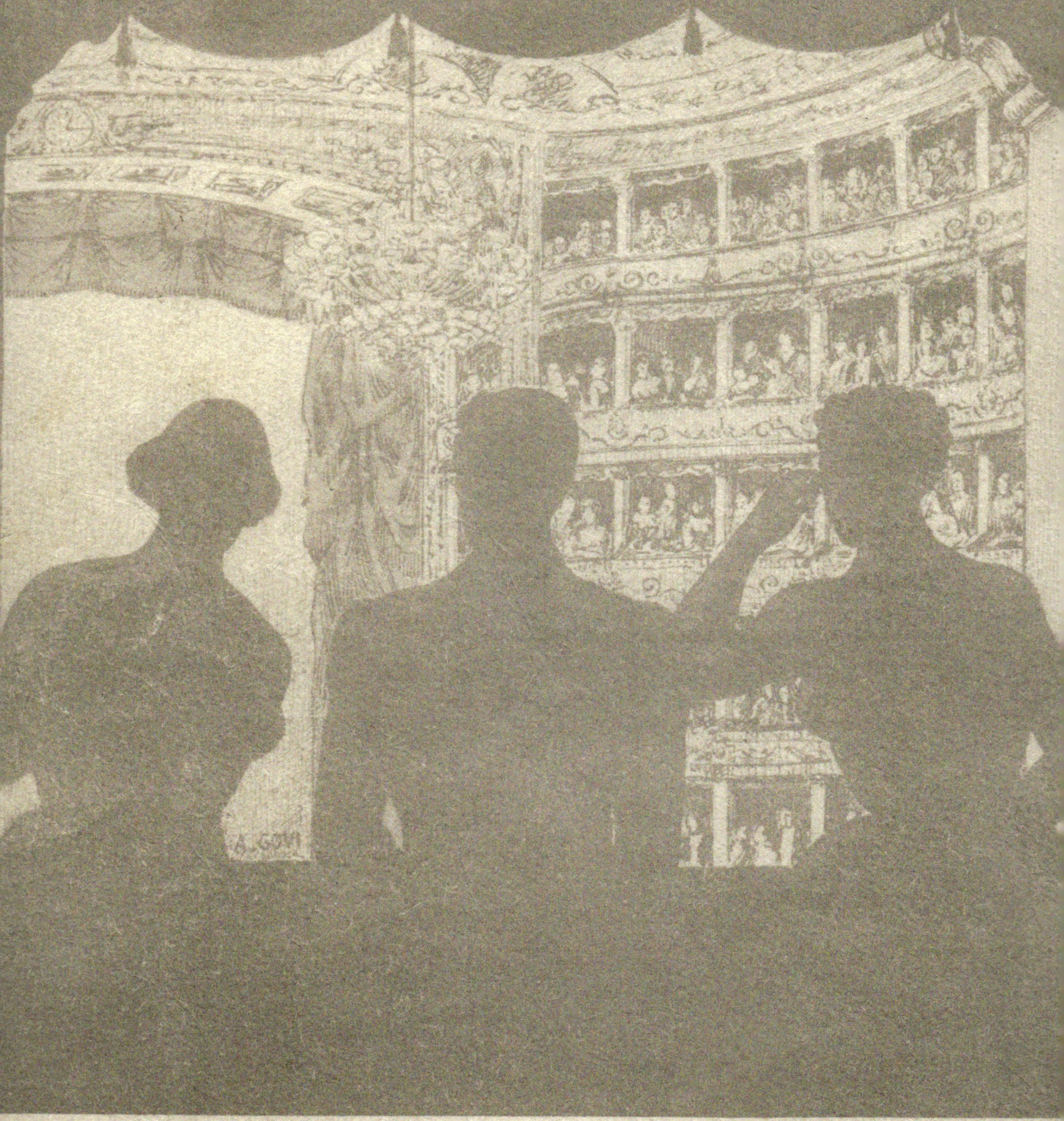

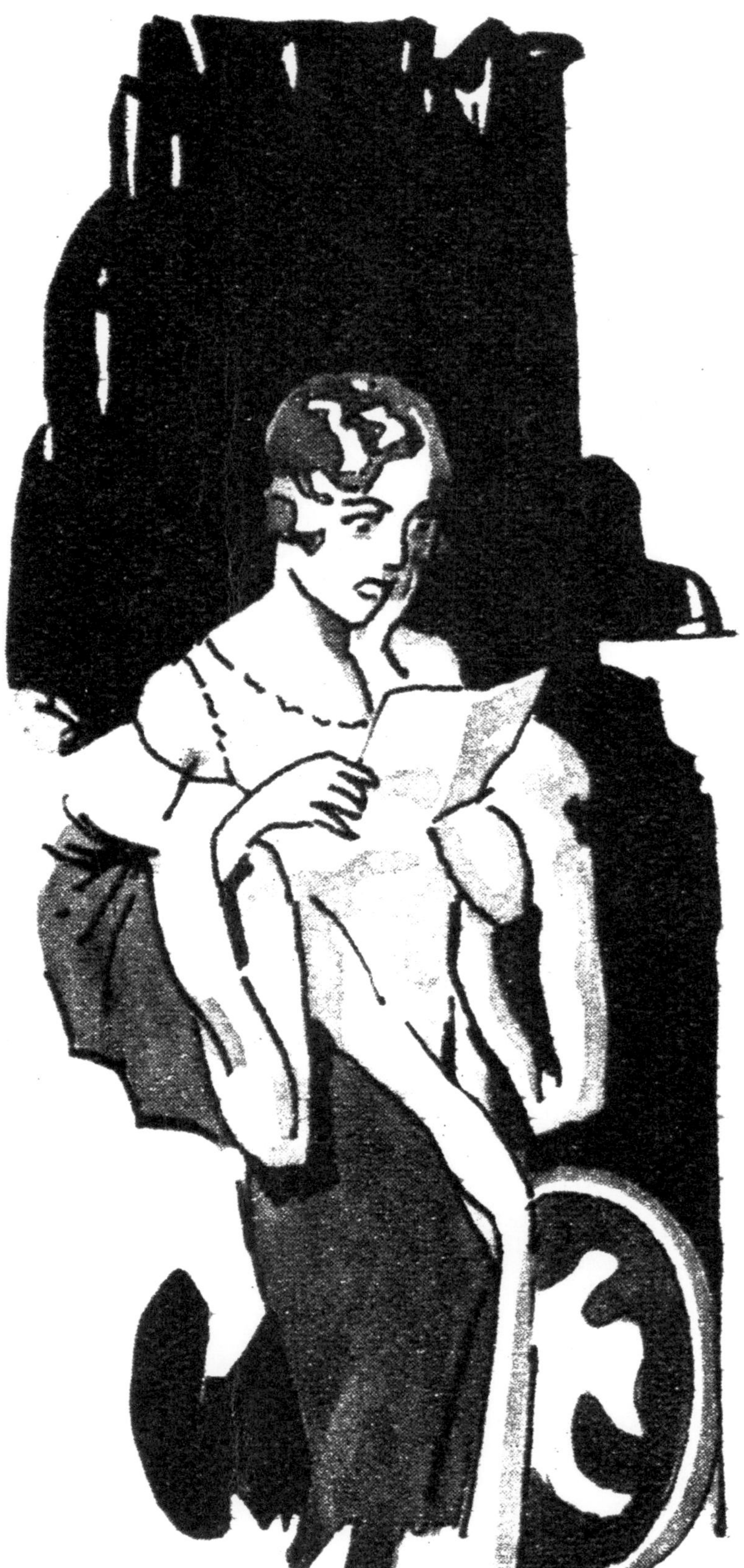

# MARIO BRUNI, VIOLINIST

(1911, Florence – 1989)

Entered Casa Verdi April 8, 1977.

Founded a chamber group with which he toured extensively in Italy and abroad till 1964, then freelanced for various record companies, RAI, La Scala, Orchestra dell'Angelicum in Milan and Ente Pomeriggi Musicali in Milan.

(p. 42)

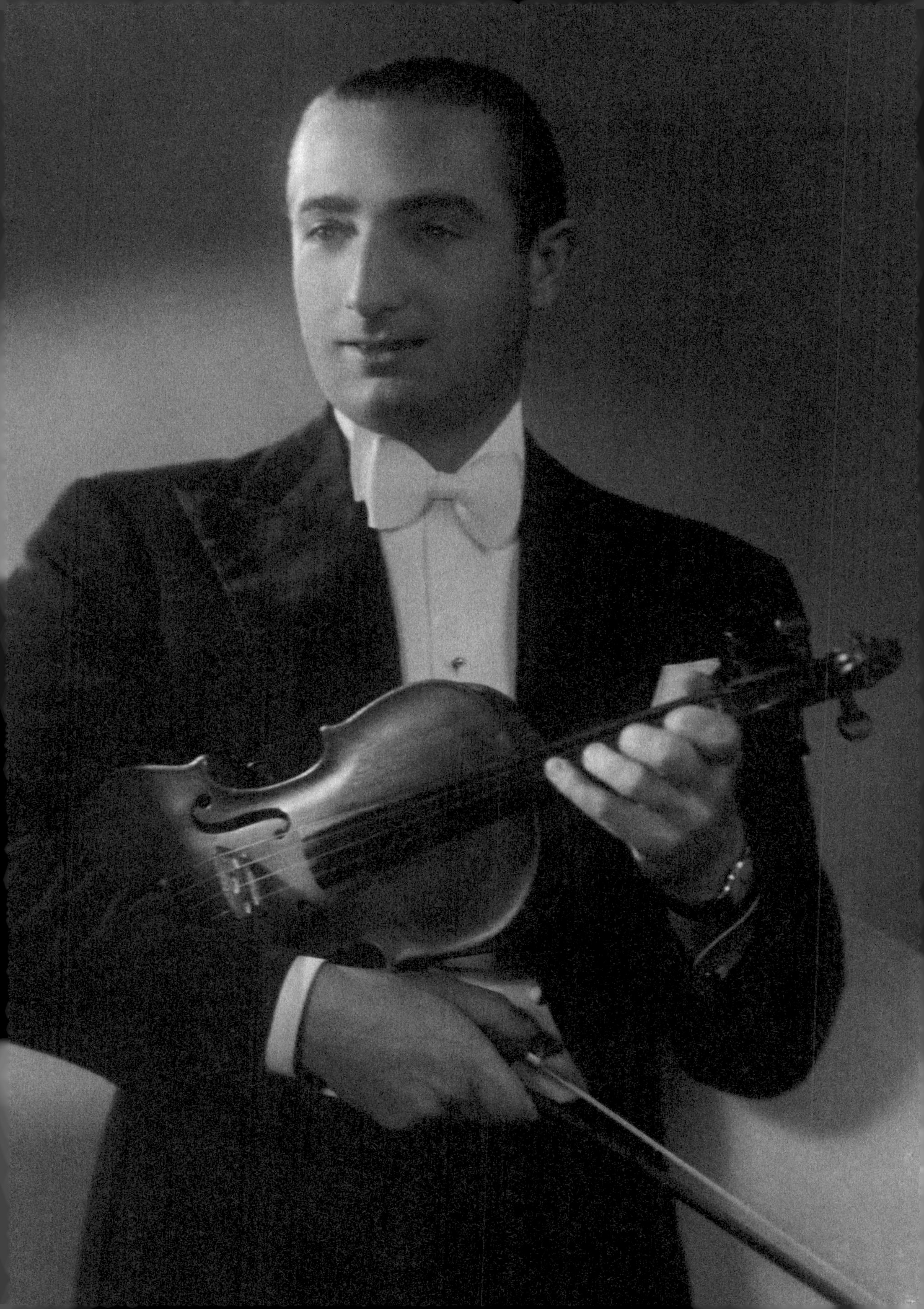

# SARA SCUDERI, SOPRANO

(1904, Catania – 1987)

Entered Casa Verdi June 5, 1972.

Had an extensive career in a number of opera houses in Italy (Milan, Trieste, Brescia, Pavia, Catania, Udine, Rome etc.) and abroad (Bremen State Theatre, Cambridge Theatre). Highlights in her repertoire included *Tosca, Werther, Trovatore* and *Andrea Chenier.* In December 1983, Swiss director Daniel Schmid cast her to star in *Il bacio di Tosca* (US title: *Tosca's Kiss*), his documentary film about Casa Verdi and its guests.

(pp. 52-60, 72, 74, 80-81)

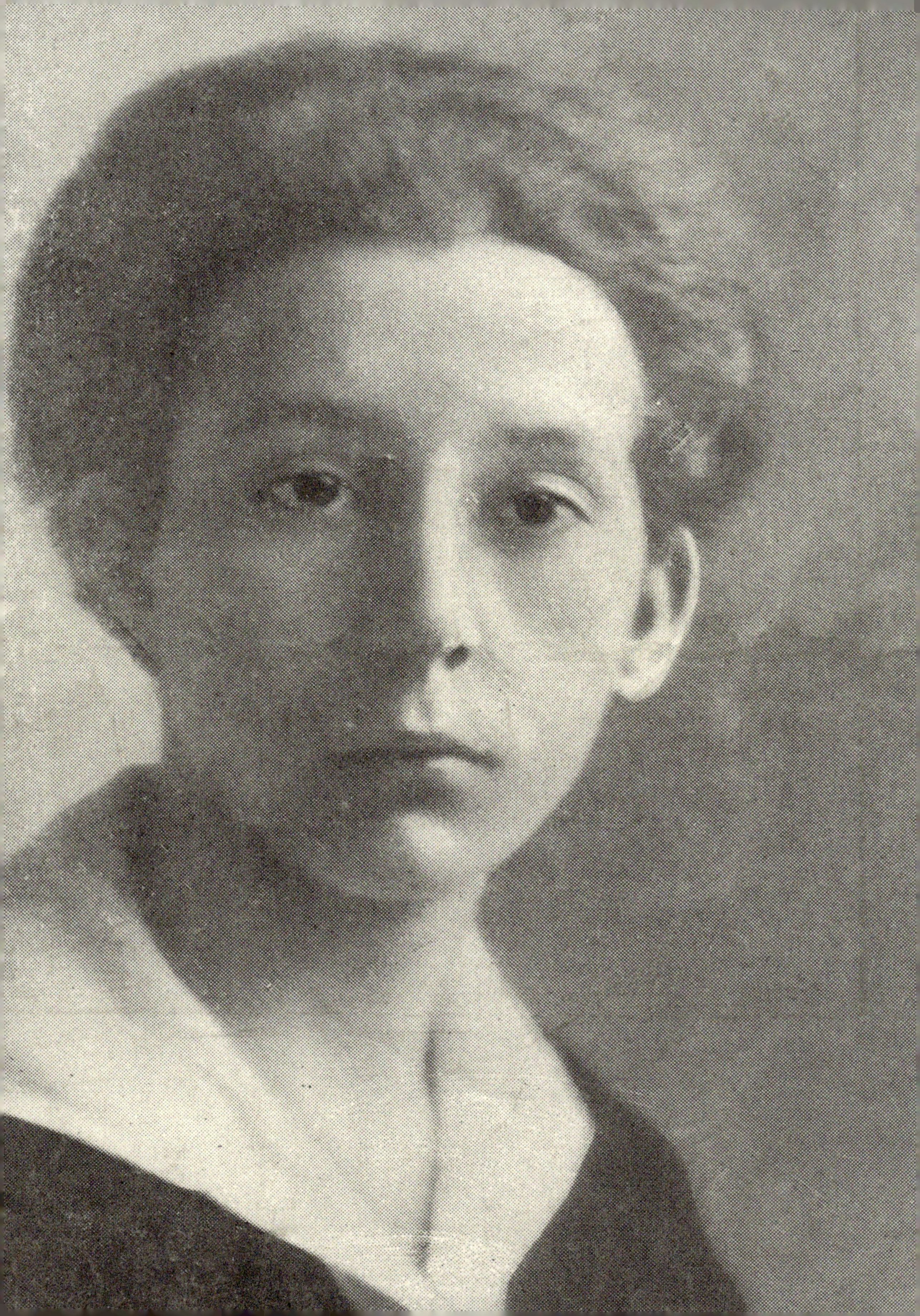

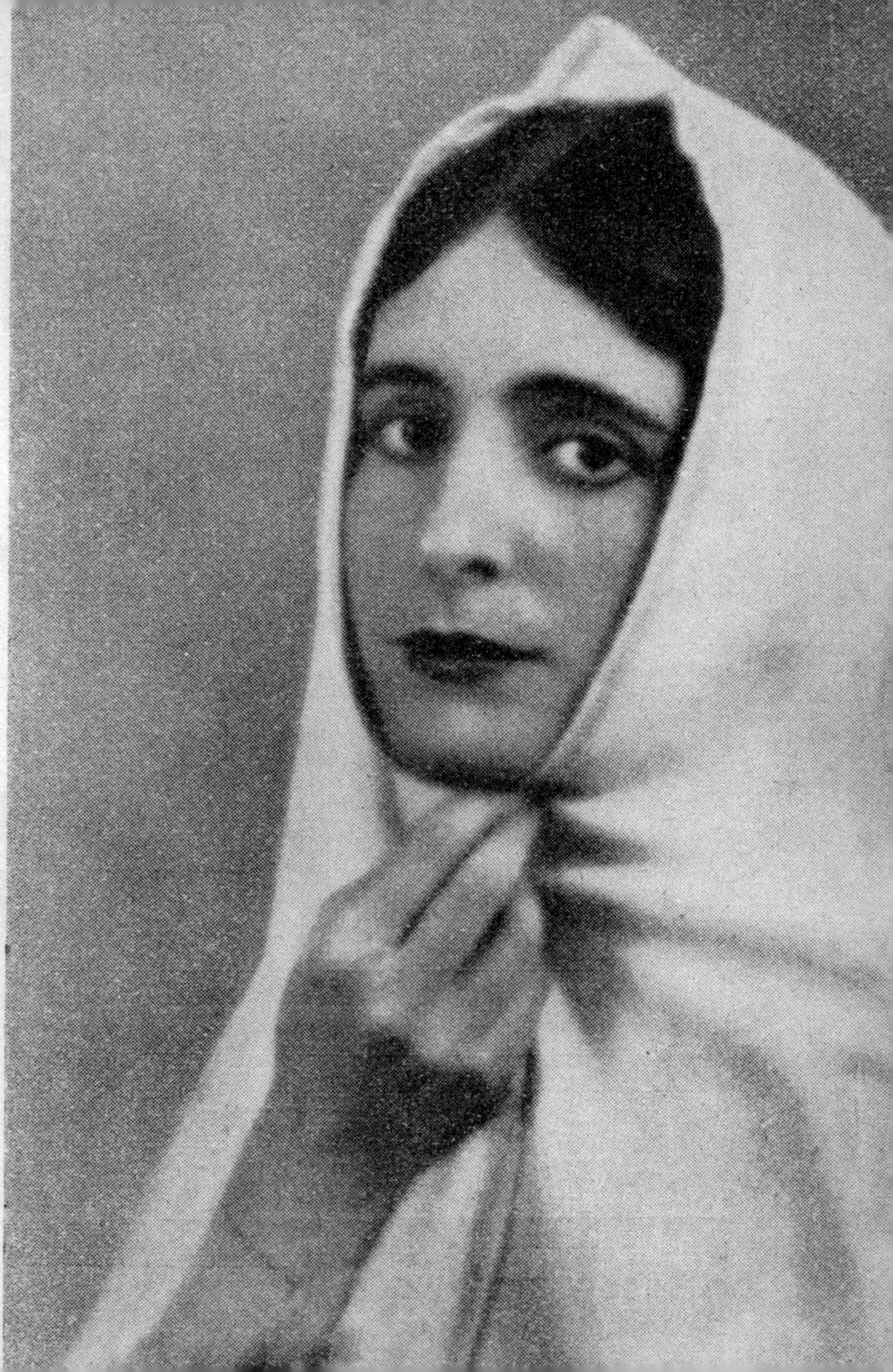

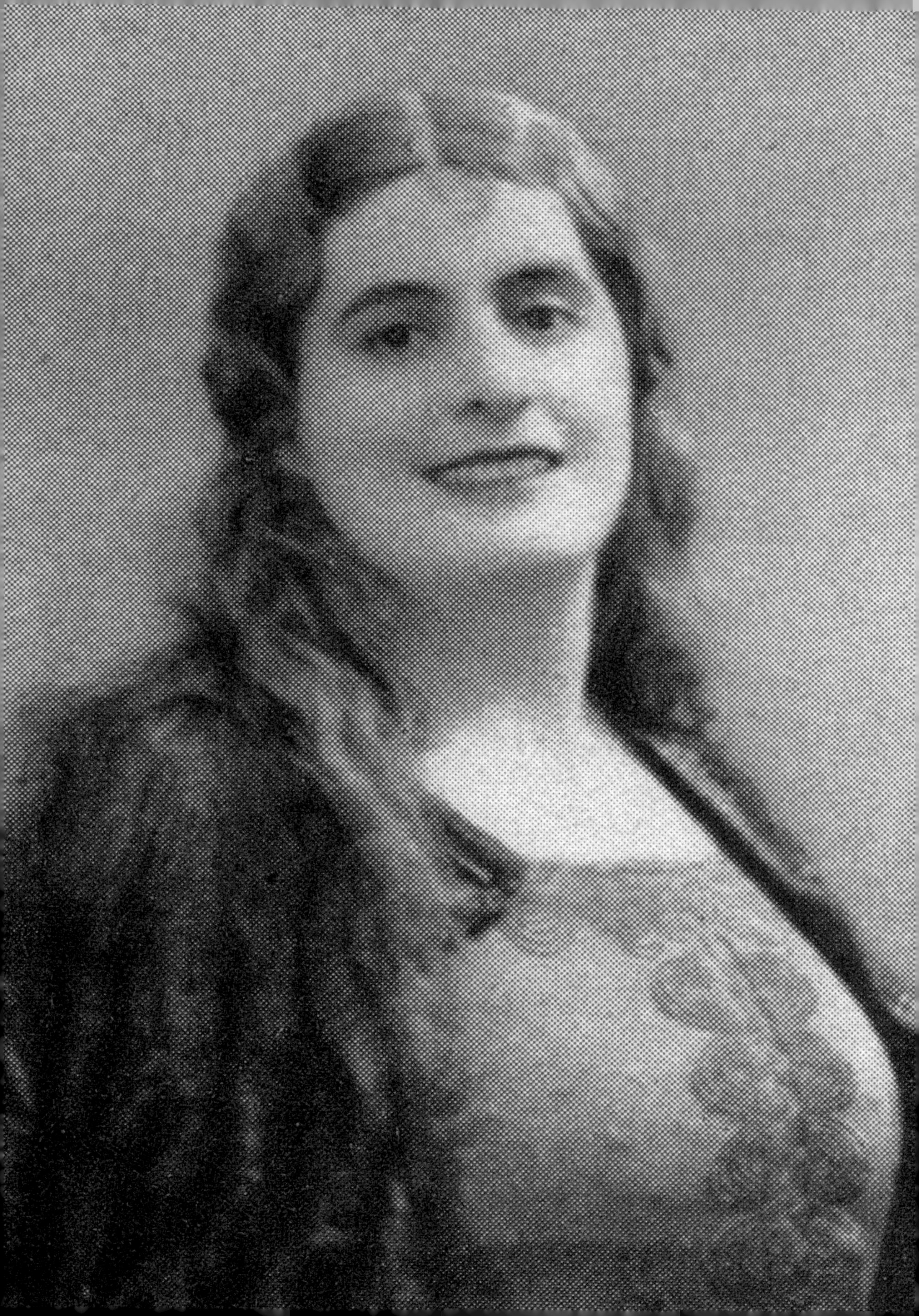

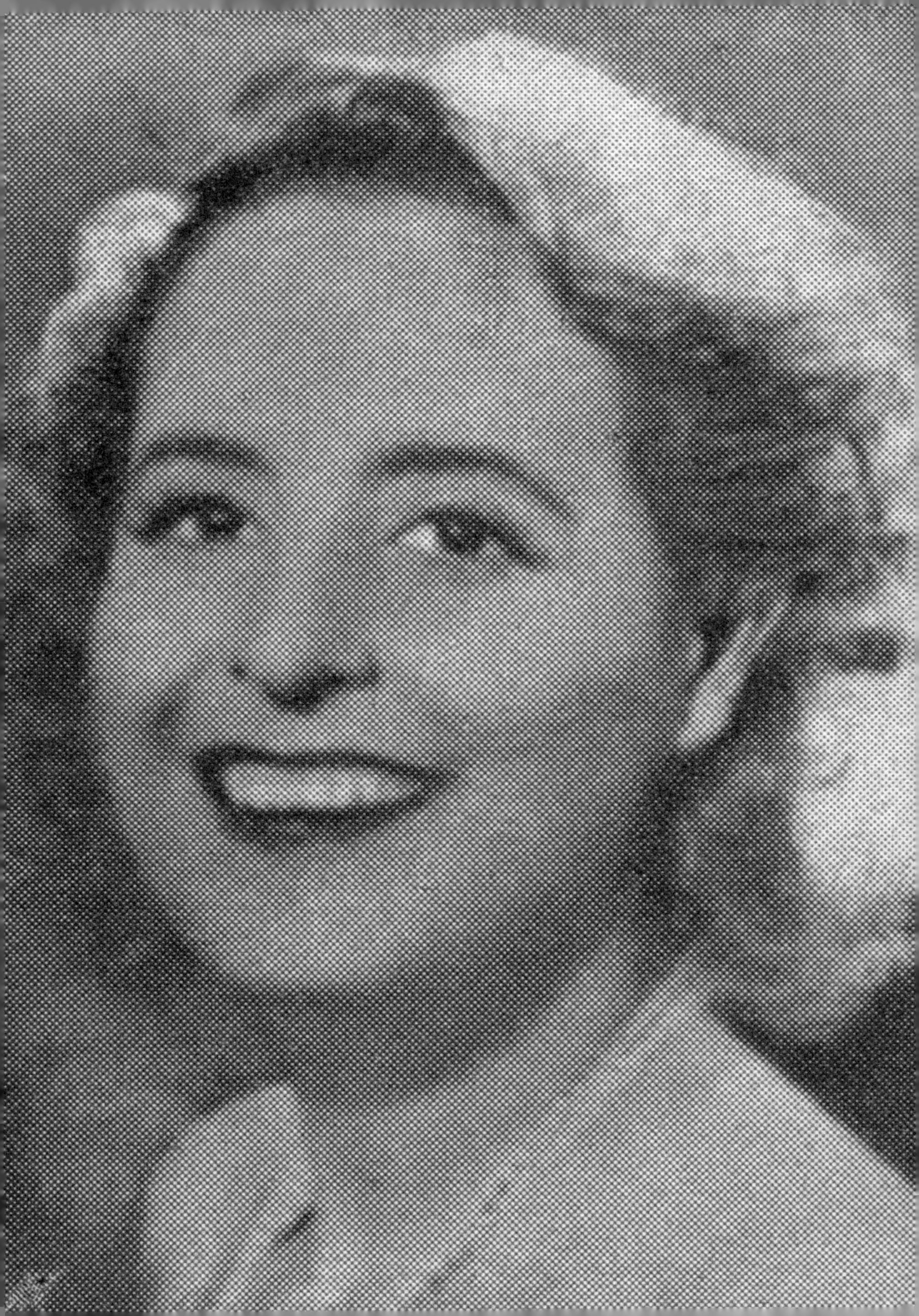

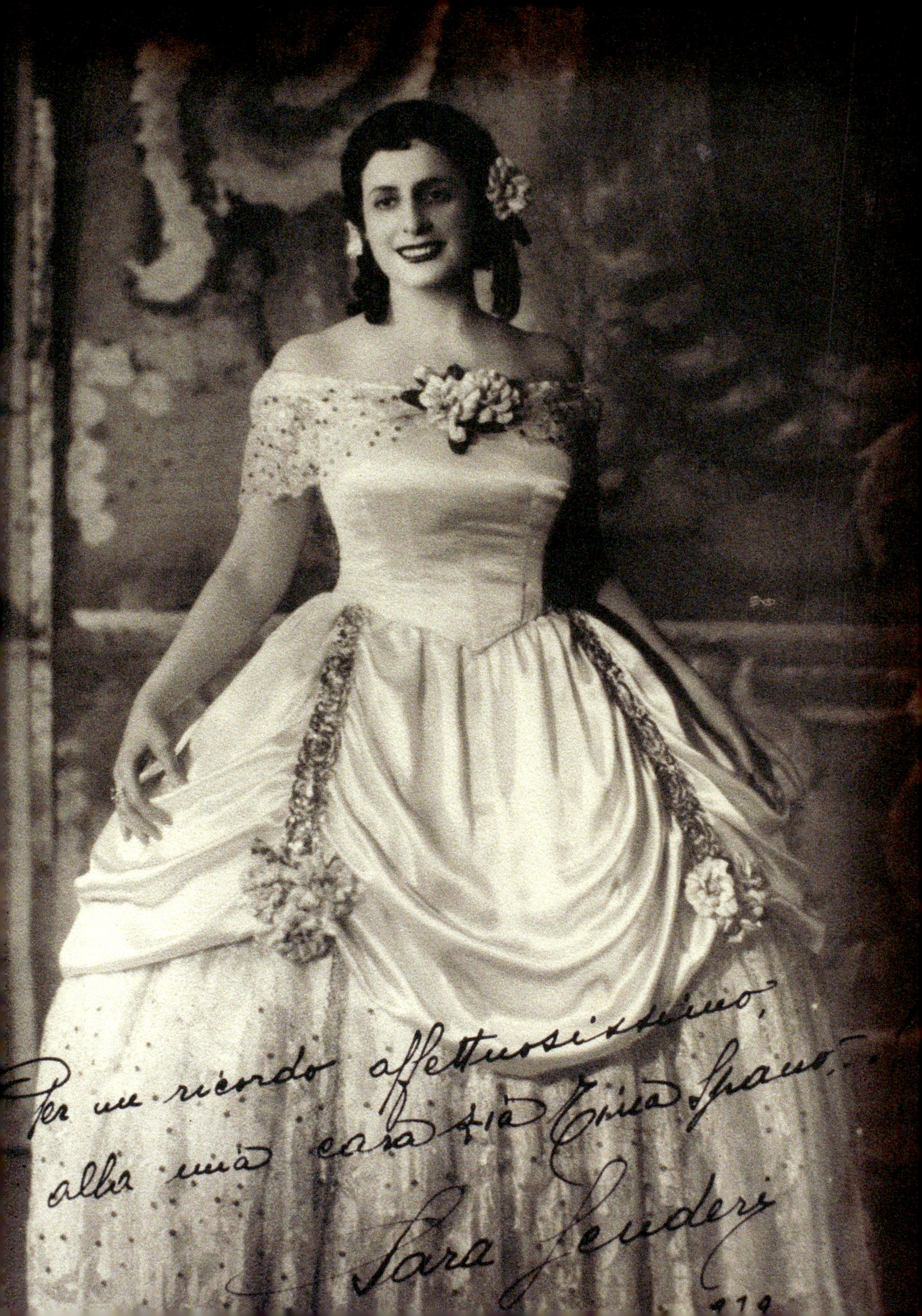
Per un ricordo affettuosissimo,
alla mia cara zia Erica Spano...
Sara Scuderi

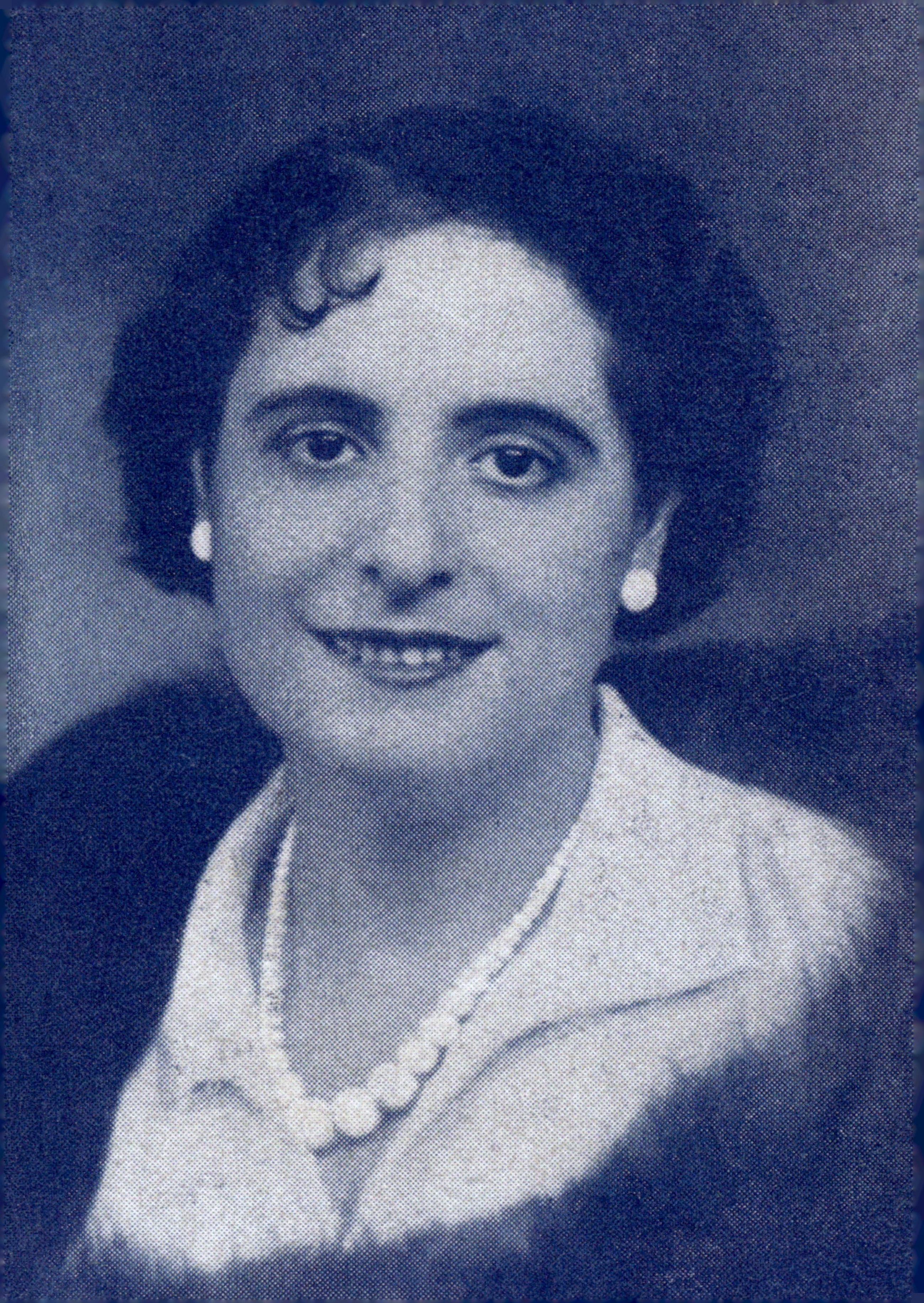

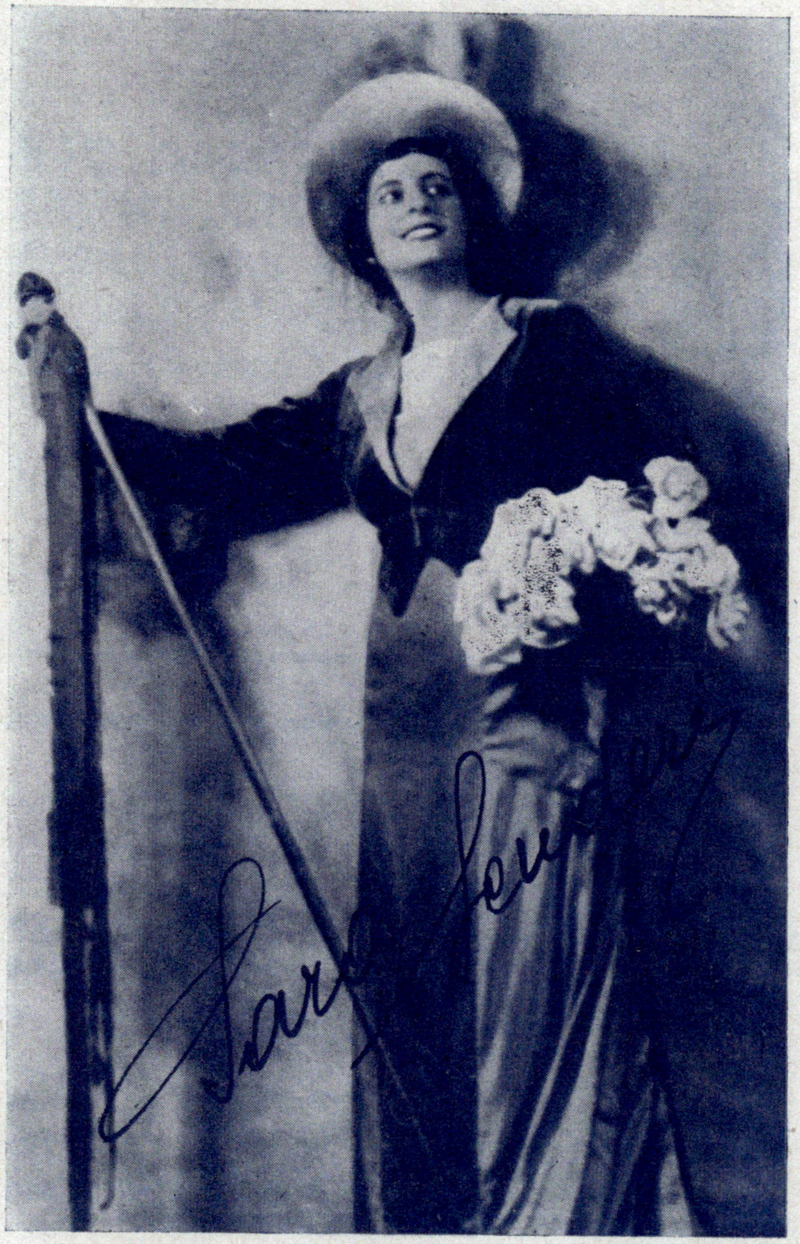

SARA SCUDERI "TOSCA"

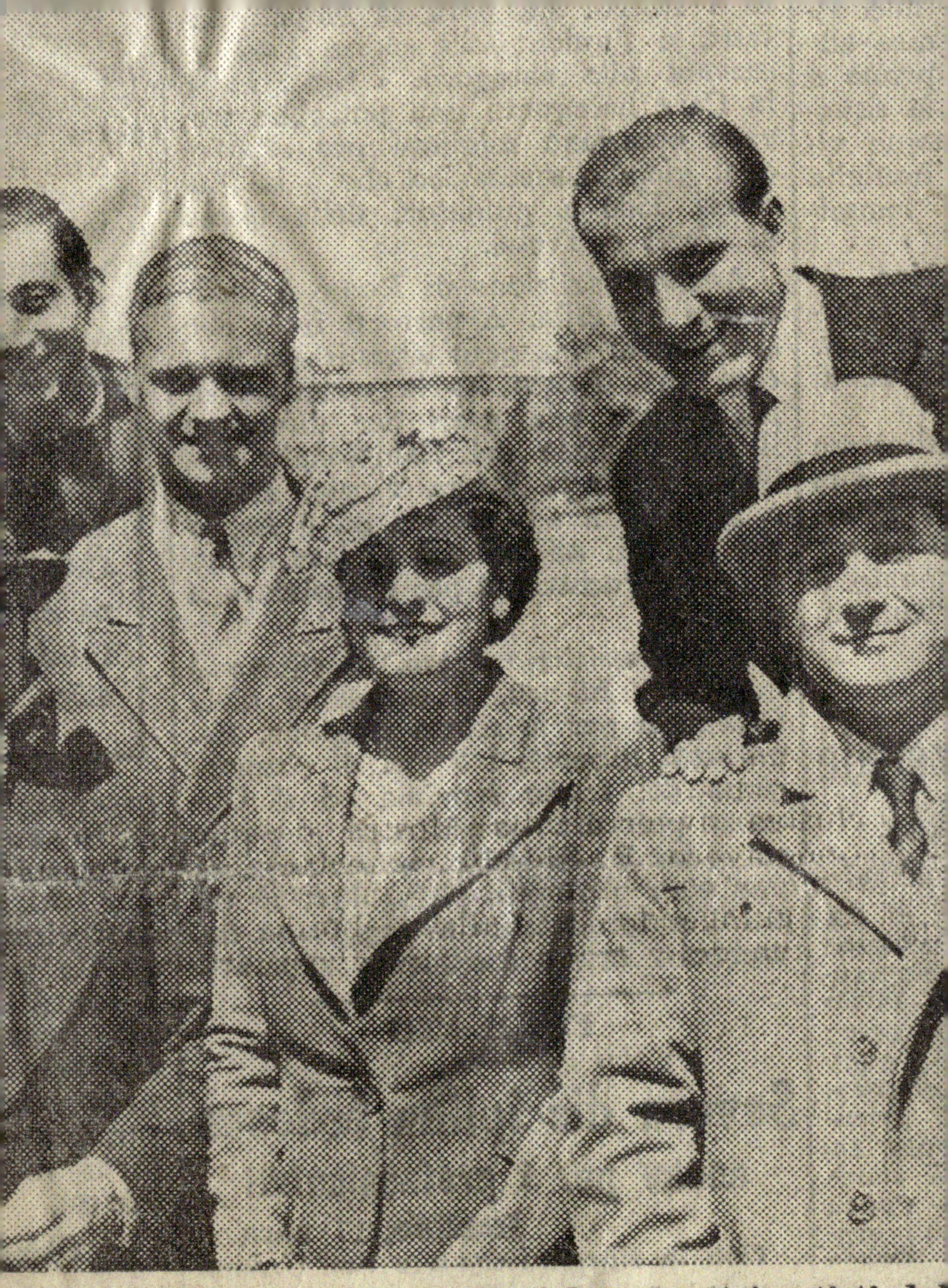

olpi, Sara Scuderi, Mario Basiola ed altri artisti del
i ha riportato splendidi successi nei più grandi teatr

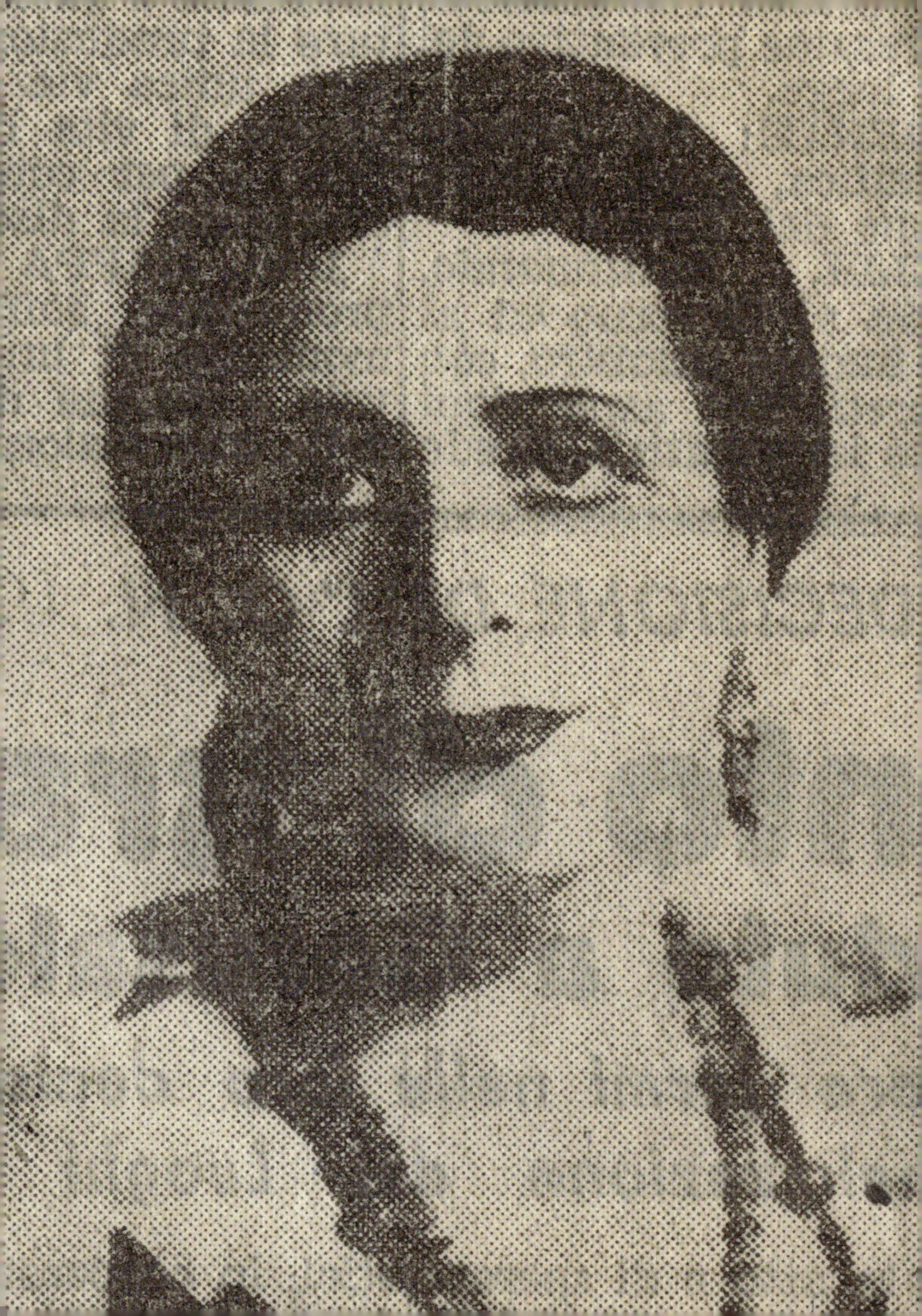

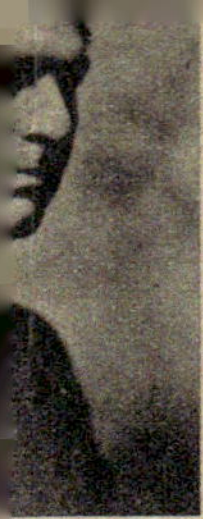

…elli, bas.

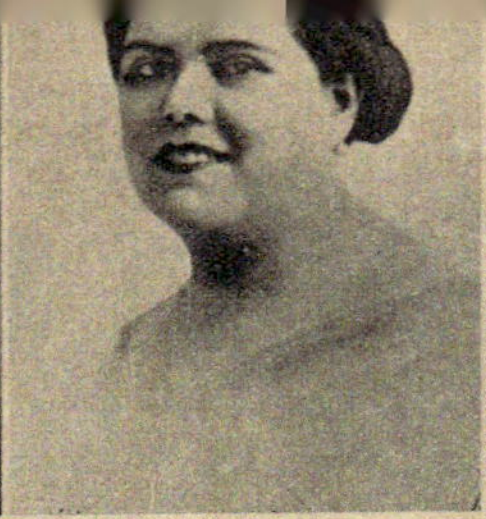

Vera Amerighi Rutili, sopraan.

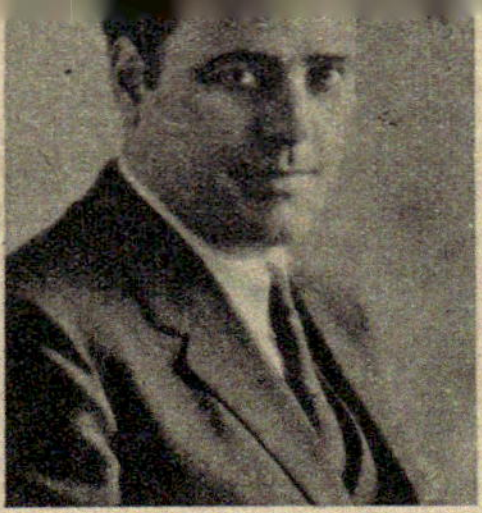

Ettore Nava, bariton.

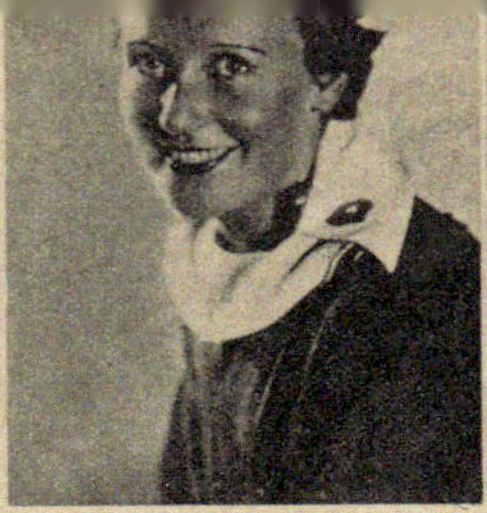

Alida Vane, sopraan.

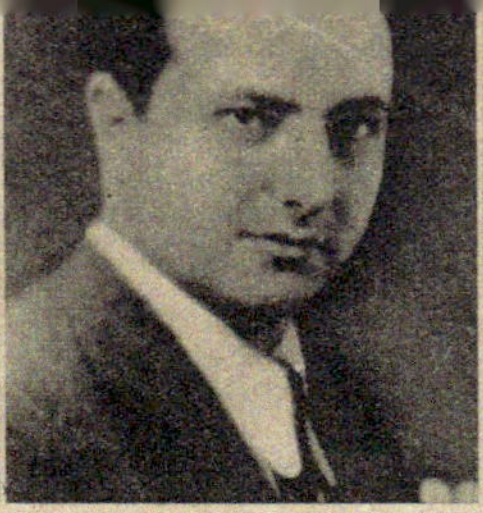

Wladimiro Badrali, tenor.

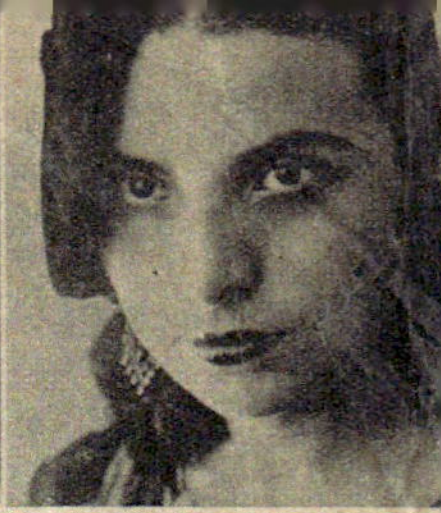

Maria Marcucci, mezzo-sopraan

# DE ITALIAANSCHE

…e zijn weer in het land, de zangers uit het zonnige Zuiden, al zal het dan …s voor een kort verblijf …enkele maanden zijn. Ze …en weer naar Holland, … ze steeds met zooveel …usiasme werden ontvan… …waar hun zang- en speel… reeds vijf en dertig jaar … verzekerd was van de …athie eener uitgebreide … bewonderaars. De eerste …tellingen hebben intus-

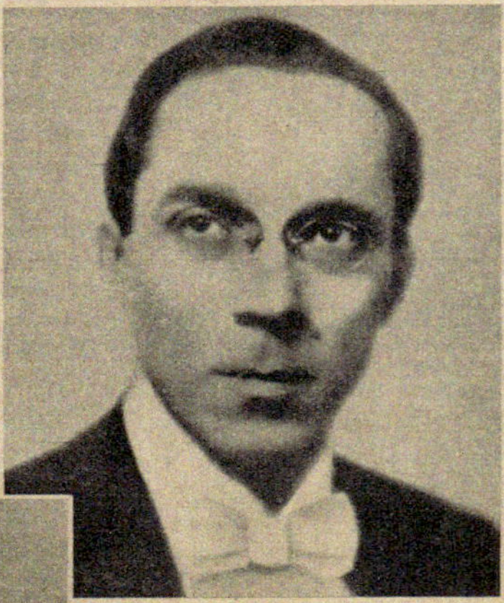

Antonino Votto, de algemeen muzikaal leider.

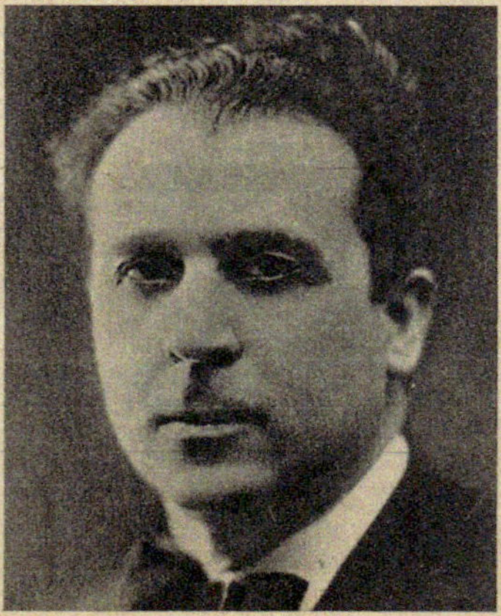

Romeo Arduini, 2e dirigent.

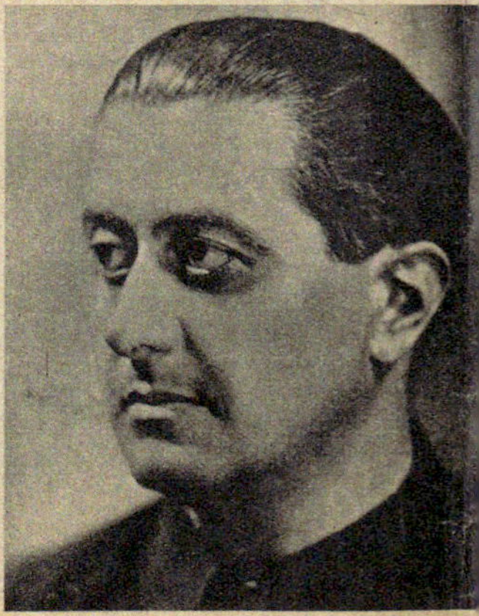

Guido Salvini, 1e regisseur.

schen reeds plaats gehad en mochten zich verheugen in een uitstekende pers. De samenstelling van den troep is voor een groot deel gewijzigd en tal van nieuwe sterren hebben de plaats ingenomen van zooveel beproefde en geliefde krachten. Als muzikale leider van het ensemble fungeert thans de jonge maestro Antonino Votto, die niet alleen beschikt over een aantal solisten van groote gaven, doch ook den staf zwaait over een uitstekend koorensemble, en een

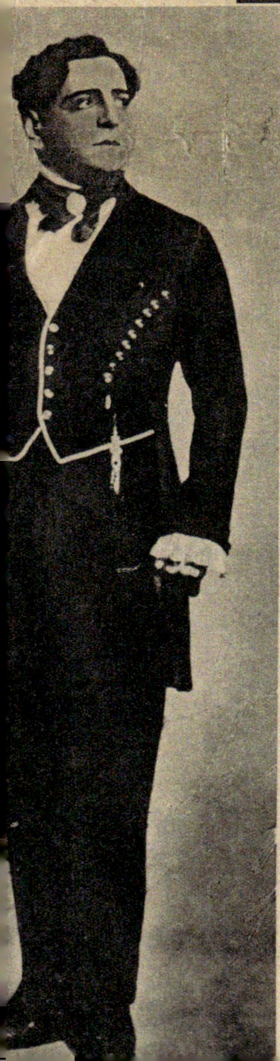

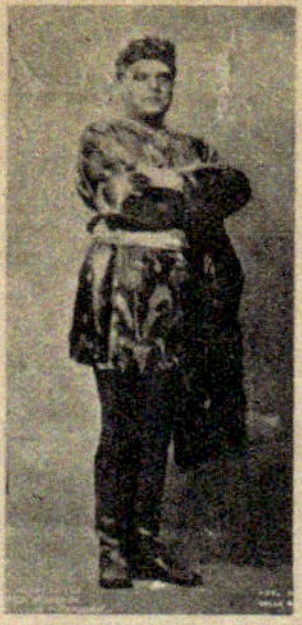

Antonio Bagnariol, tenor.

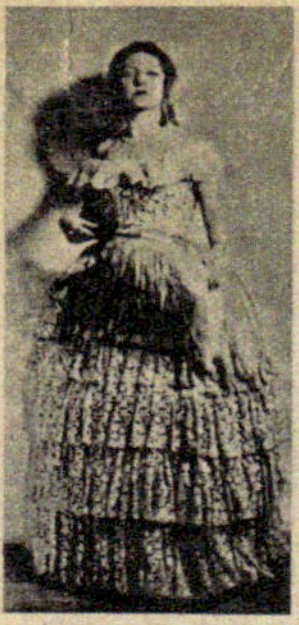

Iris Adami Corradetti, sopraan.

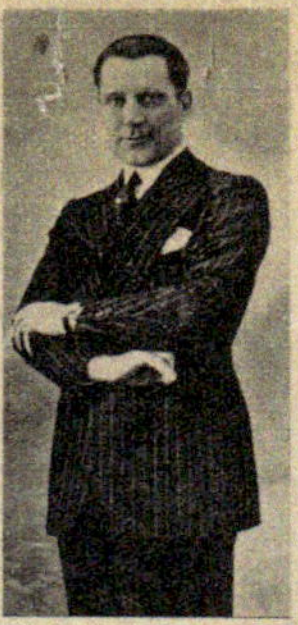

Nino Piccaluga, tenor.

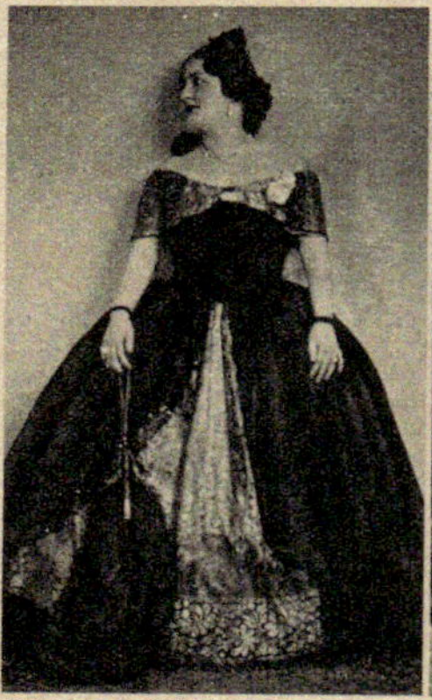

Mercedes Capsir, coloratuur-sopraan.

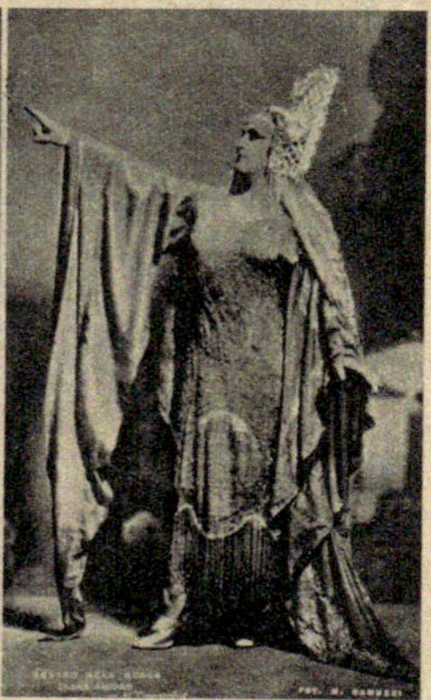

Clara Jacobo, sopraan.

Tito Schipa, tenor.

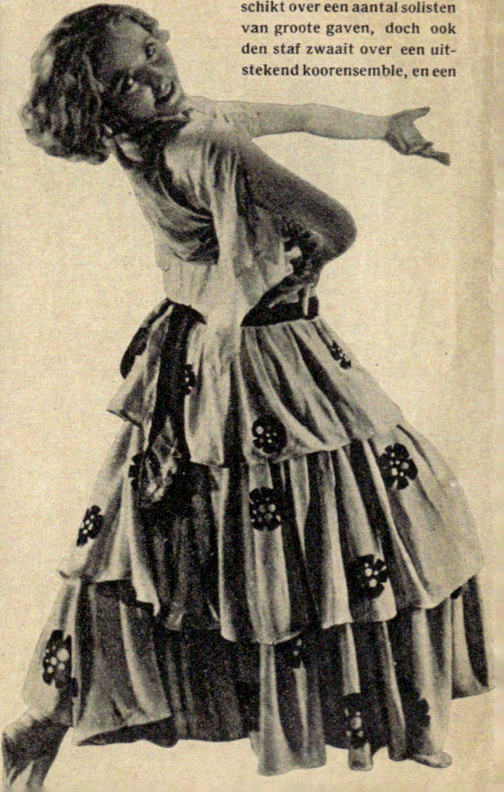

Darja Collin, prima-ballerina en leidster van het ballet.

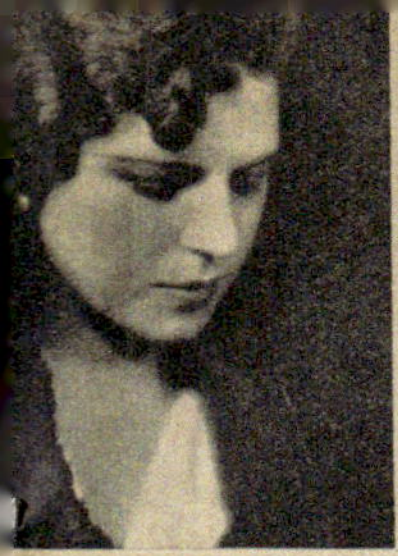

..Girolami, mezzo-sopraan.

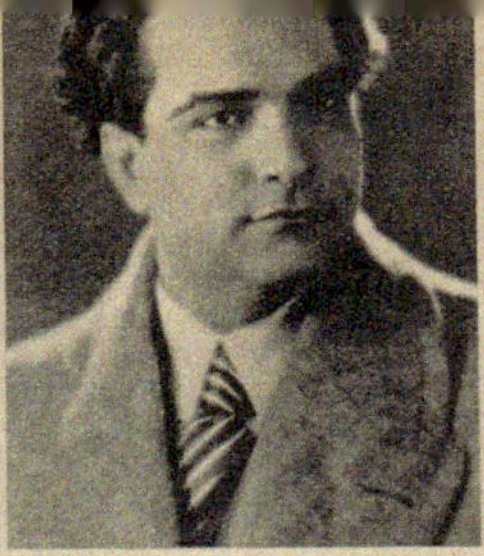

Luigi Rossi Morelli, bariton.

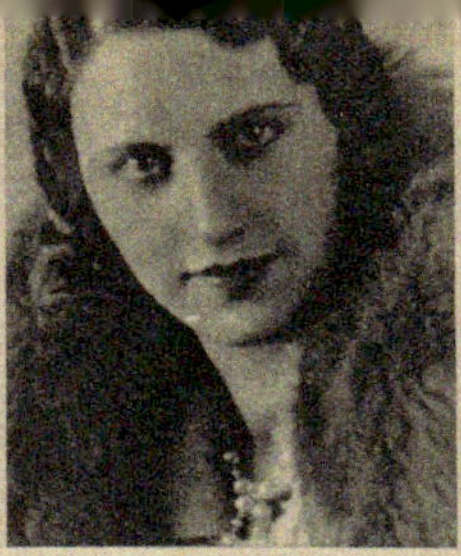

Amalia Bertola, mezzo-sopraan.

# OPERA

Sara Scuderi, lyrische sopraan.

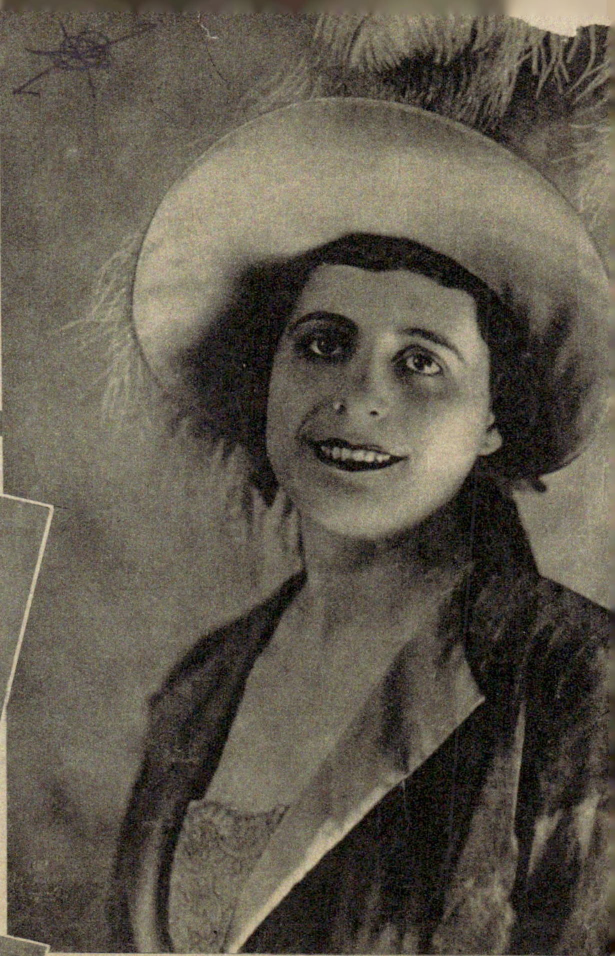

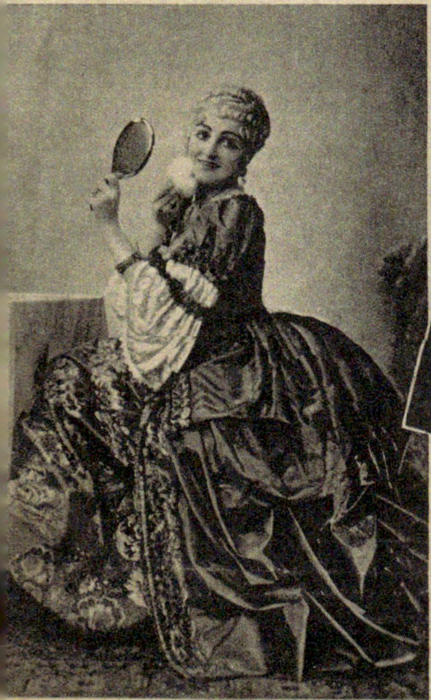

..ani, sopraan.

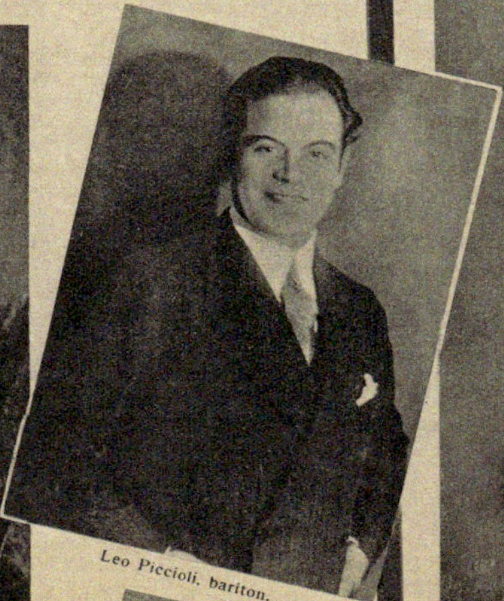

Leo Piccioli, bariton.

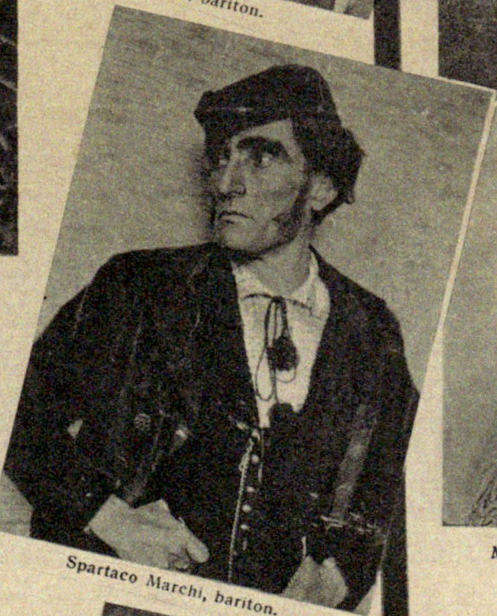

Spartaco Marchi, bariton.

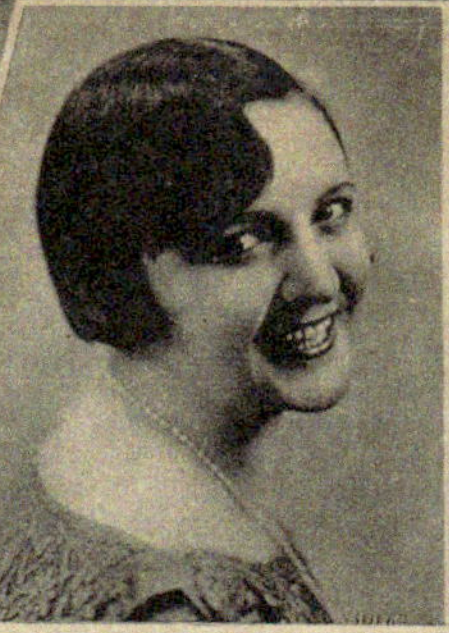

Maria Zamboni, sopraan.

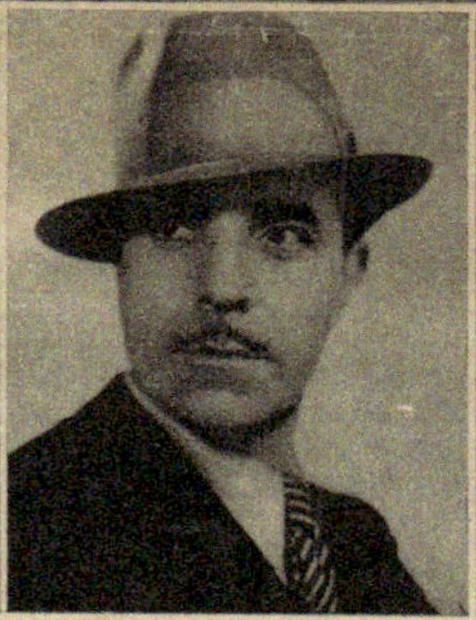

Fernando Autori, bas.

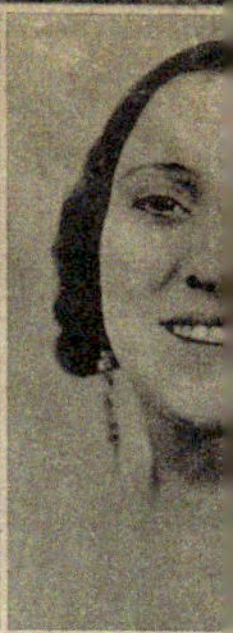

Tina Paggi, li..

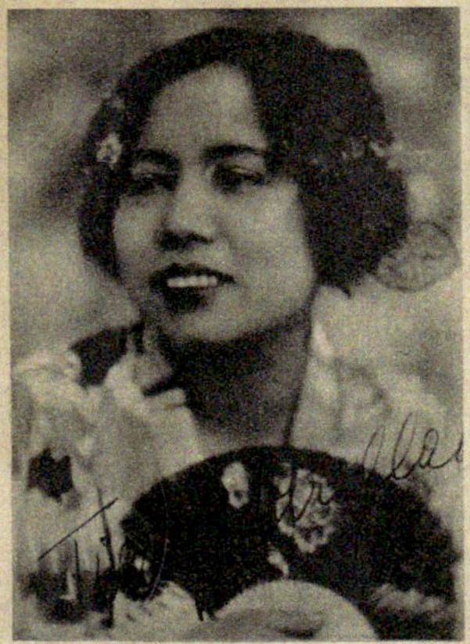

Turay Arellano, sopraan.

orkest van den eersten rang. We heeten allen van deze plaats hartelijk welkom en hopen dat de Opera Italiana ook in dit nieuwe speelseizoen zich in aller belangstelling en sympathie zal mogen verheugen.

Het feit, dat het bekende klassieke repertoire is uitgebreid met een aantal nieuwe werken van moderne componisten als Casella, Monleone, Refice, Respighi en Malipiero, zal daar zeker niet weinig toe bijdragen. Het bewijst in ieder geval, dat ook eigentijdsche invloeden vruchtbaar inwerken op het oude instituut. Zoo zal men dus in de Italiaansche Opera van 1935 ook kennis kunnen maken met de muzikale stroomingen van het begin der twintigste eeuw. Moge zulks vooral voor het jongere deel van het Nederlandsche publiek een prikkel zijn tot daadwerkelijke belangstelling.

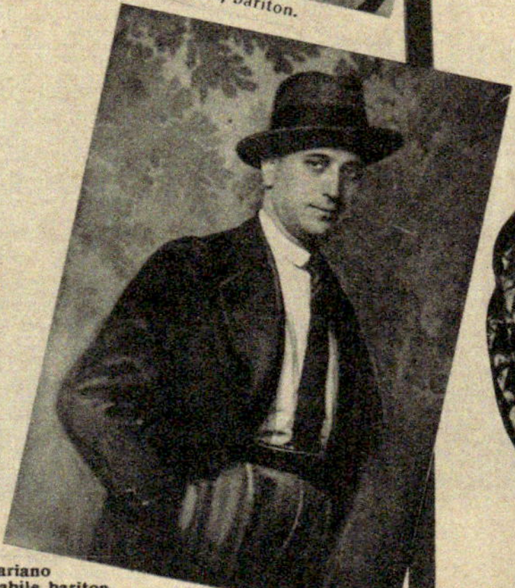

Mariano Stabile, bariton.

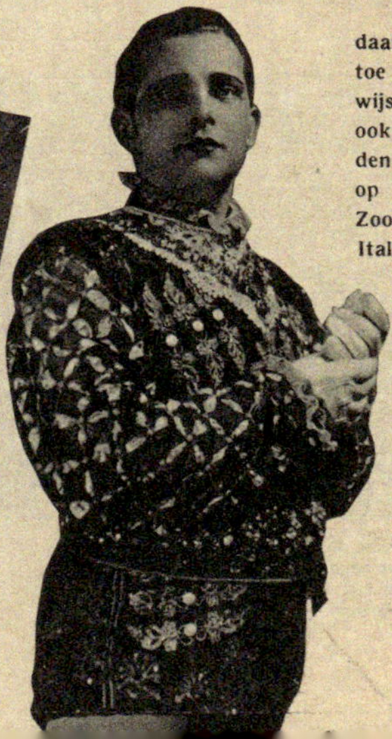

Gaspare Rubino, tenor.

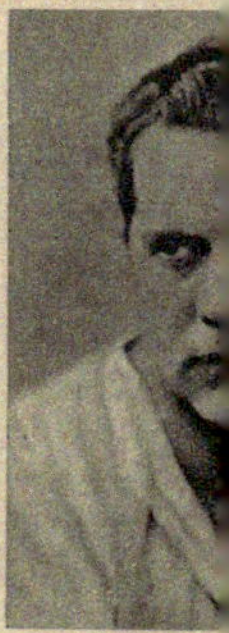

Gino Lu..

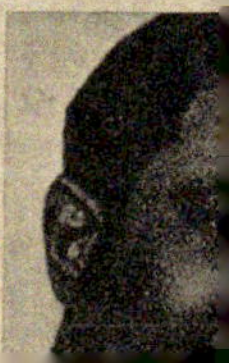

# LEONIDA BELLON, TENOR

(1905, Vicenza – 1991)

Entered Casa Verdi June 19, 1972.

Sang in Italy and abroad and was a member of the Grande Compagnia dell'Opera Italiana, which toured Spain and Portugal. His most acclaimed performances were in Giordano's *Andrea Chénier* and Verdi's *Aida*.

(pp. 64-65)

## Leonida Bellon

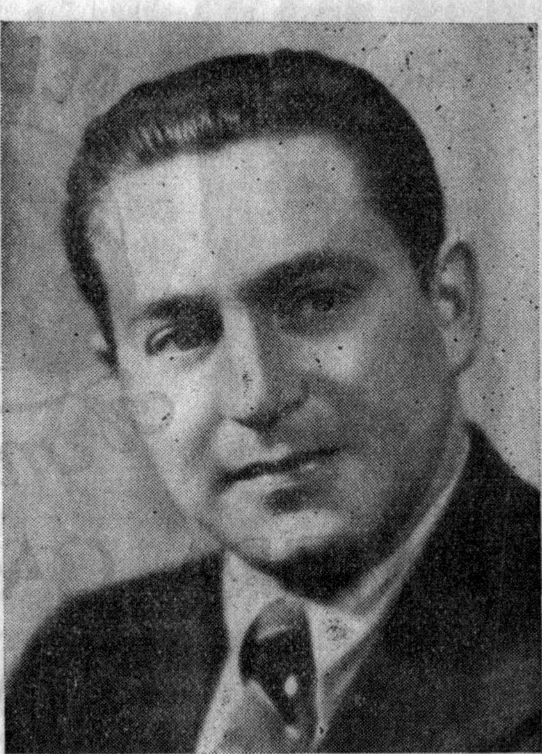

Eis um tenor dramático, cuja fulgurante carreira tem uma lembrança de beleza em cada grande cidade do mundo. Garganta maravilhosa, que dir-se-ia afeita a vencer as tempestades, Leonida Bellon ergue-se até às culminancias das grandes rajadas patéticas, naquelas frases que vibram, como o bronze, em profundas e magestosas ressonancias. Com o seu temperamento arrebatado, que parece incendiar-se na eloquencia do canto, ninguém, como ele, faz vibrar as plateias, creando eloquentes instantes de extase e de assombro.

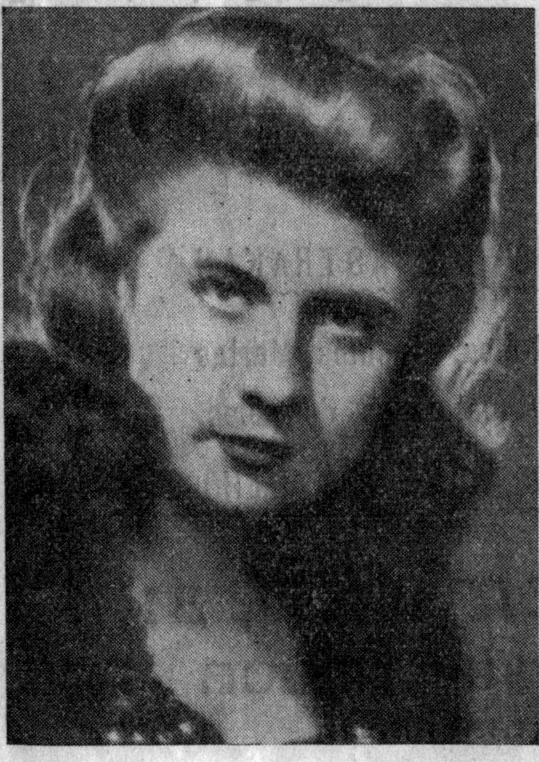

## Marimi del Pozo

Um dos sopranos ligeiros mais admirados entre nós e de insuperável valor em todo o mundo. Dispondo de voz suavíssima e pura, de um cristalino timbre que logo nos deixa extasiados, esta artista conquistou na cena lírica actual um dos primeiros lugares, o que a torna disputada pelos teatros de ópera estrangeiros. Lisboa, que tão vibrantemente a tem ovacionado, noutras épocas líricas e, neste mesmo Coliseu, vai de novo sentir-se transportado a um ideal país de sonho e de maravilha, ouvindo-lhe a voz dulcissima e os seus notáveis «pichettati», realizados com uma facilidade que surpreende.

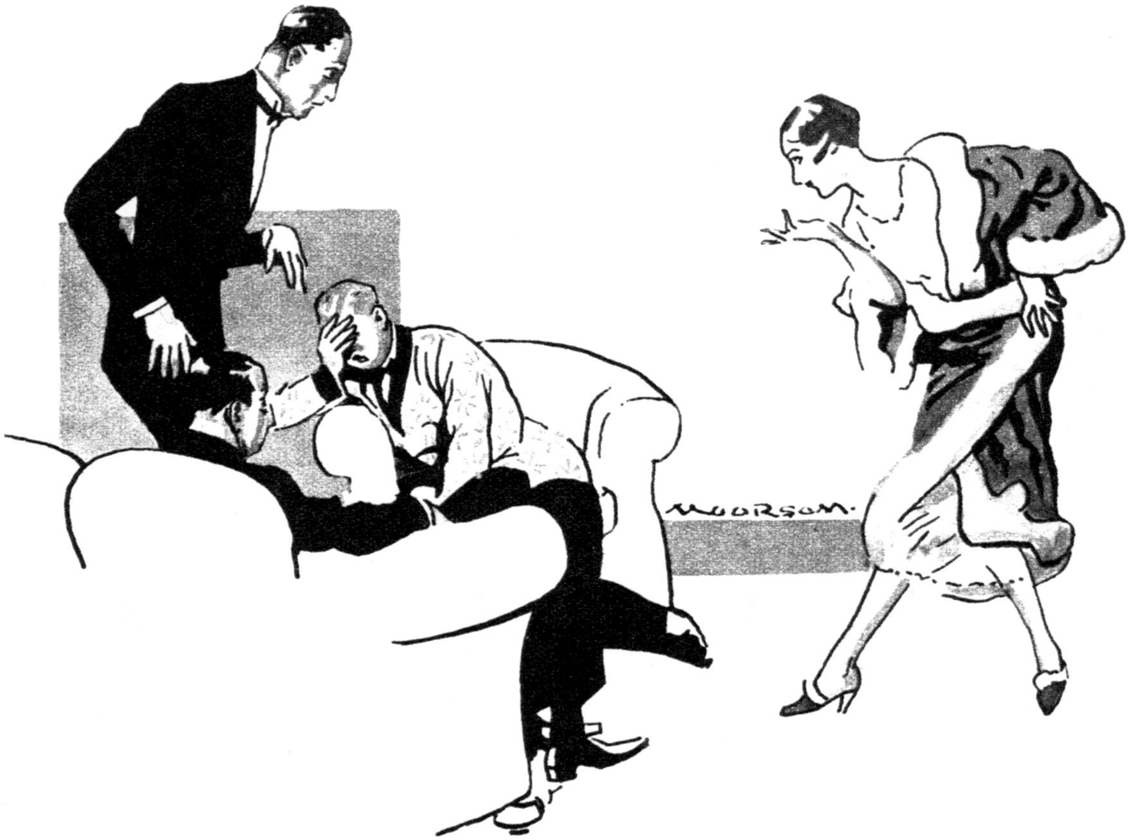
MOORSOM.

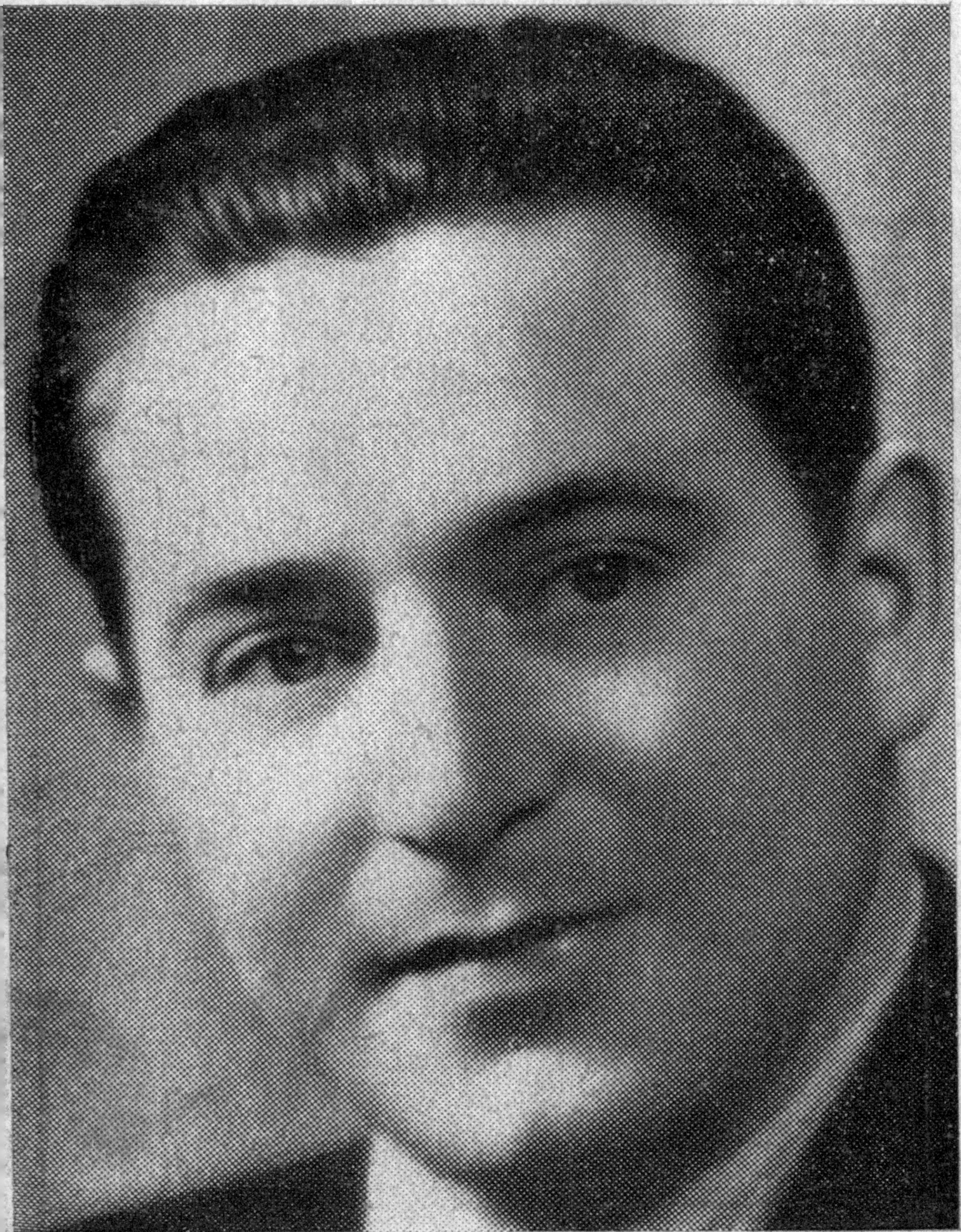

LEONIDA BELLON

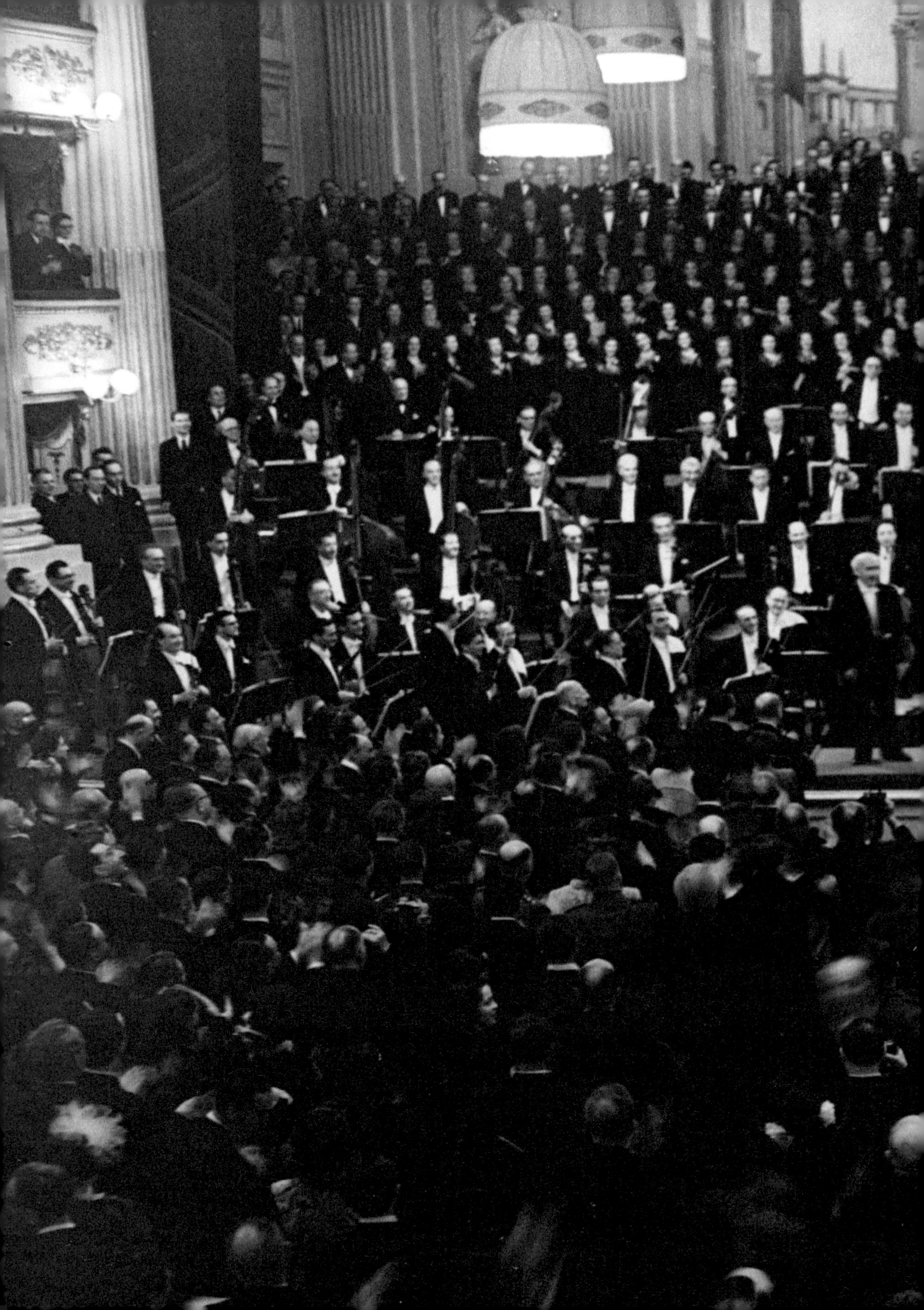

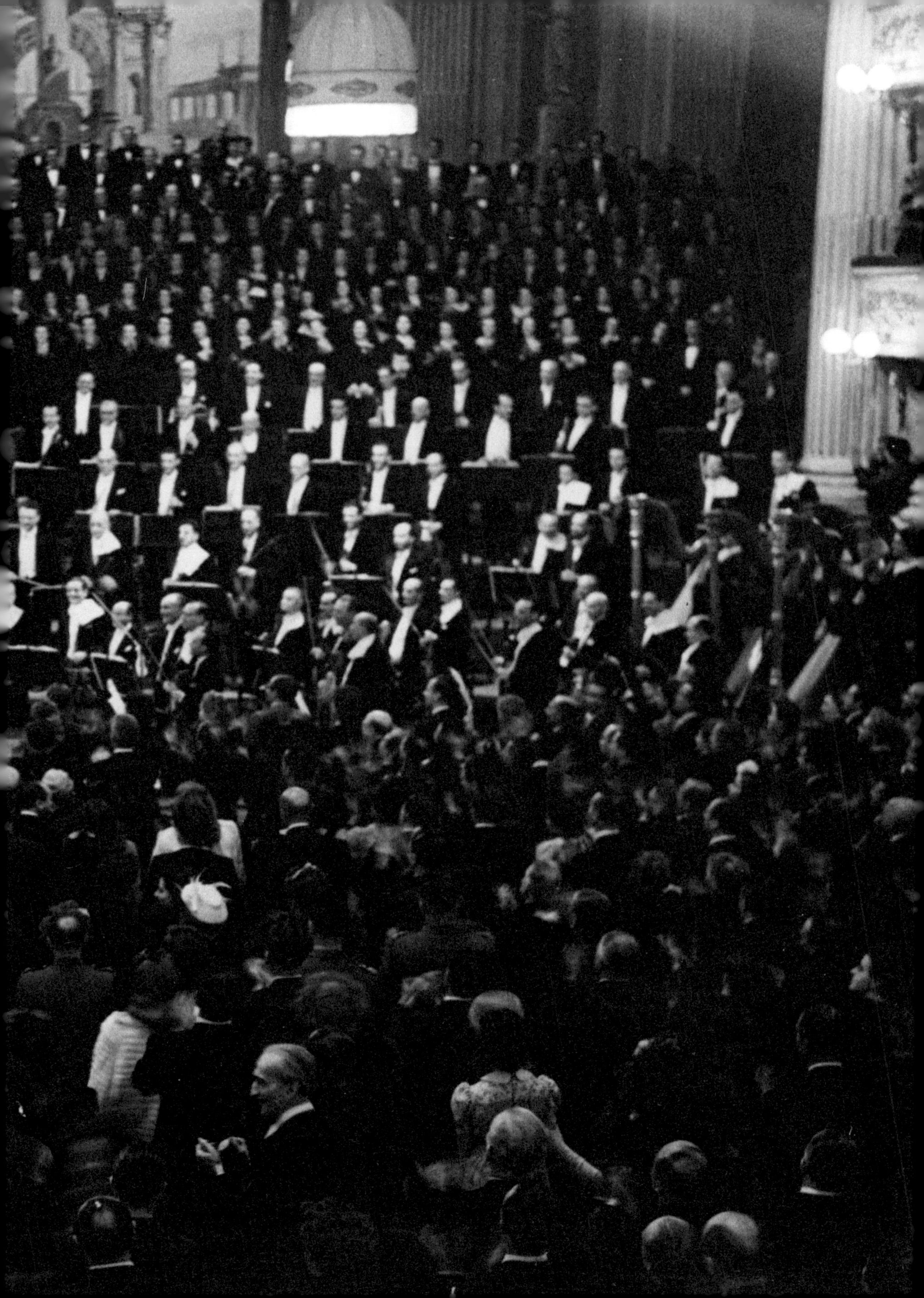

# IRMA MION, SOPRANO

(1890, Venice – 1983)

Entered Casa Verdi November 8, 1960.

Sang as a lyric soprano from 1911-46 in major Italian opera houses – Milan (La Scala), Bari, Como, Verona, Bergamo, Naples, Turin, Genoa and Florence – and abroad – Buenos Aires (Teatro Colon), Bern and Zürich. Had a very wide repertoire, singing operas by Bellini, Bizet, Cilea, Mascagni, Puccini, Verdi, Wolf-Ferrari, Zandonai.

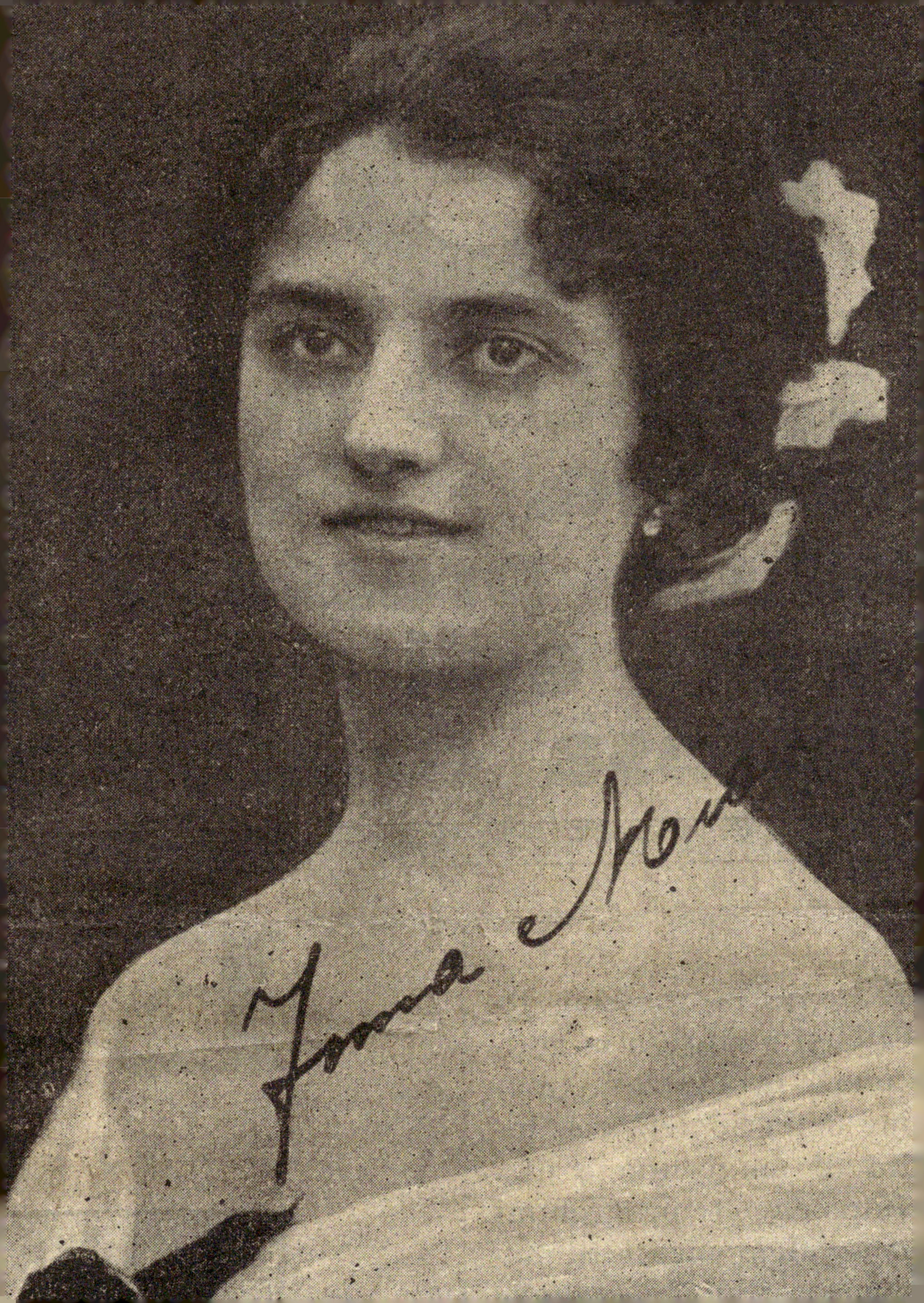

# IRMA

## al Sociale di COMO e al C

### TRO RUSTEGHI E "LIU'„ IN TU

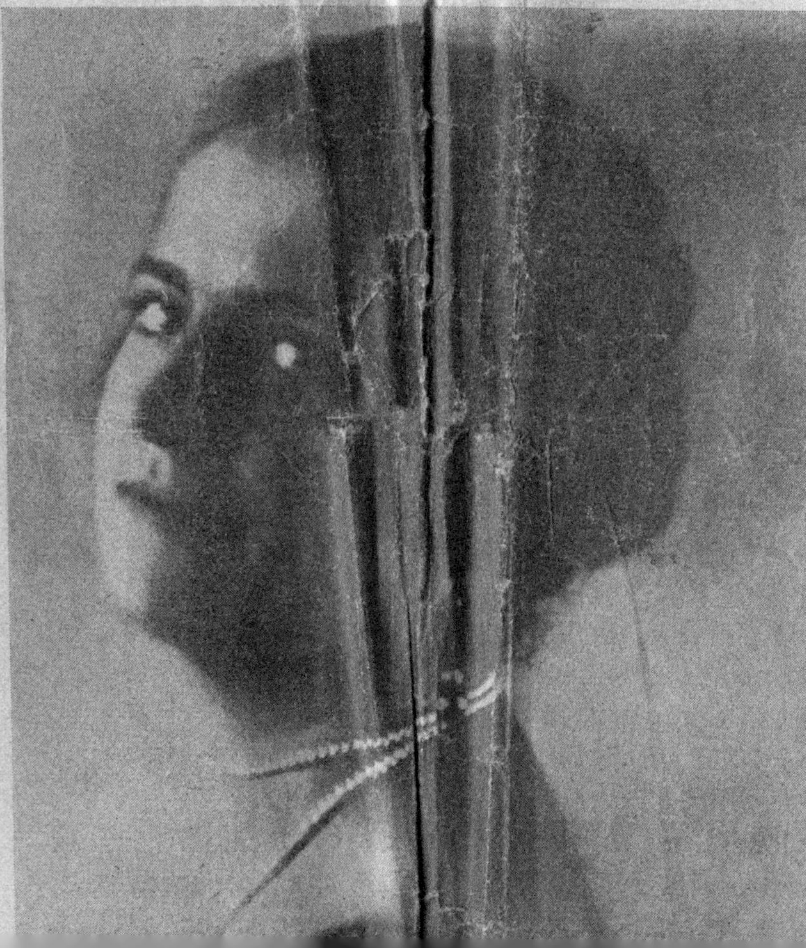

*Corriere Mercantile* : —
già bene apprezzata due
edizione de *I Quatro Ru*
una volta con voce aggra
sua ingenuità vivace ed es

*Secolo XIX* : — I cant
di uno è una cara nostra
che brio, che dolcezza nell
Che linea soave, venezi
signora Maria Labia! E
rappresenta Anna Grame
resto la signorina Irma
questi nomi perchè il pu
rinomatissimi, e che qui
lissimo.

*Caffaro* : — Irma Mion
cieta » d'altra volta ora i
piena sempre di gaiezza e
un canto aggraziato, e
limpida, gradevole e pron
saggi.

*Giornale di Genova* : —
vesi ripetere per « Lucie
saputo far rivivere di vi

# MION

## lo Felice di GENOVA

## RANDOT

a Mion, « Lucieta », fa in quella prima i, mantenne ancora e chiara dizione la siva.

sono bravissimi. Più scenza. Che grazia, norina Bianca Lenzi! ente composta nella ersonaggio quadrato e come si intona al Basta accennare a o riconosca cantanti ano un assieme bel-

nò ad essere la « Lu- a, ora maliziosa, ma razia spontanea, con voce che è sempre lle agilità e nei pas-

lo stesso, infine, de- (Irma Mion), che ha opria, il personaggio

**cesso — una parte di'mpegno rilevantissimo: quella di « Liù », della tenerissima e lirica « Liù », nella « Turandot ».**

**La cantante qui è stata squisitissima: la sua voce limpida e calda, dolce e appassionata ha trovato la via del cuore di ogni spettatore. Il successo della Mion in questa parte è stato davvero oltremodo significativo. E volentieri riproduciamo i giudizi che sulla Mion, in questa occasione, hanno espresso gli autorevoli critici genovesi:**

*Giornale di Genova*: — Nella parte di « Liù » ottenne una bella affermazione la signorina Irma Mion, già molto apprezzata nella sua felice interpretazione di « Lucieta » nei *Quatro Rusteghi*. Ella ha riscosso applausi anche a scena aperta facendosi ammirare con l'abilità del canto, colorito e robusto nello stesso tempo, e con l'ottimo giuoco scenico.

*Secolo XIX*: — Ammirabile per la resistenza dei suoi mezzi e lo slancio passionale la Mion, che

Other Casa di Riposo residents in 1981:

**Laura Appiani** (1909, Milan – 1991), piano and singing teacher. Entered Casa Verdi January 7, 1980. Taught music uninterruptedly from 1938–69 at Istituto Magistrale Statale A. Manzoni in Varese.

**Maria Baglio** (widow of Callini) (1895, Milan – 1987), chorus singer. Entered Casa Verdi January 19, 1976. Sang in Maggio Musicale Fiorentino chorus, at Teatro Dal Verme in Milan, Teatro Puccini with As.Li.Co., Teatro Sociale in Como, and in Venice, Bologna, Genoa and Trieste.

**Nazzareno Bartolacci** (1898, Senigallia (Ancona) – 1985), orchestra trumpeter. Entered Casa Verdi February 28, 1966. Played trumpet in the Teatro La Fenice Orchestra in Senigallia in the 1920s as well as in Carlo Felice orchestras in Genoa and Pesaro. All records of Bartolacci's pre-war musical activity were destroyed in World War II. He also played piano in ensembles in Italy, Switzerland and Germany and played in the orchestra on ocean liners for 21 years.

**Luigia Bedeschi** (1894,Reggio Emilia – 1983), soprano. Entered Casa Verdi March 10, 1961. Sang at various opera houses, including the Carlo Felice in Genoa, Lirico in Milan, Massimo in Palermo and in Rovigo, Ferrara and Forlì. Sang in various operas, including *Madame Butterfly, Carmen,* R. Adonai's *Francesca da Rimini, Andrea Chénier* and Ezio Carabella's *Il candeliere.*

**Delia Bennin** (1903, Wisconsin (US) – ?). Entered Casa Verdi October 2, 1976. Discharged September 15, 1985. Readmitted July 1, 1987. Discharged again May 3, 1988. Wife of opera singer Giuseppe Manacchini, guest at Casa Verdi.

**Cecilia Beretta** (1914, Figino Serenza (Como) – 1990), pianist. Entered Casa Verdi June 11, 1975. Studied at Milan Conservatory, gave private piano lessons and taught music at a private school, also concertized.

**Marina Bertelli Guzzetti** (1900, Genoa (on the steamship *Città di Turin*) – 1987), soprano. Entered Casa Verdi August 2, 1979. Widow of Gaetano Guzzetti. Concertized in and around Milan and sang the role of Musetta in Puccini's *La Bohème* in Milan in 1942 and 1945. (p. 73)

**Ida Bida** (1894, Ferrara – 1993), chorus singer. Entered Casa Verdi May 28, 1977. Chorus member at Royal Opera House in Cairo, Manoel Theatre in Malta and on Radio Malta. (p. 72)

**Ada Bignozzi** (1895, Ostellato (Ferrara) – 1981), pianist and soprano. Entered Casa Verdi November 14, 1965. Served as a "utility singer" for 32 years at various opera houses including the Coccia in Novara, Municipale in Modena, Zandonai in Rovereto, Politeama and Pergola in Florence, Dal Verme in Milan, Grande in Brescia, Politeama and Verdi in Trieste, Ponchielli in Cremona, Sociale in Varese, Sociale in Mantua, Massimo in Palermo and Regio in Parma. Her vast repertoire included operas by Bellini, Bizet, Cilea, Giordano, Mascagni, Puccini, Rossini, Verdi and Zandonai.

**Ottiviano Bizzarri** (1890, Capena (Rome) – 1981), tenor. Entered Casa Verdi April 10, 1974. After a brief musical career, he decided to devote himself entirely to voice teaching.

**Mario Emilio Borea** (1892, Ferrara – 1982), oboist. Entered Casa Verdi April 9, 1978. Played in various orchestras in Italy and abroad, and then for 15 years in La Scala Theatre Orchestra.

**Gemma Bosini** (1890, Belgioioso (Pavia) – 1982), singer. Entered Casa Verdi April 9, 1968.

**Carla Brioschi** (1911, Milan – 1983), ballet dancer. Entered Casa Verdi June 9, 1978. La Scala corps de ballet 1932–40.

**Elena Cadoni** (1897, Cremona – 1983), chorus singer. Entered Casa Verdi April 15, 1972. Chorus member at La Scala 1932–40 and San Carlo Theatre in Naples 1952–67. (pp. 68-69)

**David Calamai** (1899, Pontedera (Pisa) – 1983), violinist. Entered Casa Verdi May 27, 1978. First violin at La Scala 1921–65.

**Ernesto Canessa** (1915, Turin – 1985), pianist. Entered Casa Verdi October 3, 1977. Director of Caracas Municipal Theatre chorus 1952–62. Worked as a pianist and teacher for singers of operetta and light music at RAI TV in Turin.

**Egidio Casolari** (1915, Modena – 1981), bass. Entered Casa Verdi May 5, 1980. Sang in various opera houses in Italy, including Petruzzelli in Bari, Duse in Bologna, Grande in Brescia, Bellini in Catania, Sociale in Como, Ponchielli in Cremona, Piccolo Teatro in Milan, Coccia in Novara, Politeama in Pavia, and abroad in Antwerp, Toulouse as well as on tours of Germany and the Netherlands. Played supporting roles in many operas, including *Rigoletto, La Traviata, Un Ballo in Maschera, Macbeth, La Forza del Destino, La Bohème, Madame Butterfly, Andrea Chénier, Tosca, The Barber of Seville.* Also sang supporting roles in many recordings for RAI: *Fra Diavolo* (by Auber), *La Bohème, La Traviata, Rigoletto, Le calife de Bagdad* (by Boieldieu), *Giulietta e Romeo* (by Zandonai), *Manon* (by Massenet), *I Virtuosi Ambulanti* (by Fioravanti), *Fedora, Arlesiana, Don Chisciotte* (by Frazzi), *Giuliano de' Medici* (by Del Corona), *La Fanciulla del West, Resurrezione* (by Alfano), *Knickerbocker Holiday* (by Kurt Weill).

**Mafalda Chiorboli-Gasperi** (1904, Cologna Ferrarese (Ferrara) – 1988), soprano. Entered Casa Verdi September 8, 1976. Sang supporting roles at various opera houses in Italy, including La Scala, Teatro Lirico in Milan, Teatro Verdi in Pisa, Teatro Nuovo and Arena in Verona, Teatro San Carlo in Naples, Teatro Puccini in Udine, Teatro Bellini in Catania, Teatro Regio in Parma, and in the Netherlands and Switzerland (Lausanne). Was married to Dino Gasperi, piano teacher and prompter in the Netherlands and in many Italian opera houses including Opera di Roma, La Scala in Milan and Arena in Verona.

**Emma Colli** (1898, Turin–1988), chorus singer. Entered Casa Verdi December 13, 1971. Sang as chorus member for Fascist broadcaster EIAR and various opera houses.

**Mario Corradi** (1893, Fidenza (Parma)–1986), cellist. Entered Casa Verdi October 11, 1977. Played cello for 40 years in various opera house orchestras including Bellini in Catania, Regio in Parma, Comunale in Piacenza, Sociale in Lecco, Coccia in Novara and others in Italy and abroad.

**Maria Costa** (1894, Genoa–1999), soprano. Entered Casa Verdi March 9, 1981. Began studying music at the age of six in Genoa, then trained as lyric soprano at Milan Conservatory at the age of 18. Sang for the famous tenor Beniamino Gigli, who praised her singing. Loved painting and poetry as well. (p. 151)

**Ermenegilda Crovato** (1888, Venice–1983), music teacher. Entered Casa Verdi August 3, 1970. Taught music at national schools in Argentina for 27 years.

**Renata de Nova** (1891, Cagliari–1992), pianist. Entered Casa Verdi March 16, 1978. Took her master's degree in piano at Accademia di Santa Cecilia in Rome, then taught piano at Scuola Cardinal Ferrari in Milan 1924–39.

**Maria Frateva** (1896, Sofia (Bulgaria)–1985), soprano. Entered Casa Verdi April 22, 1968.

**Gino Fronterelli** (1904 ,Vicenza–1982), chorus singer. Entered Casa Verdi January 29, 1980. La Scala chorus member 1929–46 and then permanently from October 10, 1946, to 1964.

**Nerina Frittelli** (1903, Florence–1989), chorus singer. Entered Casa Verdi November 27, 1973. Chorus singer at various opera houses: Regio in Parma, Piccinni in Bari, Comunale in Bologna, Municipale in Reggio Emilia.

**Guiseppina Gasparutti-Vitaliano** (1894, Corno di Rosazzo (Udine)–1982), chorus singer. Entered Casa Verdi January 5, 1973.

**Angela Genocchi Pinfari** (1900, Piacenza–1992). Entered Casa Verdi March 5, 1981. Widow of musician Icilio Pinfari.

**Antonio Giolino** (1906, Turin–1986), violinist. Entered Casa Verdi November 18, 1978. Second violin at Teatro Regio in Turin 1964–67 occasionally, then on a permanent basis till 1971. Violinist for RAI and Teatro Alfieri in Turin. Husband of Maddalena Fresia.

**Umberto Gozzi** (1896, Crevalcore (Bologna)–1976), cellist. Entered Casa Verdi May 6, 1976. Cellist at various opera houses including the Comunale in Bologna, Arena in Verona, Grande in Brescia, Petruzzelli in Bari, Donizetti in Bergamo and Ponchielli in Cremona.

**Anita Guastalli** (1907, Florence–1997), piano teacher. Entered Casa Verdi June 16, 1976. Studied in Florence, then in 1928 received her degree in piano teaching from Regia Accademia Filarmonica in Bologna. Taught singing and piano at Santa Chiara - San Miniato State Conservatory for two years. In 1934 married Dr Corrado Forti and moved to Paris, but returned to Italy a year later, first to Florence, then to Milan, where she became active in music. During the war she moved to Lausanne, where she taught Italian and music to the children of the Autenrieth family. In 1945 she returned to Italy and gave piano lessons. In the 1950s she followed her husband to various Italian cities, where she took up teaching again. After her husband's death, she continued giving private piano lessons in Rome and Florence.

**Giovanni Maliverni** (1904, Mantua–1982), violinist. Entered Casa Verdi November 6, 1974. Had a very diverse career playing violin in operas, revues and variety shows. Played for radio and in various orchestras in Italy (Teatro Donizetti in Bergamo), elsewhere in Europe and in Cairo.

**Margherita Menotti** (1900, Milan–1983), piano teacher. Entered Casa Verdi May 30, 1977. Contralto in the Polifonica Ambrosiana chorus 1951–76 and the vocal ensemble I Madrigalisti Milanesi 1947–51. Also gave private piano lessons. From 1927–50 contralto in the Accademia delle Signore della Scala founded by Maestro Toscanini in 1924, which performed in Italy and abroad (Monaco, Berlin, London, Edinburgh). A cousin of Maestro Giancarlo Menotti.

**Bruna Noce** (1910, Brescia–1986), piano teacher. Entered Casa Verdi September 1, 1980. Piano teacher at Piccole Suore della Sacra Famiglia private primary school in Milan and choir teacher in a few municipal primary schools and extracurricular programs.

**Leone Paci** (1887, Panicale (Perugia)–1981), baritone. Entered Casa Verdi October 24, 1960. Sang a great many supporting roles in Italy (La Scala in Milan, Trieste, Turin, Palermo, Rovereto, Trento) and abroad (Belgium). Often engaged by opera companies along with his wife, utility singer Elisa Moretti.

**Laura Pardini** (1904, Carrara–1988), bassist. Entered Casa Verdi March 1, 1971. Played in opera house orchestras in Bergamo, Brescia, Palermo, Parma, Rome, Turin, Verona and many other Italian cities.

**Egilda Perciavalle** (1903, Milan–?), soprano. Entered Casa Verdi March 5, 1981. Discharged February 28, 1983.

**Cesare Perugia** (1907, Alexandria (Cairo)–1988), violin teacher. Entered Casa Verdi August 31, 1977. Head violin teacher 1951–65 at Claudio Monteverdi Conservatory in Cairo. Violinist in Cairo Symphony Orchestra and Radio Orchestra.

**Anna Pezzi-Poltronieri** (1906, Milan–1995). Entered Casa Verdi May 2, 1979. Wife of violinist Alberto Poltronieri.

**Alberto Poltronieri** (1892, Milan–?), violinist. Entered Casa Verdi May 2, 1979. Taught violin at G. Verdi Conservatory in Milan 1924–63.

**Edith Rossi** (1900, Milan–?), piano teacher. Entered Casa Verdi June 24, 1980. Took her degree in piano at G. Verdi Conservatory in Milan and taught at A. Manzoni high school in Milan.

**Giuseppina Sani** (1898, Galluzzo (Florence) – 1989), mezzosoprano. Entered Casa Verdi June 7, 1967. Sang supporting roles as mezzosoprano for 32 years in various Italian opera houses, including the Massimo in Palermo and La Scala.

**Giulia Scaramelli** (1893, Modena – 1984), soprano. Entered Casa Verdi March 1, 1967. From 1919–40 performed operas by Giordano, Leoncavallo, Mascagni, Puccini, Zandonai in various Italian opera houses such as the Ariosto and Municipale in Reggio Emilia, Pergola in Florence, Comunale in Ferrara. Wife of baritone Corrado Tavanti.

**Maria Scognamiglio** (1895, Trani (Bari) – 1983), soprano. Entered Casa Verdi October 1, 1977. Sang soprano in the Alessandro Scarlatti Society, which often worked for RAI during concert seasons. Performed operas by Bellini, Bizet, Leoncavallo, Mascagni, Puccini, Wagner in various Italian opera houses including the San Carlo and Mercadante in Naples, Petruzzelli in Bari, Massimo in Palermo, Nazionale in Rome, Bellini in Catania, Coccia in Novara, Puccini in Milan.

**Giulia Secchi** (1898, Carate Brianza – 1982), singer. Entered Casa Verdi September 2, 1969.

**Teresa Soffritti** (widow of Martini) (1897, Bologna – 1988), violinist. Entered Casa Verdi October 11, 1979. First violin in the Orchestra del Maggio Musicale Fiorentino for many years, for RAI in Genoa and for A.I.D.E.M. (Associazione Italiana Diffusione Educazione Musicale). Played violin for fifty years in a great many Italian opera houses and philharmonic halls. Widow of oboe teacher Corrado Martini.

**Anna Spano'** (1892, Terranova (Reggio Calabria) – 1981), soprano. Entered Casa Verdi September 18, 1967. Studied singing at Accademia Santa Cecilia in Rome, where she participated in vocal and instrumental concerts, often working with Alfredo Casella and Gianfrancesco Malipiero. Operas in her repertoire included *The Barber of Seville, Rigoletto, Il matrimonio segreto, Don Pasquale.* After her opera career, she turned to teaching. (p. 29)

**Jolanda Taveri** (1901, Vizzano Ligure (La Spezia) – 1985), soprano. Entered Casa Verdi December 6, 1975.

**Anita Terribili** (1898, Rome – 1986), harpist. Entered Casa Verdi November 13, 1976.

**Erina Tinoli** (1902, Mantua – 1991), chorus singer. Entered Casa Verdi November 30, 1976. Chorus singer in Bergamo, Brescia, Cremona, Mantua, Modena, Pavia, Piacenza, then permanent member of the chorus at the Petruzzelli in Bari until her retirement.

**Maria Toso** (wife of singer Vittorio Belleli) (1909, Turin – ?). Entered Casa Verdi December 4, 1981.

**Cesarina Valobra** (widow of Barbieri) (1901, La Spezia – 1982), soprano. Entered Casa Verdi November 4, 1973. At the age of 20, she debuted as a lyric soprano in Puccini's *La Bohème* at the Teatro Politeama in Como. After an audition at La Scala with Maestro Toscanini, she was engaged for seven consecutive seasons. Sang in Belgium, Germany, the Netherlands and Switzerland and toured Australia and New Zealand for two years. Also sang at the Regio in Turin and Teatro dell'Opera in Rome. After the war she sang solo in benefit concerts in northern Italy. (p. 72)

**Valentina Villa** (1905, Bologna – 2006), soprano. Entered Casa Verdi October 3, 1977. Debuted in 1933 in the role of Micaëla in Bizet's *Carmen.* Spent two years, 1938–40, at La Scala. Sang all over Italy (incl. San Carlo in Naples, Fenice in Venice) and abroad. Awarded the Cross of St. Stephen by King Boris III and his consort when she sang at the Bulgarian court in 1943. Often sang the roles of Musetta in Puccini's *La Bohème* (Milan, Bergamo, Turin, Foggia), Biancofiore in Zandonai's *Francesca da Rimini* (Parma) and various parts in *Carmen, La Traviata, Rigoletto, Elisir d'amore, Sonnambula, Lucia di Lammermoor, Madame Butterfly, The Barber of Seville.*

**Antonio Vitaliano** (1902, Catania – 1993), tenor. Entered Casa Verdi October 28, 1972. Husband of Giuseppina Gasparutti.

**Albertina Zaffaroni** (1902, Monza – 1986), soprano. Entered Casa Verdi December 27, 1981.

**Colophon**
Photographs by Eric Bachmann
Archive images by Andreas Koller
Picture editing by Dominik Bachmann, Andreas Koller

Texts by Christian Kämmerling, Andreas Koller, Biancamaria Longoni
Translation by Eric Rosencrantz
Copyediting and proofreading by Eric Rosencrantz

Book design by Dominik Bachmann, Manu Meyer
Printed and bound by Kösel GmbH

Paper: Symbol Tatami, 115g/m²
Cover: Marmorpapier 941, Gebrüder Schabert, 110g/m²
Font: HTF Hoefler Text

First edition: Edition Patrick Frey, 2016
Print run: 800 copies
ISBN 978-3-906803-25-8
Printed in Germany



Edition Patrick Frey,
Limmatstrasse 268, CH-8005 Zürich
www.editionpatrickfrey.com
mail@editionpatrickfrey.ch



The publisher and the photographer have made every effort to locate the persons pictured here in order to fill in some biographical gaps. Our apologies to those we were unable to contact. Please get in touch with the publishers so that the missing information can be included in a second edition.

Special thanks to: Paola Caputo, Fiorenza Eymann, HinderSchlatterFeuz, Marlon Ilg, Andrea Kempter, Gloria Wismer, Christian Schweizer and Stephanie Rebonati.

With the kind support of
Casa di Riposo per Musicisti - Fondazione Giuseppe Verdi

**Distribution**
Switzerland:
AVA Verlagsauslieferung, CH – Affoltern am Albis
ava.ch

Germany, Austria:
GVA Gemeinsame Verlagsauslieferung, D – Göttingen
gva-verlage.de

France, Luxembourg, Belgium:
Les presses du réel, F – Dijon
lespressesdureel.com

United Kingdom:
Antenne Books, GB – London
antennebooks.com

Japan:
Marginal Press, JP – Tokyo
marginal-press.com

United States:
RAM publications + distribution, USA – Santa Monica
rampub.com

Australia, New Zealand:
Perimeter Distribution, AU – Melbourne
perimeterdistribution.com

Rest of the world:
Edition Patrick Frey, CH – Zürich
editionpatrickfrey.com

**Editor's note**
Since the early 20th century, Casa Verdi has been funded in large part by donations and bequests from many benefactors in addition to Verdi. Verdi's copyrights expired in the 1950s, but over the years the government has helped Casa Verdi cover shortfalls. The other main sources of income are rents on property holdings, returns on investments and the guests' own small contributions towards their room and board.

**Eric Bachmann**
(b. 1940) is a Swiss photojournalist.
Edition Patrick Frey has already published his two books *Leutschenbach Karambuli* (2001) and *Muhammad Ali, Zürich, 26.12.1971* (2014).

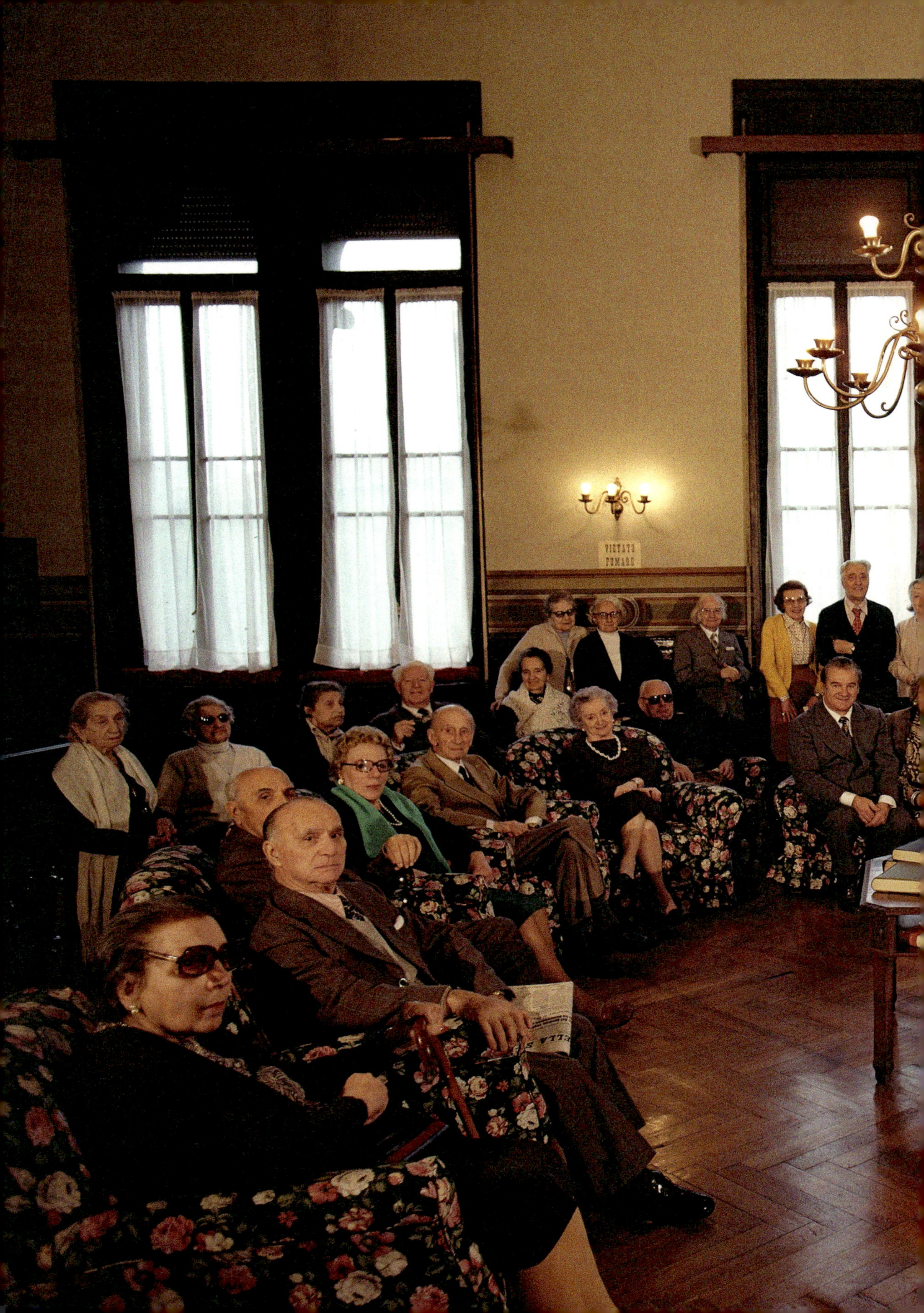
VIETATO
FUMARE